# EinFach Deutsch

## Unterrichtsmodell

Georg Büchner

# Lenz

Von
Michael Hog und
Roland Kroemer

Herausgegeben von
Johannes Diekhans

## Baustein 4: Lenz' Leiden und Geisteskrankheit (S. 93–123 im Modell)

| | | | |
|---|---|---|---|
| 4.1 | Symptome und Ursachen von Lenz' Geisteskrankheit | ges. Erzählung | Textarbeit<br>Schreibauftrag<br>Tafelskizze<br>Arbeitsblätter 20–21 |
| 4.2 | Oberlin, der unerreichbare Vater | Textausgabe, S. 60f.<br>Textausgabe, S. 6, 28–7, 20<br>Textausgabe, S. 16, 28–17, 12<br>Textausgabe, S. 22, 13–22, 29<br>Textausgabe, S. 27, 26–28, 10<br>Textausgabe, S. 70–82 | Textarbeit<br>Schreibauftrag<br>Tafelskizze<br>Szenisches Spiel<br>Arbeitsblatt 22 |
| 4.3 | Religiöse Hoffnungen und Enttäuschungen | Textausgabe, S. 8, 29–10, 5<br>Textausgabe, S. 12, 5–12, 20<br>Textausgabe, S. 22, 13–23, 21<br>Textausgabe, S. 20, 29–22<br>Textausgabe, S. 27, 18–28, 21<br>Textausgabe, S. 115–121 | Textarbeit<br>Tafelskizze<br>Arbeitsblätter 23–24 |
| 4.4 | Das Spannungsverhältnis zwischen Individuum und Gesellschaft | ges. Erzählung | Textarbeit<br>Schreibauftrag<br>Tafelskizze<br>Arbeitsblätter 25–27 |

## Baustein 5: Das Kunstgespräch (S. 124–138 im Modell)

| | | | |
|---|---|---|---|
| 5.1 | Der Streit zwischen Idealismus und Realismus | Textausgabe, S. 13, 22–16, 8 | Textarbeit<br>Schreibauftrag<br>Tafelskizze<br>Szenisches Spiel<br>Arbeitsblätter 28–32 |
| 5.2 | Die Funktion der Kunst | | Schreibauftrag<br>Tafelskizze<br>Arbeitsblatt 33 |

# Lenz

### Baustein 1: Die Frage des Einstiegs (S. 16–25 im Modell)

| | | | |
|---|---|---|---|
| 1.1 | Der Anfang der Erzählung | Erzählung 5, 1–7, 20 | Textarbeit<br>Schreibauftrag<br>Tafelskizze<br>Arbeitsblatt 1 |
| 1.2 | Der Klappentext | ges. Erzählung | Textarbeit<br>Schreibauftrag |
| 1.3 | Die Personenkonstellation | ges. Erzählung | Textarbeit<br>Schreibauftrag<br>Tafelskizze<br>Arbeitsblatt 2 |
| 1.4 | Die Diskussion über Sinn und Problematik literaturwissenschaftlicher Analysen | Textausgabe, S. 107 f. | Textarbeit |

### Baustein 2: Biografische Hintergründe (S. 26–65 im Modell)

| | | | |
|---|---|---|---|
| 2.1 | Georg Büchner und seine Zeit | Textausgabe, S. 44–53<br>Textausgabe, S. 30–42 | Textarbeit<br>Schreibauftrag<br>Tafelskizze<br>Arbeitsblätter 3–9 |
| 2.2 | Jakob Michael Reinhold Lenz | Textausgabe, S. 54–59<br>ges. Erzählung<br>Textausgabe, S. 83–89<br>Textausgabe, S. 62–65 | Textarbeit<br>Schreibauftrag<br>Tafelskizze<br>Arbeitsblätter 10–13 |
| 2.3 | Büchner und Lenz | ges. Erzählung<br>Textausgabe, S. 66–83 | Textarbeit<br>Schreibauftrag<br>Tafelskizze<br>Arbeitsblätter 14–15 |

### Baustein 3: Erzähltextanalyse – Aufbau, Erzähltechnik und Naturbeschreibungen (S. 66–92 im Modell)

| | | | |
|---|---|---|---|
| 3.1 | Aufbau | ges. Erzählung | Textarbeit<br>Schreibauftrag<br>Tafelskizze<br>Arbeitsblätter 16–17 |
| 3.2 | Erzähltechnik | Erzählung 20, 29–22, 12<br>Erzählung 5, 1–8, 12<br>Erzählung 26, 6–29, 34 | Textarbeit<br>Schreibauftrag<br>Tafelskizze<br>Arbeitsblatt 18 |
| 3.3 | Naturbeschreibungen | Erzählung 5, 1–6, 28<br>Erzählung 29, 12–29, 34 | Textarbeit<br>Schreibauftrag<br>Tafelskizze<br>Arbeitsblatt 19 |

**Bildnachweis:**

**S. 9:** Alfred Hrdlicka – **S. 44, 58, 59, 88, 115:** akg-images GmbH – **S. 52, 118, 131 re.:** Wikimedia Commons – **S. 55:** Klassik Stiftung Weimar/Museen/Inv.-Nr. KGr/02164 – **S. 56:** © INTERFOTO/Sammlung Rauch – **S. 117:** Sony Music – **S. 131 li.:** © akg-images/Erich Lessing

© 2013 Bildungshaus Schulbuchverlage
Westermann Schroedel Diesterweg Schöningh Winklers GmbH
Braunschweig, Paderborn, Darmstadt

www.schoeningh-schulbuch.de
Schöningh Verlag, Jühenplatz 1–3, 33098 Paderborn

Das Werk und seine Teile sind urheberrechtlich geschützt.
Jede Nutzung in anderen als den gesetzlich zugelassenen Fällen bedarf der vorherigen schriftlichen Einwilligung des Verlages.
Hinweis zu § 52a UrhG: Weder das Werk noch seine Teile dürfen ohne eine solche Einwilligung gescannt und in ein Netzwerk gestellt werden.
Das gilt auch für Intranets von Schulen und sonstigen Bildungseinrichtungen.

Auf verschiedenen Seiten dieses Buches befinden sich Verweise (Links) auf Internetadressen. Haftungshinweis: Trotz sorgfältiger inhaltlicher Kontrolle wird die Haftung für die Inhalte der externen Seiten ausgeschlossen. Für den Inhalt dieser externen Seiten sind ausschließlich deren Betreiber verantwortlich. Sollten Sie dabei auf kostenpflichtige, illegale oder anstößige Inhalte treffen, so bedauern wir dies ausdrücklich und bitten Sie, uns umgehend per E-Mail davon in Kenntnis zu setzen, damit beim Nachdruck der Verweis gelöscht wird.

Druck 5 4 3 2 / Jahr 2016 15 14 13
Die letzte Zahl bezeichnet das Jahr dieses Druckes.

Umschlaggestaltung: Jennifer Kirchhof
Druck und Bindung: westermann druck GmbH, Braunschweig

ISBN 978-3-14-022426-0

# Vorwort

Der vorliegende Band ist Teil einer Reihe, die Lehrerinnen und Lehrern erprobte und an den Bedürfnissen der Schulpraxis orientierte Unterrichtsmodelle zu ausgewählten Ganzschriften und weiteren relevanten Themen des Faches Deutsch bietet.
Im Mittelpunkt der Modelle stehen Bausteine, die jeweils thematische Schwerpunkte mit entsprechenden Untergliederungen beinhalten.
In übersichtlich gestalteter Form erhält der Benutzer/die Benutzerin zunächst einen Überblick zu den im Modell ausführlich behandelten Bausteinen.

Es folgen:

- Hinweise zu den Handlungsträgern
- Zusammenfassung des Inhalts und der Handlungsstruktur
- Vorüberlegungen zum Einsatz der Erzählung im Unterricht
- Hinweise zur Konzeption des Modells
- Ausführliche Darstellung der einzelnen Bausteine
- Zusatzmaterialien

Ein besonderes Merkmal der Unterrichtsmodelle ist die Praxisorientierung. Enthalten sind kopierfähige Arbeitsblätter, Vorschläge für Klassen- und Kursarbeiten, Tafelbilder, konkrete Arbeitsaufträge, Projektvorschläge. Handlungsorientierte Methoden sind in gleicher Weise berücksichtigt wie eher traditionelle Verfahren der Texterschließung und -bearbeitung.
Das Bausteinprinzip ermöglicht es dabei den Benutzern, Unterrichtsreihen in unterschiedlicher Weise und mit unterschiedlichen thematischen Akzentuierungen zu konzipieren. Auf diese Weise erleichtern die Modelle die Unterrichtsvorbereitung und tragen zu einer Entlastung der Benutzer bei.

Das vorliegende Modell bezieht sich auf folgende Textausgabe: Georg Büchner: Lenz. Der Hessische Landbote. Paderborn: Schöningh Verlag 2010. Best.-Nr. 022425-3

 Arbeitsfrage

 Einzelarbeit

 Partnerarbeit

 Gruppenarbeit

 Unterrichtsgespräch

 Schreibauftrag

 szenisches Spiel, Rollenspiel

 Mal- und Zeichenauftrag

 Bastelauftrag

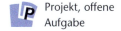 Projekt, offene Aufgabe

# Inhaltsverzeichnis

1. **Personen** 10

2. **Inhalt** 11

3. **Vorüberlegungen zum Einsatz der Erzählung im Unterricht** 13

4. **Konzeption des Unterrichtsmodells** 15

5. **Die thematischen Bausteine des Unterrichtsmodells** 16

   **Baustein 1: Die Frage des Einstiegs** 16
   1.1 Der Anfang der Erzählung 16
   1.2 Der Klappentext 19
   1.3 Die Personenkonstellation 20
   1.4 Die Diskussion über Sinn und Problematik literaturwissenschaftlicher Analysen 21
   Arbeitsblatt 1: Dichter über Büchners „Lenz" 24
   Arbeitsblatt 2: Die Personenkonstellation 25

   **Baustein 2: Biografische Hintergründe** 26
   2.1 Georg Büchner und seine Zeit 26
   2.2 Jakob Michael Reinhold Lenz 32
   2.3 Büchner und Lenz 37
   Arbeitsblatt 3: Markus Fischer: Georg Büchner 44
   Arbeitsblatt 4: Zeitgeschichtlicher Hintergrund des „Hessischen Landboten" 45
   Arbeitsblatt 5: Die sozialen und politischen Verhältnisse in Hessen um 1834 47
   Arbeitsblatt 6: Büchner über die Anwendung von Gewalt 49
   Arbeitsblatt 7: Die Entstehungsgeschichte des „Hessischen Landboten" 50
   Arbeitsblatt 8: Dokumente der Verfolgung und Flucht 52
   Arbeitsblatt 9: Büchners „Fatalismusbrief" 54
   Arbeitsblatt 10: Gerhart Hoffmeister: Jakob Michael Reinhold Lenz 55
   Arbeitsblatt 11: J. M. R. Lenz: Briefe an den Vater 56
   Arbeitsblatt 12: Lenz' Gedicht für Friederike Brion (1772) 58
   Arbeitsblatt 13: Lenz als literarischer Stoff 59
   Arbeitsblatt 14: Die Entstehungsgeschichte von Büchners „Lenz" 62
   Arbeitsblatt 15: Textpassagen aus Oberlins Bericht 64

   **Baustein 3: Erzähltextanalyse – Aufbau, Erzähltechnik und Naturbeschreibungen** 66
   3.1 Aufbau 66
   3.2 Erzähltechnik 74
   3.3 Naturbeschreibungen 81
   Arbeitsblatt 16: Caspar David Friedrich: Der Wanderer über dem Nebelmeer (1818) 88
   Arbeitsblatt 17: Aufbau von Büchners „Lenz" 89
   Arbeitsblatt 18: Grundbegriffe der Erzähltechnik 90
   Arbeitsblatt 19: Büchners Brief über seine Wanderung durch die Vogesen 92

### Baustein 4: Lenz' Leiden und Geisteskrankheit 93
4.1 Symptome und Ursachen von Lenz' Geisteskrankheit 93
4.2 Oberlin, der unerreichbare Vater 97
4.3 Religiöse Hoffnungen und Enttäuschungen 101
4.4 Das Spannungsverhältnis zwischen Individuum und Gesellschaft 106
Arbeitsblatt 20: Lenz' Schizophrenie 110
Arbeitsblatt 21: Ursachen von Lenz' Krankheit 114
Arbeitsblatt 22: Das Verhältnis zwischen Lenz und Oberlin – Standbilder bauen 115
Arbeitsblatt 23: Pietismus 116
Arbeitsblatt 24: Das Kirchenlied im Vergleich mit einem heutigen Song 117
Arbeitsblatt 25: Radierung von Goya 118
Arbeitsblatt 26: Götz Großklaus: Zum Verlust des sozialen Ortes 119
Arbeitsblatt 27: Was ist „Normalität"? 121

### Baustein 5: Das Kunstgespräch 124
5.1 Der Streit zwischen Idealismus und Realismus 124
5.2 Die Funktion der Kunst 129
Arbeitsblatt 28: Zwei Gemälde 131
Arbeitsblatt 29: Bildvergleich 132
Arbeitsblatt 30: Das Kunstgespräch 133
Arbeitsblatt 31: Idealismus 134
Arbeitsblatt 32: Büchner als Realist? 136
Arbeitsblatt 33: Funktionen der Kunst – ein Schreibgespräch 138

## 6. Zusatzmaterial
Z1: Ronald D. Laing: Über die soziale Konstruktion der Schizophrenie 139
Z2: Klausurvorschläge und Facharbeiten 140

# Lenz

Illustration von Alfred Hrdlicka, 1989

„In seiner Brust war ein Triumphgesang der Hölle. Der Wind klang wie ein Titanenlied, es war ihm, als könnte er eine ungeheure Faust hinauf in den Himmel ballen und Gott herbeireißen und zwischen seinen Wolken schleifen; als könnte er die Welt mit den Zähnen zermalmen und sie dem Schöpfer ins Gesicht speien; er schwur, er lästerte."

Georg Büchner: Lenz, S. 21

# Personen

| | |
|---|---|
| **Lenz:** | Bei der Hauptfigur, die in der Erzählung nur „Lenz" genannt wird, handelt es sich um den Sturm-und-Drang-Dichter Jakob Michael Reinhold Lenz (1751–1792), der vom 20. Januar bis 8. Februar 1778 tatsächlich im Steintal bei Oberlins Familie gelebt hat, zur erzählten Zeit also 27 Jahre alt ist. Er leidet unter einer schizophrenen Erkrankung, die während seines Aufenthalts im Steintal immer bedrohlicher wird. Die wiederholten Suizidversuche, die er in Momenten größter seelischer Not unternimmt, machen einen weiteren Verbleib bald nicht mehr möglich: Lenz wird unter Bewachung nach Straßburg abtransportiert. |
| **Oberlin:** | Johann Friedrich Oberlin (1740–1826), in der Erzählung nur „Oberlin" genannt, ist pietistischer Pfarrer in Waldbach. Er nimmt Lenz freundlich und hilfsbereit auf, steht dessen Lebenswandel und wachsender Geisteskrankheit aber verständnislos, bald sogar kritisch gegenüber. Seine Prinzipien, die auf Vernunft, Disziplin und Aufopferung für andere beruhen, unterscheiden sich allzu sehr von den Vorstellungen Lenz', als dass dieser auf längere Zeit Halt und Orientierung beim Pfarrer finden könnte. Oberlins Ohnmacht gegenüber Lenz wird insbesondere in seiner Entscheidung am Ende deutlich, seinen Gast nach Straßburg bringen zu lassen. |
| **Madame Oberlin:** | Noch verständnisloser als ihr Mann steht Madame Oberlin dem fremden Gast gegenüber. Während Pfarrer Oberlin für ein paar Tage das Haus verlässt, wird sie für Lenz zwar zur wichtigsten Bezugsperson und ihre Anwesenheit wirkt beruhigend auf ihn, wirklich helfen kann sie ihm aber nicht. |
| **Kaufmann:** | Christoph Kaufmann (1753–1795), in der Literaturgeschichte insbesondere als Namensgeber der „Sturm und Drang"-Epoche aufgeführt und ein Freund von Lenz, kommt eines Tages mit seiner Braut zu Besuch ins Steintal. Zwischen ihm und Lenz entsteht ein ausführliches Gespräch über Literatur und Malerei, in dem Lenz die Kunstauffassung des Idealismus zugunsten des Realismus scharf kritisiert. Ungehalten und aufbrausend reagiert er aber erst dann, als Kaufmann ihn ermahnt, sich endlich Ziele zu setzen, und ihm Briefe des Vaters zeigt, in dem der Sohn zur Rückkehr nach Hause aufgefordert wird. |
| **Die Familie des kranken Mädchens und der „Heilige"** | Während einer Wanderung durch das Gebirge kommt Lenz vom rechten Weg ab und gelangt in ein fremdes Haus, in dem er die Nacht verbringt. Die Menschen, die ihn beherbergen, sind um ein schwerkrankes Mädchen besorgt, man betet inbrünstig zu Gott. Bald fühlt sich Lenz in der bedrückenden Umgebung, insbesondere in der Gegenwart eines Mannes, der im Ruf eines Heiligen steht, unwohl – er flieht zurück ins Steintal. |
| **Das tote Kind in Fouday:** | Als Lenz von dem Tod eines Kindes in Fouday erfährt, macht er sich auf, um es wie Jesus von den Toten zu erwecken. Nachdem der irrsinnige Versuch gescheitert ist, stürmt er auf einen Berggipfel und verflucht in einem Anflug von Atheismus Gott. Die Episode stellt einen Kulminationspunkt seines wachsenden Wahnsinns dar. |
| **Sebastian:** | Sebastian ist Schulmeister in Bellefosse, einem Dorf im Steintal. Er wird von Oberlin nach Lenz' erstem Selbstmordversuch beauftragt, diesen im Auge zu behalten. Als sich Lenz seiner Kontrolle zu entziehen versucht, verständigt Sebastian seine Brüder, die nun die Aufsicht übernehmen. |

# Inhalt

Lenz ist auf der Reise in das kleine Bergdorf Waldbach zum Pfarrer Oberlin. Seine Wanderung führt ihn durch das winterliche Gebirge, dessen Unwirtlichkeit und Kälte er nicht spürt. Das Gefühl für Raum und Zeit geht Lenz verloren, er hört die Stimmen der Felsen, sieht die Wolken jagen und in der Sonne ein „blitzendes Schwert" (5, 26), das die Landschaft schneidet. Die eigene völlige Erschöpfung dringt nicht mehr in sein Bewusstsein, sondern wird Teil des Weltalls, Ausgangspunkt kürzester Augenblicke höchster Glücksgefühle und langer Phasen der Gleichgültigkeit. Der Abend bringt ihm Einsamkeit und Angst, seine Schritte werden ihm wie „Donner" (6, 22), es ist ihm, „als jage der Wahnsinn auf Rossen hinter ihm" (6, 27f.).

Im Dorf angekommen, heißt ihn Oberlin, Pfarrer und Kenner der Lenz'schen Dramen, bei sich willkommen. Im Pfarrhaus genießt der aufgewühlte Wanderer das ruhige Miteinander der Familie, das ihn an seine eigene Kindheit erinnert. Als er jedoch sein kaltes und kahles Zimmer im gegenüberliegenden Schulgebäude bezieht, wo ihm Oberlin ein Quartier bereiten lässt, erlebt er einen Rückfall und die Erinnerungen an den schönen Abend weichen schnell wieder einer Unruhe und „unnennbaren Angst" (7, 29f.). Erst als er sich selbst Schmerzen zufügt und schließlich, einem instinktiven Trieb folgend, in den kalten Brunnen taucht, stabilisiert sich sein Zustand vorübergehend wieder.

Die folgenden Nächte werden ihm zur Qual: Seine Wahrnehmung löst sich von der Realität, macht sie zum Traum, „der Alp des Wahnsinns setzt[] sich zu seinen Füßen" (9, 13f.). Doch Lenz versucht sich einzuleben, erinnert sich an die Erlebnisse der Tage, schöpft Hoffnung. Seine Mitmenschen und deren Alltag erscheinen ihm wie ein Theaterspiel. Als Begleiter Oberlins wird er zwar selbst zum Akteur, kann aber letztlich in dieses Leben nicht wirklich eintauchen. Tagsüber ist sein Zustand erträglich, doch mit einsetzender Dunkelheit überfallen ihn immer wieder Angstzustände. Die Ahnung einer unabwendbaren Erkrankung verstärkt sich bei ihm. Lenz versucht, sich Oberlin als Vorbild zu nehmen, die Natur als Geschenk Gottes anzusehen und die aufkommenden Ängste mit Hilfe der Bibel abzuwenden. Er erkennt, dass dies eine letzte Möglichkeit zur Selbsttherapie seiner manisch-depressiven Gemütsverfassung und seiner beginnenden Schizophrenie ist. Doch das „süße[] Gefühl unendlichen Wohls" (11, 12) ist jeweils nur von kurzer Dauer, die Verzweiflung und das Selbstmitleid über seine Einsamkeit dagegen nehmen zu und schließlich überhand.

Ein zentraler Moment der Erzählung ist der Besuch seines Freundes Christoph Kaufmann. Im Gespräch über Kunst, in der leidenschaftlichen Aussprache gegen die idealistische Literatur spricht Lenz wieder konzentriert und gelöst. Auf Kaufmanns Einwände reagiert er schroff, aber erst als Kaufmann ihn schließlich auffordert, zu seinem Vater zurückzukehren, bricht er das Gespräch ab. Er empfindet den Aufenthalt in diesem kleinen Bergdorf als einzige Möglichkeit, sich vor seiner Tollheit zu retten, in die ihn das bürgerliche Leben treiben würde. Als Oberlin und Kaufmann am nächsten Tag zu einer Reise in die Schweiz aufbrechen, leitet dies den endgültigen kritischen Wendepunkt seiner Krankengeschichte ein. Er bleibt allein zurück, begleitet die Freunde aber zuvor noch ein Stück des Wegs bis auf die andere Seite des Gebirges, dorthin, „wo die Täler sich in die Ebne ausliefen" (17, 12). Auf seinem Heimweg kreuz und quer durch die menschenleere Bergwelt gelangt er bei einbrechender Dunkelheit in ein anderes Tal und findet schließlich Unterschlupf in einer armseligen Hütte, wo ein krankes Mädchen im Fieber liegt und ein altes halbtaubes Weib mit schnarrender Stimme unablässig Lieder aus dem Gesangbuch singt. Als er einige Tage später vom Tod eines kleinen Kindes aus Fouday erfährt, packt ihn die fixe Idee, „wie ein Büßender" (21, 6f.) mit aschebeschmiertem Gesicht zu ihm zu pilgern und es wie Jesus wiederbeleben zu müssen. Doch dort, angesichts der kalten Glieder und „halbgeöffneten gläsernen Augen" (21, 12f.) des Leichnams, erfährt er nur seine eigene Ohnmacht, was ihn zu wilden Gotteslästerungen treibt und vorübergehend zum Atheisten werden lässt: „Lenz musste laut lachen, und mit dem Lachen griff der Atheismus in ihn und fasste ihn ganz sicher und ruhig und fest." (22, 1–22, 3)

Als Oberlin aus der Schweiz zurückkehrt, erkennt er Lenz' desolaten Geisteszustand, seine religiösen Gewissensbisse und seine Scham. Er verweist ihn an Jesus, der für die Vergebung der Abgefallenen gestorben sei. Lenz fragt Oberlin nach dem Zustand „des Frauenzimmers" (21, 29f.). Doch der antwortet, er wisse nicht, was Lenz meine. Da deutet ihm Lenz an, seine Geliebte wegen eines anderen Liebhabers getötet zu haben: „Verfluchte Eifersucht, ich habe sie aufgeopfert – sie liebte noch einen andern – ich liebte sie, sie war's würdig – o gute Mutter, auch die liebte mich. Ich bin ein Mörder." (23, 1–23, 4) Nach diesem Geständnis eines Mordes, der nur ein Produkt seiner Wahnvorstellungen ist, gibt es nur noch wenige kurze Momente, in denen Lenz bei klarem Verstand ist. Die Ruhe, die er „aus der Nähe Oberlins und aus der Stille des Tals geschöpft" (26, 7f.) hat, wirkt nicht mehr. Nachdem sich Lenz wiederholt nachts aus dem Fenster gestürzt und umzubringen versucht hat, lässt Oberlin ihn nach Straßburg transportieren. Lenz reagiert nur noch apathisch. Die Abendlandschaft berührt ihn nicht mehr. Bei einer Zwischenstation in einer Herberge „machte er wieder mehrere Versuche, Hand an sich zu legen, war aber zu scharf bewacht". (29, 28f.) Als sie am nächsten Tag bei trübem Wetter in Straßburg ankommen, scheint er „ganz vernünftig, sprach mit den Leuten; er tat alles, wie es die andern taten, es war aber eine entsetzliche Leere in ihm, er fühlte keine Angst mehr, kein Verlangen; sein Dasein war ihm eine notwendige Last. – – So lebte er hin." (29, 30–29, 34)

Dieser Text basiert auf dem Artikel „Lenz (Erzählung)" aus der freien Enzyklopädie Wikipedia und steht unter der GNU-Lizenz für freie Dokumentation. In der Wikipedia ist eine Liste der Autoren verfügbar.

# Vorüberlegungen zum Einsatz der Erzählung im Unterricht

Der Einsatz von Georg Büchners „Lenz" im Unterricht eröffnet die große Chance, Schülerinnen und Schüler anhand eines vergleichsweise kurzen Textes die Faszination zu vermitteln, die manche Werke der Literaturgeschichte generationsübergreifend bis heute auf viele Leserinnen und Leser ausüben. Dabei eignet sich die Erzählung nicht zuletzt deshalb, weil sie den Lernenden vielfältige Identifikationsmöglichkeiten bietet: angefangen von dem jungen, sozial engagierten Autor Büchner über die Hauptfigur Lenz bis hin zu den im Erzähltext thematisierten Problemen und Fragestellungen, die auch – und besonders – für Heranwachsende von großer Bedeutung sind.

Im Gegensatz zu den Biografien manch anderer Dichter fällt es leicht, den Schülerinnen und Schülern das kurze, aber ereignisreiche und dramatische Leben Büchners – fern von trockenen Daten und Fakten – so zu präsentieren, dass sie Sympathie und Empathie mit dem bereits im Alter von 23 Jahren gestorbenen Dichter empfinden. Besonderes Augenmerk sollte hierbei auf Büchners gesellschaftskritische und -reformerische Gesinnung gelegt werden, die nicht nur in seiner Flugschrift, dem „Hessischen Landboten", sondern auch in seinen literarischen Werken zum Ausdruck kommt. Gerade in der gegenwärtigen Zeit, die durch immer neue Wirtschaftskrisen, wachsende soziale Ungerechtigkeit und eine immer größer werdende Kluft zwischen Arm und Reich geprägt ist, werden viele der Schülerinnen und Schüler Interesse, wenn nicht Bewunderung für den Dichter und Revolutionär Büchner entwickeln.

Eine weitere Identifikationsmöglichkeit bietet die Hauptfigur der Erzählung, der Sturm-und-Drang-Dichter Jakob Michael Reinhold Lenz. Sein ebenfalls kurzes und tragisch verlaufendes Leben war bestimmt von Konflikten, die auch viele Heranwachsende beschäftigen. So war es ihm zeitlebens nicht möglich, seinen Platz in der Gesellschaft zu finden. Bis zum Lebensende litt er unter dem Konflikt mit dem strengen Vater, der Lenz' Lebenswandel missbilligte und ganz andere Erwartungen an ihn stellte. Besonders tragisch ist sein Schicksal vor allem deshalb, weil er bereits in jungen Jahren an Schizophrenie erkrankte und schließlich an ihr zugrunde ging.

Die genannten Konflikte und Fragestellungen, die Lenz' Leben prägten, werden auch in Büchners Erzählung thematisiert, die den Schülerinnen und Schülern daher ebenfalls zahlreiche Möglichkeiten der Identifikation eröffnet. Hierzu gehört etwa das Problem der persönlichen Identitätsfindung in der Auseinandersetzung mit einer autoritären Außenwelt, die fast zwangsläufig mit dem Schwanken zwischen euphorischem Eroberungsgestus und weltschmerzlichen Nichtigkeitsgefühlen einhergeht. Auch Lenz' vergebliche Frage nach einem Sinn des Lebens, die sich in seinem religiösen Ringen mit Gott zeigt, und seine Ablehnung aller oberflächlichen, allein gesellschaftskonformen Antwortversuche werden sicherlich viele der Heranwachsenden ansprechen. Diese und weitere identifikatorische Momente sollten für die Arbeit mit Büchners „Lenz" nutzbar gemacht werden. Gelingt dies, ist eine ansprechende Unterrichtsreihe abseits der Flucht ins Abstrakte und fern gelangweilten Desinteresses auf Seiten der Lernenden möglich.

Bereits vor dem Unterrichtsbeginn können zeitaufwändigere **Schülerreferate** verteilt werden, die später in der jeweiligen Unterrichtseinheit zum Einsatz kommen können. Hierfür bieten sich insbesondere folgende Themen an:

- Die sozialen und politischen Verhältnisse in Hessen um 1834 (Baustein 2)
- Christoph Kaufmann und seine Bedeutung für den Sturm und Drang (Baustein 2)

- Die Entstehungsgeschichte von Büchners „Lenz"-Erzählung (Baustein 2)
- Der literarische Idealismus (Baustein 5)
- Die Geschichte der Kunst und der Wandel ihrer Funktionen (Baustein 5)

**Vorschläge für Klausuren und Facharbeiten sind im Zusatzmaterial 2 aufgelistet.**

## Grundlagenliteratur:

Beise, Arnd: Einführung in das Werk Gerhard Büchners. Darmstadt: WGB 2010

Borgards, Roland und Harald Neumeyer (Hg.): Büchner Handbuch. Leben – Werk – Wirkung. Stuttgart: Metzler 2009

Büchner, Georg und Ludwig Weidig: Der Hessische Landbote. Texte, Briefe, Prozeßakte. Kommentiert von Hans Magnus Enzensberger. Frankfurt a.M.: Insel 1974

Büchner, Georg: Werke und Briefe. München: dtv 1988

Damm, Sigrid: Vögel, die verkünden Land. Das Leben des Jakob Michael Reinhold Lenz. Frankfurt a.M.: Insel 1992

Dissel, Sabine: Das Prinzip des Gegenentwurfs bei Georg Büchner. Von der Quellenmontage zur poetologischen Reflexion. Bielefeld: Aisthesis 2005

Georg Büchner. Leben, Werk, Zeit. Katalog zur Ausstellung zum 150. Jahrestag des „Hessischen Landboten". Marburg: Jonas Verlag 1985

Georg Büchner. Revolutionär, Dichter, Wissenschaftler, 1813–1837. Der Katalog. Basel, Frankfurt a.M.: Stroemfeld/Roter Stern 1987

Gersch, Hubert: Der Text, der (produktive) Unverstand des Abschreibers und die Literaturgeschichte. Johann Friedrich Oberlins Bericht „Herr L......" und die Textüberlieferung bis zu Georg Büchners „Lenz"-Entwurf. Tübingen: Niemeyer 1998

Hohoff, Curt: J.M.R. Lenz. Reinbek bei Hamburg: Rowohlt 1977

Knapp, Gerhard P.: Georg Büchner. 3., vollständig überarbeitete Auflage. Stuttgart: Metzler 2000

Lenz, Jakob Michael Reinhold: Werke und Briefe in drei Bänden. Hrsg. von Sigrid Damm. Frankfurt a.M.: Insel 1992

Luserke, Matthias (Hg.): Goethe und Lenz. Die Geschichte einer Entzweiung. Eine Dokumentation. Frankfurt a.M.: Insel 2001

Mayer, Hans: Georg Büchner und seine Zeit. Frankfurt a.M.: Suhrkamp 1972

Psczolla, Erich: Johann Friedrich Oberlin (1740–1826). Gütersloh: Gütersloher Verlagshaus 1979

Winter, Hans-Gerd: J.M.R. Lenz. Stuttgart: Metzler 1987

# Konzeption des Unterrichtsmodells

Das vorliegende Unterrichtsmodell versucht mithilfe unterschiedlicher Methoden, Schülerinnen und Schülern einen Zugang zu Georg Büchners Erzählung „Lenz" zu vermitteln. Textanalytische Zugriffe spielen dabei in gleicher Weise eine Rolle wie handlungs- und produktionsorientierte Verfahren. Insbesondere wurde bei der Konzeption der Bausteine darauf geachtet, durch geeignete Aufgabenstellungen, Diskussionsanregungen etc. eine Beziehung zwischen dem vor über 175 Jahren entstandenen Werk und der Lebenswirklichkeit heutiger Jugendlicher herzustellen. Vorausgesetzt wird, dass die Schülerinnen und Schüler den Text vorab lesen, was aufgrund der Länge kein Problem darstellen sollte.

Mit dem **Baustein 1** werden zunächst unterschiedliche Methoden vorgestellt, einen Einstieg in die Erarbeitung der Erzählung zu gestalten. Sie verstehen sich als Ergänzungen zum bekannten allgemeinen Erfahrungsaustausch über die Leseeindrücke der Lernenden. Neben einer ersten Analyse der Anfangspassage, dem Verfassen eines Klappentextes und der Anfertigung der Personenkonstellation geht es auch um die allgemeine Frage, ob und inwiefern eine literaturwissenschaftliche Auseinandersetzung mit einem solch expressiven Text wie Büchners Erzählung überhaupt sinnvoll ist.

**Baustein 2** versucht, ein differenziertes Hintergrundwissen zur „Lenz"-Erzählung und ihrer Entstehung zu vermitteln. Dabei geht es zunächst um Informationen über Leben und Werk Georg Büchners, wobei seine gesellschaftsreformerischen Bestrebungen – insbesondere in Gestalt des „Hessischen Landboten" – ins Zentrum treten. Anschließend sollen die Schülerinnen und Schüler auch die wichtigsten Lebensstationen von Jakob Michael Reinhold Lenz kennenlernen. Am Ende des Bausteins rückt Büchners Bearbeitung des Lenz-Stoffes in den Mittelpunkt. Nachdem zunächst mögliche Gründe für seine Wahl des Sturm-und-Drang-Dichters besprochen worden sind, sollen die Lernenden in einem nächsten Schritt Büchners Quelle, nämlich Oberlins Bericht, mit der Erzählung anhand ausgewählter Textpassagen vergleichen.

Im **Baustein 3** treten formale Aspekte der Erzählung ins Zentrum. Nachdem die Schülerinnen und Schüler zunächst die wohlkomponierte Struktur erarbeitet haben, die dem Werk – trotz seines vermutlich unvollendeten Charakters – zugrunde liegt, sollen sie sich anhand detaillierter Textanalysen ausführlich mit der eingesetzten Erzähltechnik beschäftigen. Abgeschlossen wird dieser Baustein mit einer Analyse der expressiven Naturbeschreibungen, welche die gesamte Handlung begleiten und die Verfassung der Hauptfigur Lenz in ihren verschiedenen Stadien widerspiegeln.

Im **Baustein 4** geht es um die verschiedenen Ursachen von Lenz' Leiden. Nach einer Auseinandersetzung mit dem Krankheitsbild der Schizophrenie soll das ambivalente Verhältnis zwischen Lenz und Oberlin, der für den Dichter zu einer Art Vaterfigur wird, analysiert werden. Im Anschluss daran rücken Lenz' religiöse Hoffnungen und Enttäuschungen ins Zentrum, die für seinen sich verschlechternden Zustand von großer Bedeutung sind. Abgeschlossen werden soll dieser Baustein durch eine Reflexion über das Spannungsverhältnis zwischen Individuum und Gesellschaft.

Im **Baustein 5** rückt das Kunstgespräch in den Fokus, in dem Lenz über Literatur und Malerei spricht. Anhand detaillierter Textanalysen sollen die Schülerinnen und Schüler erarbeiten, dass sich in seinen Ausführungen auch die poetologischen Überzeugungen Büchners widerspiegeln. Nach einem Vergleich zwischen den Kunstprogrammen des Idealismus und des Realismus wird die gesamte Unterrichtseinheit mit einer allgemeinen Diskussion über die unterschiedlichen Funktionen der Kunst abgeschlossen.

# Die thematischen Bausteine des Unterrichtsmodells

**Baustein 1**

# Die Frage des Einstiegs

Der Baustein 1 soll sicherstellen, dass die Schülerinnen und Schüler trotz der dichten Handlung und der psychologisch komplexen Thematik schnell in die „Lenz"-Erzählung hineinfinden und im Idealfall einen persönlichen Bezug zu ihr entwickeln. Er soll die Lernenden dazu motivieren, sich auf die Problematik der Hauptfigur einzulassen, ohne sie dabei zu überfordern. Die vier vorgestellten Unterrichtsschritte bauen nicht unbedingt aufeinander auf und können daher auch einzeln bearbeitet werden. Voraussetzung bei all diesen Verfahren ist, dass alle Schülerinnen und Schüler Büchners Erzählung gelesen haben. Im Einzelnen geht es um

- die Analyse des Anfangs der „Lenz"-Erzählung,
- das Schreiben eines Klappentextes,
- die Personenkonstellation und
- eine Diskussion über Sinn und Problematik literaturwissenschaftlicher Analysen.

## 1.1 Der Anfang der Erzählung

Einen schnellen Einstieg in die Interpretation von Büchners Erzählung ermöglicht die Lektüre und erste Analyse der Anfangspassage (hier gewählt von 5, 1–7, 20), in der bereits wichtige Themen und Motive auftauchen, die die gesamte Handlung bestimmen. Der Kurs wird in Arbeitsgruppen aufgeteilt, die folgenden Auftrag erhalten:

> ■ *Lesen Sie die Anfangspassage der „Lenz-Erzählung" (5, 1–7, 20) und schreiben Sie die zentralen Motive auf, die bereits hier anklingen.*
>
> ■ *Was beeindruckt Sie in der Textpassage besonders, was fällt Ihnen auf? Achten Sie hierbei u. a. auf Inhalt, Aufbau und Stil.*

Vermutlich entdecken die Lernenden etliche Motive und Themen im Anfang, die auch im Zentrum der gesamten Erzählung stehen. So wird bereits in dieser Textpassage an vielen Stellen deutlich, dass Lenz offenbar psychische Probleme hat, die Realität häufig nicht mehr „richtig" einschätzen kann und innerlich sehr aufgewühlt ist. Auffällig sind auch die ausführlichen Beschreibungen der wechselnden, nebelhaft unklaren Landschaft des Gebirges, die als Spiegelbild von Lenz' Zustand aufgefasst werden kann. (Weitere Aspekte der Einleitung sollen in den nachfolgenden Schritten dieses Unterrichtseinstiegs vorgestellt werden.)

Während des Unterrichtsgesprächs können die Antworten der Arbeitsgruppen stichpunktartig an der Tafel mitnotiert werden:

> **Der Anfang des „Lenz"**
>
> lapidarer erster Satz, ohne chronologische Einleitung
> Wahnsinn                                                    Suche nach Seelenfrieden
>                          Naturbeschreibung spiegelt Innenleben wider
> Panik, Angst
> Aufenthalt auf Berggipfel als Kulminationspunkt der Einsamkeit
>                                   Identifikation mit den Naturgewalten
> Allmachtsfantasien und gesteigerte Sinneswahrnehmung: Töne, Farben
>                     Viele parataktische Sätze → Hinweis auf Gehetztsein
> Naturbeschreibung häufig in hypotaktischen Sätzen
>                                       Erinnerung an früher, an die Heimat
> Ruhe und Frieden bei Ankunft unter Menschen

Im Anschluss daran könnte der Fokus des Unterrichtsgesprächs auf einzelne Sätze oder Satzgruppen gelenkt werden:

> ■ *Gibt es einzelne Sätze oder kleinere Textabschnitte in der Anfangspassage, die Sie besonders ansprechen? Erklären Sie, was für Sie die Faszination dieser Sätze ausmacht.*

Nach der Bearbeitungszeit stellen einige der Lernenden ihre Antworten vor. Es ist zu erwarten, dass viele von ihnen Stellen gewählt haben, in denen die Natur besonders dicht und plastisch beschrieben ist, andere wiederum Sätze, in denen Lenz' Gehetztsein prägnant und eindrucksvoll zum Ausdruck kommt. Vermutlich wird auch der Satz genannt werden, der von Literaturwissenschaftlern wiederholt als besonders interessant hervorgehoben worden ist: „Müdigkeit spürte er keine, nur war es ihm manchmal unangenehm, dass er nicht auf dem Kopf gehn konnte." (5, 9 – 5, 11) Nachdem dieser Satz von einem der Lernenden oder von der Lehrkraft vorgelesen worden ist, kann auch Arnold Zweigs Text über Büchners „Lenz" (**Arbeitsblatt 1**, S. 24) ausgeteilt werden, in welchem die Bedeutung des Satzes betont ist. Nach der gemeinsamen Lektüre des Textes kann das Unterrichtsgespräch durch folgende Frageimpulse fortgeführt werden:

> ■ *Was hält Arnold Zweig für besonders bedeutend an Büchners Erzählung?*
>
> ■ *Warum wohl sieht er in dem zitierten Satz aus dem „Lenz" den Beginn der „modernen europäischen Prosa"?*

Gerade weil der Erzähler im Abschnitt zuvor noch nichts über Lenz' psychischen Zustand berichtet, sondern hauptsächlich die Natur beschrieben hat, wird der Leser durch diesen Satz, der so lapidar und neutral formuliert ist, geradezu überfallen. Auf einmal ist man mit Lenz' Wahnsinn konfrontiert. Durch einen kurzen Nebensatz („dass er nicht auf dem Kopf gehn konnte") verändert sich die Perspektive des Lesers schlagartig – nun wird ihm deutlich, dass er es mit einem psychisch erkrankten Protagonisten zu tun hat und er sich bei der Lektüre der Erzählung wohl auf einiges gefasst machen muss.

**Baustein 1: Die Frage des Einstiegs**

In den auf diesen Satz folgenden Abschnitten der Einleitung berichtet der Erzähler wiederholt von Lenz' Seelenzustand, der sich im Laufe seiner Wanderung durch die Vogesen bis zur Ankunft im Steintal stetig verändert. Die Arbeitsgruppen erhalten folgenden Auftrag:

■ *Achten Sie auf den wechselnden Seelenzustand von Lenz in der Anfangspassage. In welche verschiedenen Phasen kann man seinen Gemütswandel unterteilen?*

Bei genauer Lektüre lassen sich vier verschiedene Phasen von Lenz' Zustand erkennen:
1) Zunächst hetzt Lenz durch das Gebirge, während seine psychische Verfassung permanent zwischen Gleichgültigkeit und innerer Unruhe wechselt, wie von der Suche nach etwas getrieben. Alles ist ihm zu eng, alles dauert ihm zu lange, er scheint sich in der Welt und in seinem eigenen Körper nicht wohl zu fühlen.
2) Auf dem Berggipfel, inmitten der Ruhe und Weite der Natur, erfasst ihn auf einmal eine ungeheure Einsamkeit. Ihm wird bewusst, wie allein und verloren er ist. Ihn erfasst der „horror vacui", also das Grauen vor dem Nichts und der Leere.
3) Voller Panik und Angst stürzt er den Gipfel hinunter ins Tal, wie auf der Flucht.
4) In Waldbach angekommen und unter Menschen wird Lenz wieder ruhiger. Nachdem er schließlich in Oberlins Familie willkommen geheißen worden ist und sich in ihm die erste Aufregung im unbekannten Haus gelegt hat, fühlt er sich fast wie daheim.

Die verschiedenen Phasen seines Zustandes in der Anfangssequenz lassen sich grafisch folgendermaßen an der Tafel zusammenfassen:

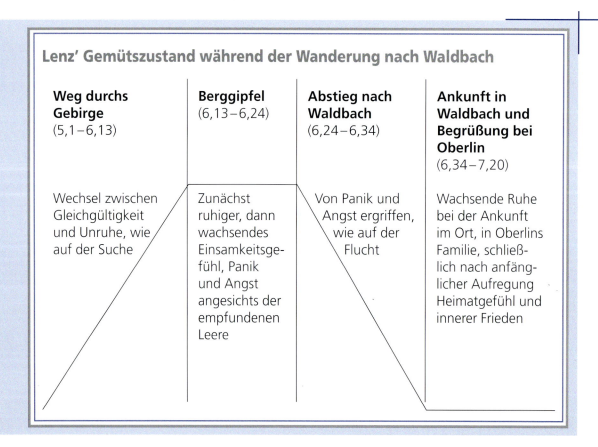

In einem nächsten Schritt sollen die Arbeitsgruppen die Dichotomien, also Gegensatzpaare, aufschreiben, die den Erzählanfang bestimmen. Sie erhalten folgende Aufträge:

■ *Welche Gegensätze entdecken Sie im Anfang der „Lenz"-Erzählung? Überfliegen Sie noch einmal die ersten Seiten und nehmen Sie auch Ihre bisherigen Notizen zur Hilfe.*

■ *Inwiefern ist das Auffinden von Gegensätzen für die Interpretation eines literarischen Textes hilfreich? Welche Wirkung haben sie in Büchners Erzählung?*

Vermutlich werden die Lernenden problemlos etliche Gegensatzpaare finden und auch deren Bedeutung für literaturwissenschaftliche Analysen erkennen. So hilft die Aufdeckung von Dichotomien (z. B. oben/unten, hell/dunkel etc.) dabei, die Struktur eines literarischen Textes bis ins kleinste Detail zu beschreiben. Auch für die Interpretation des Inhalts sind Gegensatzpaare von großer Wichtigkeit, sorgen sie doch in vielen Werken, so auch in Büchners „Lenz"-Erzählung, für Konflikte (Einsamkeit/Gemeinschaft; Wahnsinn/Gesundheit) und damit für wachsende Spannung und Dynamik der Handlung.

Nachdem die Ergebnisse der Gruppenarbeit im Kursplenum vorgestellt und diskutiert worden sind, können sie in folgendem Tafelbild gesichert werden:

### Gegensatzpaare im Anfang der „Lenz"-Erzählung

| | | |
|---|---|---|
| Mensch | vs. | Natur |
| Individuum | vs. | Gesellschaft |
| Wahnsinn | vs. | Gesundheit |
| Gehetztsein | vs. | Ruhe |
| Einsamkeit | vs. | Geborgenheit |
| Nichts | vs. | Sein |
| Leere | vs. | Fülle |
| Licht | vs. | Schatten |
| Tiefe | vs. | Höhe |
| Weite | vs. | Ferne |

– Gegensätze strukturieren den Text,
– erzeugen Konflikte → Spannung, Dynamik der Handlung

Als Abschluss dieses Einstiegs und Vorbereitung auf die spätere Analysearbeit bietet sich folgender Schreibauftrag an, der sich auch gut als Hausaufgabe eignet:

■ *Wählen Sie eines der an der Tafel notierten Gegensatzpaare und beschreiben Sie, inwiefern es auch für die Interpretation der „Lenz"-Erzählung von Bedeutung ist. Achten Sie dabei auf strukturelle und/oder inhaltliche Aspekte.*

## 1.2 Der Klappentext

Alternativ zur Analyse des Anfangs bietet sich die Anfertigung eines Klappentextes zu Büchners Erzählung an. Auch durch diesen Einstieg werden die Lernenden schnell mit den zentralen Themen und Motiven des Textes vertraut.
Die Schülerinnen und Schüler arbeiten weitgehend selbstständig in Gruppen. Jede Gruppe erhält ein großes Blatt Papier (Rückseite eines Plakats o. Ä.) und schreibt den Titel „Lenz" in die Mitte. Nun schreiben sie über einen bestimmten Zeitraum (5–10 Minuten) Begriffe um den Titel, ohne dabei miteinander zu sprechen. Dabei kann es sich um Wertungsaspekte, inhaltliche Gesichtspunkte oder Verstehensakzente hinsichtlich der Erzählung handeln. Abschließend erhalten sie folgenden Auftrag:

Baustein 1: Die Frage des Einstiegs

▪ *Sie haben zahlreiche Begriffe um den Titel aufgeschrieben. Einigen Sie sich in der Gruppe auf sechs zentrale Begriffe, die Ihnen besonders wichtig erscheinen, und kreisen Sie diese rot ein. Begründen Sie im Anschluss vor dem Kurs Ihre Wahl.*

Es wird nun wahrscheinlich eine lebhafte Diskussion einsetzen, in der die Lernenden ihre persönlichen Zugangsweisen und Verstehensmomente in Bezug auf den Text vor dem Kurs begründen. Daran anknüpfend kann folgender Schreibauftrag folgen:

▪ *Verwenden Sie die sechs Begriffe für einen Klappentext. Darin können Sie auch Probleme mit dem Text zum Ausdruck bringen, wenn diese aus den von Ihnen gewählten Begriffen hervorgehen.*

Das ausgewählte und in den Texten verwendete Begriffsrepertoire gibt der Lehrkraft deutlich Aufschluss über den Verstehenshorizont und die Erarbeitungsinteressen der Schülerinnen und Schüler. Diese können aufgegriffen und für die weitere Planung des Unterrichts genutzt werden. Nach der Vorstellung einiger Beispiele können alle Schülertexte zusammen mit den beschriebenen Papierbögen im Kursraum aufgehängt werden, damit im Verlauf des Unterrichts auf sie Bezug genommen werden kann.

## 1.3 Die Personenkonstellation

Um den Schülerinnen und Schülern den Einstieg in die Analyse der „Lenz"-Erzählung zu erleichtern und ihnen insbesondere einen schnellen Überblick über den Gesamttext zu ermöglichen, bietet es sich an, die Beziehungen der Figuren zu erarbeiten. Dies kann unmittelbar geschehen, jedoch auch durch einen Zwischenschritt, in dem zunächst alle auftretenden oder lediglich erwähnten Figuren im Rahmen eines Unterrichtsgesprächs gesammelt werden:

▪ *Welche Personen treten in Büchners Erzählung auf? Welche werden lediglich genannt?*

Die Ergebnisse können in Form einer Aufzählung an der Tafel gesichert werden:

### Die Personen im „Lenz"

| in Handlung auftretend | nur erwähnt |
|---|---|
| Lenz | Pfeffel |
| Oberlin | Lavater |
| Madame Oberlin | Lenz' Mutter |
| die Kindsmagd | Lenz' Vater |
| Oberlins Kind | Friederike |
| Kaufmann | |
| Kaufmanns Braut | |
| das kranke Mädchen | |
| das „alte Weib" | |
| der „Heilige" | |
| das tote Kind | |
| Sebastian, der Schulmeister | |

In einem nächsten Schritt stellen die Schülerinnen und Schüler nun die Beziehungskonstellationen der Figuren in einem Schaubild dar. Im Mittelpunkt stehen dabei die Hauptfigur Lenz und sein jeweiliges Verhältnis zu den (meisten) anderen Figuren.
Es bietet sich an, mit einer Folie zu arbeiten, um mögliche Korrekturen einfügen zu können. Sinnvoll ist es, auch hier in Gruppen oder partnerweise zu agieren.

> ■ *Verdeutlichen Sie, ausgehend von Ihrer Kenntnis der Erzählung, mithilfe eines Schaubildes die Beziehung der Personen zueinander, insbesondere der Personen zum Protagonisten Lenz. Überlegen Sie sich zuvor, wie Sie das jeweilige Verhältnis zwischen den Figuren und Lenz (hilfreicher Einfluss, negativer Einfluss etc.) durch Symbole sichtbar machen können.*

Die erarbeitete Übersicht zum Personengeflecht kann als Overheadfolie beispielsweise in folgender Form präsentiert werden (siehe auch **Arbeitsblatt 2**, S. 25):

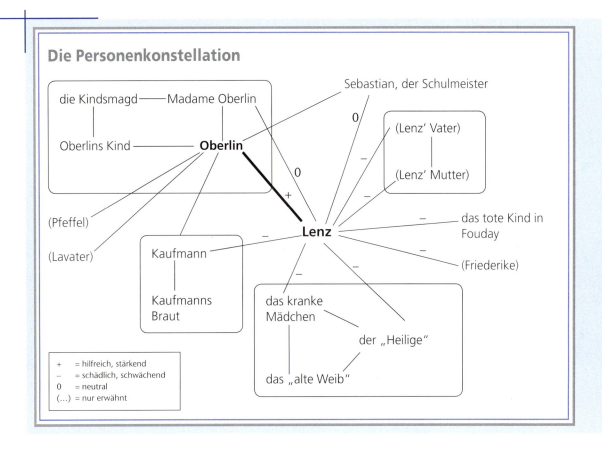

## 1.4 Die Diskussion über Sinn und Problematik literaturwissenschaftlicher Analysen

Gerade bei einem literarischen Text wie Büchners „Lenz", dessen emotionale Eindringlichkeit und existenzielle Tiefe der Leser auch nach über anderthalb Jahrhunderten nach der Entstehung fast körperlich spürt, stellt sich die Frage nach Sinn und Nutzen literaturwissenschaftlicher Interpretation. Besteht beim analytischen Vorgehen – beim Blick auf Struktur, Stil, Personenkonstellation, Erzähltechnik etc. – nicht die Gefahr, das Untersuchungsobjekt durch allzu genaues Sezieren zu zerstören? Verliert die Erzählung durch die wissenschaftliche Annäherung nicht an Faszination und Zauber? Diese und ähnliche Fragen sollen mit den Schülerinnen und Schülern zu Beginn der folgenden Unterrichtsschritte diskutiert werden. Sie gewinnen dadurch nicht nur die Möglichkeit, sich der Ziele, aber auch Grenzen der späteren Analysearbeit bewusst zu werden, sondern auch allgemein über die Funktion von Literatur und deren Verhältnis zur Literaturwissenschaft zu reflektieren.

Wenn es nicht zu aufwändig ist und es die technische Ausstattung zulässt, kann zu Beginn dieses Einstiegs eine kurze, fünfminütige Sequenz aus Peter Weirs Spielfilm „Der Club der toten Dichter" (1989) gezeigt werden, in der eine äußerst fragwürdige Form literaturwissenschaftlicher Arbeit thematisiert ist. In dem betreffenden Ausschnitt (von der Minute 20:10 bis zur Minute 25:50[1]) lässt der neue Englischlehrer John Keating (gespielt von Robin Williams) seine Klasse ein Kapitel über die „richtige" Interpretation von Lyrik lesen, die darin besteht, bestimmte Faktoren eines Gedichtes in quasi mathematischer Weise in ein Koordinatensystem einzutragen, um seine literarische Qualität zu ermitteln. Nach Beendigung der Lektüre spottet Keating über das Vorgetragene – er sagt nur: „Exkremente!" – und fordert seine Schüler auf, die betreffenden Seiten aus dem Buch zu reißen und in den Papierkorb zu werfen. Danach erklärt er, dass das Geheimnisvolle, Faszinierende von Literatur und Lyrik niemals durch die Methoden der Wissenschaft zu entschlüsseln sei. Literatur spiegle das „tiefere", „eigentliche" Leben wider und könne niemals durch analytische Schritte begriffen werden.

Nach der Betrachtung des Filmausschnitts[2] bieten sich folgende Frageimpulse für die Einleitung und Weiterführung eines Unterrichtsgesprächs an:

- *Beschreiben Sie die gegensätzlichen Positionen, die der Autor des Lehrbuchs und der Lehrer John Keating (gespielt von Robin Williams) vertritt. Sehen Sie eine Möglichkeit, diese Gegensätze zu vereinbaren?*

- *Was halten Sie von Keatings Meinung? Halten auch Sie Literaturinterpretationen für unsinnig? Begründen Sie Ihre Meinung.*

Es ist zu vermuten, dass die Mehrheit des Kurses Keatings Haltung befürwortet. Doch sollten die Schülerinnen und Schüler hierbei bedenken, dass die Literaturinterpretation, wie sie im Film dargestellt ist, mehr einer Karikatur gleicht und der Realität kaum gerecht wird. Ein derart mathematisches Vorgehen, wie es im Lehrbuch propagiert ist, findet man jedenfalls bei keinem literaturwissenschaftlichen Verfahren, mag es einen noch so „objektiven Anspruch" haben. Im Gegenteil, es gibt sogar etliche Interpretationsansätze – namentlich „hermeneutisch" und „rezeptionsästhetisch" ausgerichtete Methoden –, die die Wirkung des literarischen Werkes, seine Faszination auf den Leser zum Ausgangspunkt und Zentrum ihres Vorgehens machen.

In einem nächsten Schritt kann das Unterrichtsgespräch mit folgendem Frageimpuls auf Büchners „Lenz" gelenkt werden:

- *Versetzen Sie sich in die Perspektive des Lehrers John Keating. Was würde er dazu sagen, dass wir in den folgenden Unterrichtsstunden Büchners „Lenz" analysieren?*

Vermutlich würde Keating die Hände über den Kopf zusammenschlagen und sich über alle Bemühungen, Büchners „Lenz" literaturwissenschaftlich zu analysieren, lustig machen. Gerade weil die Erzählung stilistisch so emotional erscheint, „aus Herzblut geschrieben",

---

[1] „Der Club der toten Dichter" (1989), Regie: Peter Weir; als DVD erhältlich.
[2] Da der Spielfilm ganz ähnliche grundsätzliche Fragen thematisiert wie Büchners Erzählung (beispielsweise die Frage nach dem Verhältnis zwischen Individuum und Gesellschaft), ist es durchaus auch denkbar, ihn im Kursrahmen ganz vorzuführen, beispielsweise am Ende der gesamten Unterrichtsphase.

gleichsam ohne spürbaren Kunstanspruch, und darüber hinaus solch existenzielle Themen wie Wahnsinn, Spiritualität, Freiheit, richtige Lebensführung etc. behandelt, zerstöre – so würde Keating womöglich argumentieren – jede wissenschaftliche Annäherung den Zauber des Textes.

Zusätzlich oder alternativ zum Filmausschnitt kann auch Peter Schneiders Text besprochen werden (**Arbeitsblatt 1**, S. 24; oder Textausgabe, S. 107 f.), da der fiktive Lehrer Keating und der Schriftsteller Schneider bezüglich der Frage nach dem Sinn einer literaturwissenschaftlichen Analyse von Büchners „Lenz"-Erzählung vermutlich eine sehr ähnliche Haltung einnehmen würden. Nach der gemeinsamen Lektüre von Schneiders Text bietet sich folgender Frageimpuls an:

> ■ *Wie begründet Peter Schneider seine These, dass eine literaturwissenschaftliche Annäherung an Büchners „Lenz"-Erzählung nicht hilfreich, sondern sogar schädlich sei? Was halten Sie selbst von dieser Meinung?*

Auch Peter Schneider hält eine literaturwissenschaftliche Analyse von Büchners Erzählung für äußerst problematisch, da sie dadurch „verletzt", von ihrem Zauber verlieren würde. Im Gegensatz zu vielen anderen literarischen Werken, deren ästhetische Absicht klar erkennbar sei und die daher einer Interpretation offen ständen, wirke der „Lenz" „nahezu kunstlos, ohne Technik geschrieben, fast möchte man sagen: unbeherrscht". Dieser Besonderheit der Erzählung werde keine wissenschaftliche Annäherung gerecht, jede Interpretation verfehle gleichsam ihr Ziel.
Wenngleich viele der Schülerinnen und Schüler Schneiders Argumentation voraussichtlich plausibel finden, kann ihr doch entgegnet werden, dass die Faszination, die Büchners „Lenz" auf den Leser ausübt, durch einen literaturwissenschaftlichen Blick keineswegs zerstört werden muss, sondern sogar verstärkt werden kann. Um nur zwei Beispiele anzuführen: Eine strukturelle Untersuchung der Erzählung kann dem Leser verdeutlichen, dass ihr eine bis in die Unterabschnitte und Zäsuren gehende wohlkomponierte Gliederung zugrunde liegt. Der bereits bei der ersten Lektüre empfundene ästhetische Genuss könnte durch die Aufdeckung dieser strukturellen Merkmale eine Begründung finden, womöglich gar einen weiteren Anlass haben. Ein stilistischer Vergleich der Erzählung mit Oberlins Bericht kann dem Leser vor Augen führen, mit welchen Erzähltechniken und stilistischen Mitteln Büchner aus einer recht langweiligen Quelle einen höchst lebendigen und expressiven literarischen Text gemacht hat – auch diese Einsichten könnten die Faszination für die Erzählung noch weiter steigern.

Im Idealfall entsteht aus der Diskussion über die gesehene Filmsequenz und/oder über Peter Schneiders Textausschnitt ein allgemeiner Gedankenaustausch über die Funktion von Literatur und ihr Verhältnis zur Literaturwissenschaft. Natürlich kann und soll es hierbei nicht um „richtige" Antworten und Positionen gehen, sondern vielmehr darum, die Lernenden überhaupt zur Reflexion über diese grundsätzliche Thematik zu motivieren. Die Diskussion soll dazu beitragen, in den Schülerinnen und Schülern eine generelle Sensibilität gegenüber literaturwissenschaftlichem Vorgehen zu wecken, die auch für die nachfolgende Analyse von Büchners „Lenz" wertvoll sein wird. (Eine Diskussion über die Funktion der Kunst und Literatur wird auch im Baustein 5.2 angeregt, in dem das sogenannte Kunstgespräch im „Lenz" behandelt ist.)

# Dichter über Büchners „Lenz"

### Arnold Zweig

Denn mit Lenz gibt Büchner einen Dichter als Gestalt; indem er ihn wahnsinnig werden lässt, deckt er zugleich überzeugend das Wesen dieser besonderen Menschenart „Dichter" auf. Auch wenn er Müller hieße, wäre der Held dieser Novelle als Dichter legitimiert. Wenn E.T.A. Hoffmann den Wahnsinn eines Künstlers dichtet, wie zittert und wankt da unter dem elementaren Ansturm eines drohenden umnachtenden Schicksals alles: der Held, der Dichter und seine Sätze. Das nachthaft Fürchterliche solchen Bedrohtseins, dem der gebrechliche Mensch ausgesetzt, gibt der Gestaltung ihren Ton. Und wenn Tieck oder Eichendorff Dichter schildern, wie reizend ist die liebenswürdige und etwas oberflächliche Träumerei um sie gebreitet, die der verwunderte Bürger dem Dichter andichtet, halb Schwind, halb Spitzweg, und ebenso schönfarbig hingezaubert wie die besten Bilder dieser Maler in der Schackgalerie. Büchner aber, von Bedrohtsein und Traumseligkeit gleich entfernt, gibt unaufhaltsam, in nervös bebendem Tempo, die Sache selbst. Nach den ersten Sätzen ist alles da: Hier ist ein Dichter; er wird wahnsinnig: „Müdigkeit spürte er keine, nur war es ihm manchmal unangenehm, dass er nicht auf dem Kopf gehn konnte." Mit diesem Satze beginnt die moderne europäische Prosa; kein Franzose und kein Russe legt moderner einen seelischen Sachverhalt offen hin: Und Büchner vollzieht hier als Gestalter das, was er seinen Lenz in einer wundervoll unauffällig an den rechten Ort gestellten kritischen Forderung theoretisch entwickeln lässt – nicht abrupt, sondern ganz allmählich, nach tief ins Wesen schneidenden Betrachtungen über die Wirkung von Formen, Elementen, Gesteinen, Metallen auf die ahnend-wissende Seele des Dichters.

Aus: Arnold Zweig: Versuch über Büchner. In: Dietmar Goltschnigg (Hg.): Georg Büchner und die Moderne. Texte, Analysen, Kommentar. Berlin: Erich Schmidt 2001, S. 323–335; hier: S. 328f. © Aufbau Verlag

- Was hält Arnold Zweig für besonders bedeutend an Büchners Erzählung?
- Warum wohl sieht er in dem zitierten Satz aus dem „Lenz" den Beginn der „modernen europäischen Prosa"?

### Peter Schneider

Es gibt in der deutschen Literatur ein paar Texte, die mit den ersten Sätzen jedes historisierende Interesse von sich abschütteln und den Leser sogleich wie eine innere Stimme ansprechen: Goethes „Werther", einige Prosastücke von Kleist, Kafkas „Rede an eine Akademie", Büchners „Lenz". Der Hinweis, dass es sich um Meisterwerke handelt, erklärt hier nichts, wirkt eher wie eine Abwehr, eine hilflose Reverenz; als wollten die Nachgeborenen sich so gegen die monströse Nähe dieser Texte verteidigen und sie durch Verehrung in ihre historischen Grenzen weisen.
Sicherlich lässt sich über die Sprachlosigkeit, die Büchners „Lenz"-Erzählung hinterlässt, kommunizieren, indem man Büchners Arbeitsweise untersucht: seinen Umgang mit der historischen Vorlage, seine Erzähltechnik, die Sprachbewegung. Aber der Vorgang des Untersuchens verändert und verletzt in diesem Fall seinen Gegenstand so stark, dass dieser darüber fast unsichtbar wird. Über Goethes „Wahlverwandtschaften", über Grass' „Butt" lässt sich literaturwissenschaftlich debattieren, weil diesen Werken ein Kunstwille, ein ästhetisches Kalkül vorausgeht. Büchners „Lenz" ist dagegen nahezu kunstlos, ohne Technik geschrieben, fast möchte man sagen: unbeherrscht. Die Anstrengung des Autors, eine Sprache zu „beherrschen", einen Stoff zu „meistern", ist diesem Text nicht anzumerken. Vielmehr ist darin eine einzige innere Bewegung ganz mittellos, gleichsam ohne Energieverlust, in eine Sprachbewegung übersetzt. Solche Texte kommen nur unter extremen Druckverhältnissen zustande, und ich glaube, sie bleiben, eben weil der Herstellungsvorgang darin kaum Spuren hinterlassen hat, unwiederholbar, Ausnahmen auch im Werk der Meister.

Aus: Peter Schneider: Georg Büchners „Lenz". In: ZEIT-Bibliothek der 100 Bücher. Hg. von Fritz J. Raddatz. Frankfurt am Main: Suhrkamp 1980, S. 193–198; hier: S. 193

- Wie begründet Peter Schneider seine These, dass eine literaturwissenschaftliche Annäherung an Büchners „Lenz"-Erzählung nicht hilfreich, sondern sogar schädlich wäre? Was halten Sie selbst von dieser Meinung?

# Die Personenkonstellation

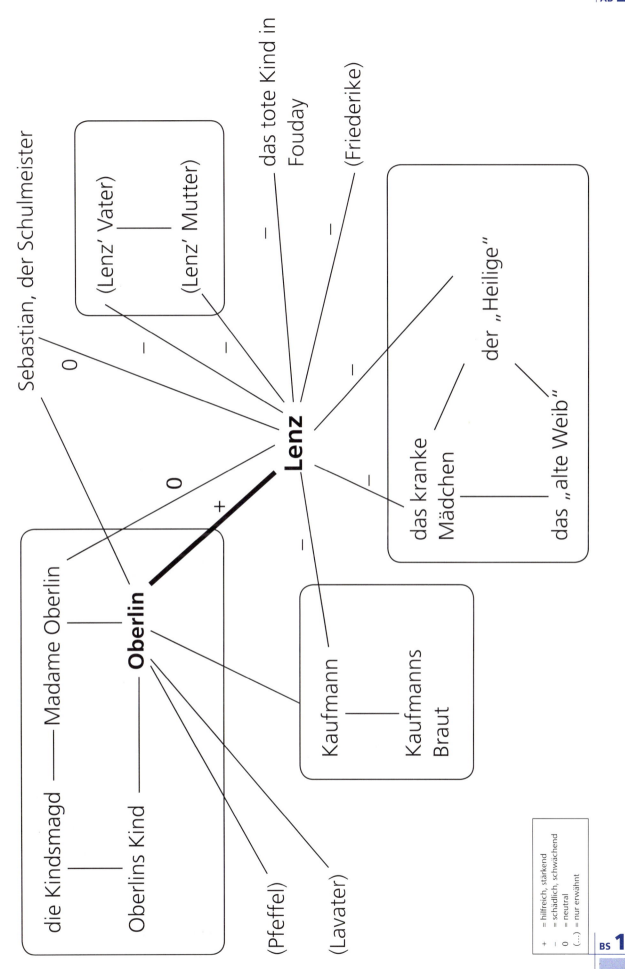

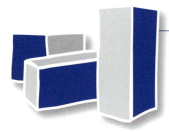

**Baustein 2**

# Biografische Hintergründe

Ziel dieses Bausteins ist es, den Schülerinnen und Schülern das biografische und gesellschaftshistorische Hintergrundwissen zu vermitteln, mit dem Büchners „Lenz" differenzierter analysiert werden kann. Das Verständnis eines literarischen Textes ist natürlich nicht von der Kenntnis seiner Entstehungsbedingungen abhängig, kann aber dadurch an Tiefe und Detailschärfe gewinnen. Dies gilt vor allem für Büchners Erzählung, da ihre Hauptfigur auf einer realen Person basiert, dem Sturm-und-Drang-Dichter Lenz, der sich tatsächlich einige Tage bei Pfarrer Oberlin im Steintal aufgehalten hat. Im Einzelnen geht es um

- Georg Büchner und seine Zeit,
- den Dichter Jakob Michael Reinhold Lenz,
- Büchners Bearbeitung des Lenz-Stoffes.

## 2.1 Georg Büchner und seine Zeit

Dieser Unterrichtsschritt soll den Schülerinnen und Schülern zunächst einen Überblick über Leben und Werk Georg Büchners geben und ihnen damit ermöglichen, den „Lenz" auch im biografischen Kontext zu lesen. Um erste Informationen über Georg Büchner zu erlangen, bietet sich eine Rechercheaufgabe für zu Hause an:

■ *Recherchieren Sie nach Informationen zu Georg Büchner, beispielsweise in Lexika oder im Internet. Tragen Sie die wichtigsten Stationen seines Lebens in eine Zeitleiste ein.*

Alternativ oder zusätzlich dazu kann der Lexikonartikel (**Arbeitsblatt 3**, S. 44) über Büchner herangezogen werden, auf dem die Eckdaten seines Lebens und erste Informationen über sein Werk zu finden sind:

■ *Lesen Sie den Lexikonartikel über Georg Büchner und unterstreichen Sie sowohl wichtige Daten zu seinem Leben als auch erste Informationen zu seinem Werk.*

Ausführlichere Informationen zu Büchner finden die Lernenden darüber hinaus im Lexikonartikel in der Textausgabe (S. 44–53), der sich aufgrund seines Umfangs ebenfalls für die Lektüre zu Hause anbietet. Die wichtigsten Stationen aus Büchners Werk können stichpunktartig an der Tafel oder als Folie von den Schülern präsentiert werden:

### Georg Büchner

**Wichtige Lebensstationen:**

| | |
|---|---|
| 17.10.1813: | Geburt in Goddelau, Hessen-Darmstadt |
| 1816: | Übersiedlung der Familie nach Darmstadt |
| 29.9.1830 | „Rede über Cato" (Verteidigung des Selbstmordes) bei einer öffentlichen Schulfeier des Gymnasiums |

| | |
|---|---|
| 9.11.1831 | Einschreibung bei der medizinischen Fakultät der Universität Straßburg |
| 4.12.1831 | Empfang polnischer Freiheitskämpfer in Straßburg |
| 24.5.1832 | Vortrag in der Studentenverbindung „Eugenia" über politische Verhältnisse in Deutschland |
| 1833 | Abschied von Straßburg; heimliche Verlobung mit Wilhelmine (Minna) Jaegle |
| 31.10.1833 | Einschreibung an der Universität Gießen als Student der Medizin |
| März 1834 | Gründung der (Giessener) „Gesellschaft der Menschenrechte" |
| März 1834 | Niederschrift des „Hessischen Landboten", einer revolutionären Flugschrift |
| April 1834 | Gründung der Darmstädter Sektion der „Gesellschaft der Menschenrechte" |
| Juli 1834 | Druck des „Hessischen Landboten" abgeschlossen; Zusammenkunft der oberhessischen Verschwörer auf der Badenburg |
| August 1834 | Verhaftung Minnigerodes; Reise Büchners nach Offenbach/Frankfurt, um Freunde zu warnen |
| 9.3.1835 | Flucht nach Straßburg |
| 13.6.1835 | Steckbrief gegen Büchner veröffentlicht |
| 1836 | Vorlesung über das Nervensystem der Fische in drei Sitzungen der Gesellschaft für Naturwissenschaft in Straßburg |
| Sept. 1836 | An der Universität Zürich zum Dr. phil. promoviert |
| 18.10.1836 | Übersiedlung nach Zürich |
| Nov. 1836 | Probevorlesung über Schädelnerven in Zürich |
| 2.2.1837 | An Typhus erkrankt |
| 19.2.1837 | Tod in Zürich; in Zürich beerdigt |

Im Anschluss daran kann der Fokus des Unterrichtsgesprächs auf Büchners vielfältiges Schaffen aus den Bereichen Literatur, Wissenschaft und Gesellschaftskritik gerichtet werden. Die Lernenden erhalten folgenden Auftrag:

> ■ *Obwohl Büchner nur 23 Jahre alt wurde, war er vielseitig interessiert und engagiert, was sich auch in seinen unterschiedlichen Texten widerspiegelt. In welche drei Bereiche könnte man seine Arbeit einteilen?*

Die Ergebnisse des Unterrichtsgesprächs, in dem die Schülerinnen und Schüler ihre Rechercheergebnisse und das Arbeitsblatt mit ihren Unterstreichungen zur Hand nehmen dürfen, können in folgendem Tafelbild gesichert werden:

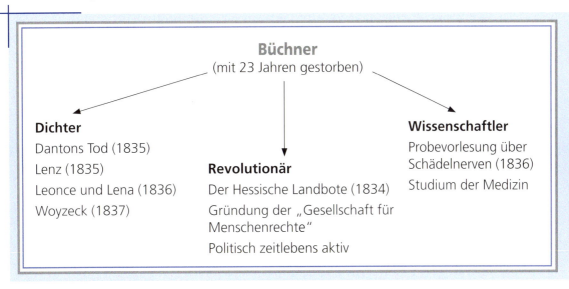

## Baustein 2: Biografische Hintergründe

Durch die bisherigen Erarbeitungsschritte haben die Schülerinnen und Schüler bereits erfahren, dass Büchner politisch sehr engagiert war und den herrschenden gesellschaftlichen Verhältnissen nicht nur äußerst kritisch gegenüberstand, sondern sie durch seine eigenen Schriften auch aktiv verändern wollte. Dabei sind seine sozialkritischen Überlegungen und reformerischen Ambitionen nicht nur in seiner Streitschrift „Der Hessische Landbote" zu entdecken, sondern auch in seinen literarischen Werken. Folgender Auftrag bietet sich für die Bearbeitung zu Hause an:

- Erkundigen Sie sich in Büchern und/oder im Internet über Büchners literarische Werke und schreiben Sie zu jedem eine kurze Inhaltsangabe. Inwiefern wird in jedem dieser Texte mehr oder weniger deutlich Kritik an den herrschenden gesellschaftlichen und politischen Verhältnissen geübt?

Nachdem die Antworten der Schülerinnen und Schüler im Kursrahmen vorgestellt und miteinander diskutiert worden sind, können sie in Form eines Tafelbildes gesichert werden:

---

### Gesellschaftskritik in Büchners literarischen Werken

| | |
|---|---|
| **Dantons Tod** (Drama) | Kritische Reflexion über das Scheitern revolutionärer Ziele (hier am Beispiel der Französischen Revolution) |
| **Lenz** (Erzählung) | Zerbrechen einer Psyche auch an den von außen herangetragenen gesellschaftlichen Erwartungen |
| **Leonce und Lena** (Drama) | Anklagender Spott über Dummheit und Arroganz der herrschenden Aristokratie |
| **Woyzeck** (Drama) | Darstellung der sozialen Ursachen eines Mordes; Täter sogleich Opfer der Gesellschaft |

---

Eine zentrale Rolle in Büchners Leben spielt seine 1834 gedruckte Flugschrift „Der Hessische Landbote", da Büchner wegen ihrer Veröffentlichung im Großherzogtum Hessen-Darmstadt steckbrieflich gesucht wurde und das Land fluchtartig verlassen musste. In keinem anderen Text formuliert er seine Kritik gegen die sozialen Missstände seiner Zeit so scharf wie im „Landboten". Vor der Betrachtung dieser Streitschrift bietet sich zunächst ein Schülervortrag über die politischen und sozialen Verhältnisse zur Zeit ihrer Entstehung an. Alternativ oder zusätzlich dazu können auch das **Arbeitsblatt 4**, S. 45 (über den zeitgeschichtlichen Hintergrund der Streitschrift) und das **Arbeitsblatt 5**, S. 47 (über die politische Situation in Hessen) herangezogen werden. Die für diese Unterrichtseinheit zu investierende Zeit sollte sich an dem bereits vorhandenen Wissensstand der Lernenden orientieren. Allerdings kann im Rahmen des Deutschunterrichts keinesfalls ein historisches Detailwissen angestrebt werden, sondern lediglich eine grundsätzliche Kenntnis der sozialen und politischen Verhältnisse, damit die Schülerinnen und Schüler die Bedeutung und den Mut von Büchners gesellschaftsreformerischen Aktivitäten adäquat einschätzen – und auch würdigen – können.

Nach dem Schülervortrag und/oder der Besprechung der Arbeitsblätter können die erarbeiteten Ergebnisse stichpunktartig an der Tafel gesichert werden:

Baustein 2: Biografische Hintergründe

## Zeitgeschichtlicher Hintergrund des „Hessischen Landboten"

**Vier zentrale historische Ereignisse, die Büchner beeinflussten:**
- Französische Revolution (1789)
- Siegeszug und Niederlage Napoleons (1794–1815)
- Julirevolution in Paris (1830)
- Unruhen in Hessen (1830)

**Großherzogtum Hessen-Darmstadt um 1834:**
- feudaler Kleinstaat
- dicht besiedeltes, reines Agrarland
- Bauern von Feudalherren abhängig
- Landwirtschaft rückständig, wachsende Bevölkerung kann kaum ernährt werden
- Armut in fast allen Bevölkerungsschichten
- absolutistisches, erstarrtes Regime, ganz auf Machterhalt ausgerichtet
- Repressionen (z. B. Verfolgung, Verhaftung) gegen alle reformerischen Bemühungen
- Opposition nicht fest in Parteien organisiert, sondern zersplittert und nur ad hoc in kleinen Gruppen gebildet

→ **vor diesem historischen Hintergrund schreibt Büchner im März 1834 die Flugschrift „Der Hessische Landbote"**

Durch die Kenntnis sowohl der sozialen und politischen Missstände der damaligen Zeit in Hessen als auch der Ereignisse in Frankreich können die Schülerinnen und Schüler Büchners revolutionäre Gesinnung besser nachvollziehen. Zum Einstieg in die Analyse des „Hessischen Landboten" bieten sich einerseits die gemeinsame Lektüre und Besprechung des ein Jahr vor der Abfassung der Streitschrift geschriebenen Briefs (**Arbeitsblatt 6**, S. 49) an, in dem Büchner die Anwendung von Gewalt in Zeiten des Unrechts verteidigt, und andererseits die Lektüre des auf dem **Arbeitsblatt 7**, S. 50, abgedruckten Textes, in dem die Entstehungsgeschichte der Flugschrift prägnant zusammengefasst ist.

Im Anschluss daran werden kleinere Arbeitsgruppen gebildet, die folgende Aufträge erhalten (aufgrund des Textumfangs eignen sich diese Aufgaben auch gut als Einzelauftrag für zu Hause, alternativ können sie selbstverständlich auch sukzessiv im Unterrichtsgeschehen bearbeitet werden):

- *Lesen Sie den „Hessischen Landboten" (Textausgabe, S. 30–42) und analysieren Sie seine Struktur. In wie vielen Hauptteilen ist er aufgebaut?*

- *Welche Gegensatzpaare beherrschen den Text, welchen Grundkonflikt spiegelt er wider?*

- *Überlegen Sie sich, weshalb die Flugschrift immer wieder Bezug zur Bibel nimmt und biblische Bilder aufgreift.*

- *An wen richtet sich der „Hessische Landbote"? Was ist seine Intention?*

Die Ergebnisse der Gruppenarbeit werden im Kursrahmen besprochen und durch vertiefende Informationen ergänzt.

Vermutlich werden die meisten Arbeitsgruppen die Dreiteilung des „Hessischen Landboten" erkannt haben. Bei schwächeren Lerngruppen kann diese Struktur vorgegeben werden. Die Flugschrift ist folgendermaßen aufgebaut:

**Vorbericht** (30, 1 – 30, 16), in dem kurz die Zielsetzung („dem hessischen Lande die Wahrheit melden") und vor allem diverse Verhaltensanweisungen für die Leser aufgeführt werden, wie sie den illegalen Text am besten handhaben.

**1. Teil** (30, 17 – 39, 15), der mit der ins Deutsche übersetzten Kampfparole der Französischen Revolution, „Friede den Hütten! Krieg den Palästen!" (30, 17), eingeleitet wird und eine Bestandsaufnahme der sozialen und politischen Verhältnisse im Großherzogtum Hessen-Darmstadt im Jahr 1834 darstellt. Dieser 1. Teil ist wiederum in zwei Unterteile untergliedert, wobei der erste Abschnitt (30, 17 – 33, 16) mit Verweis auf den Schöpfungsbericht der Bibel und mit Bezug auf einen vernünftigen und gerechten Staatsbegriff zu beweisen versucht, dass die hessischen Verhältnisse auf Unrecht beruhen. Der zweite Abschnitt (33, 17 – 39, 15), der mehr als die Hälfte der gesamten Flugschrift umfasst, führt anhand der konkreten Einnahmen einzelner Staatsressorts (wie beispielsweise des Ministeriums für Finanzen, des Staatsministeriums und des Staatsrats etc.) vor Augen, dass die vom Volk erhobenen Steuern nicht für das Gemeinwohl verwendet, sondern von einer privilegierten Minderheit vereinnahmt werden. Unterbrochen wird diese Bilanzierung durch zwei – vermutlich durch den Mitautor Weidig eingefügte – Exkurse: Der erste Exkurs (36, 6 – 36, 27) befasst sich mit dem Problem des Gehorsams gegen die Obrigkeit, der zweite Exkurs (36, 29 – 38, 15) mit der Geschichte Frankreichs seit 1789.

**2. Teil** (39, 16 – 42, 31), der die Vision einer besseren und gerechteren Zukunft ausmalt: Gottes Macht werde das herrschende Unrecht besiegen, sofern das Volk aufwache und sich zur richtigen Haltung bekehre. Dieser Teil und damit die gesamte Flugschrift endet mit einer Gebetszeile und einem bekräftigenden „Amen".

 Da es im „Hessischen Landboten" um die Darstellung sozialer und politischer Missstände geht, durchziehen Gegensatzpaare den Text, die die herrschende Ungerechtigkeit und den zentralen Konflikt zwischen Ausgebeuteten und Ausbeutern widerspiegeln: so etwa „Hütten" vs. „Paläste" (in der Anfangsparole), „Arme" vs. „Vornehme" oder „Volk" vs. „Regierung". Die zentralen Mittel, die im Text zur Überzeugung und Mobilisierung der Massen angewandt werden, sind einerseits konkrete Zahlen über die viel zu hohen Steuereinnahmen, um die Leser auf rationalem Weg von den herrschenden Ungerechtigkeiten zu überzeugen, andererseits der häufige Rückgriff auf die Bibel (in Form von Verweisen, Zitaten und Bildern). Durch diesen Rekurs auf Bibel und Religion versuchten Büchner und sein Mitautor Weidig, das gläubige Volk – insbesondere die notleidenden Bauern, die den größten Teil der Bevölkerung ausmachten – von der Dringlichkeit einer Revolution und der Berechtigung eines Aufstands gegen den Großherzog und die Staatsordnung, nach damaliger Auffassung „von Gottes Gnaden" gegeben und damit eigentlich unantastbar, zu überzeugen.

Die Ergebnisse des Unterrichtsgesprächs lassen sich durch folgendes Tafelbild sichern:

## Der „Hessische Landbote"

**Aufbau:** Vorbericht
1. Teil: – erster Abschnitt: Darstellung der Missstände in Hessen
– zweiter Abschnitt: Bilanzierung der Einnahmen versch. Ressorts, unterbrochen durch zwei Exkurse (von Mitautor Weidig)
2. Teil: Vision einer besseren und gerechteren Zukunft

**Gegensätze:** Hütten/Paläste, Arme/Vornehme, Ausgebeutete/Ausbeuter, Volk/Regierung etc.

**Mittel:** Verweise auf Bibel, Bibelzitate, biblische Bilder (v.a. aus dem AT)
→ Umsturz der Verhältnisse durch biblische Endzeiterwartung überhöht

statistisches Zahlenmaterial (Bilanzierung der Einnahmen der verschiedenen Ministerien)

**Adressaten:** Bauern

**Intention:** Wachrütteln, Aufstand, Revolution

Kurze Zeit nach dem Druck und der illegalen Verbreitung des „Hessischen Landboten" wurden die ersten Mitverschwörer verhaftet, Büchner selbst konnte noch rechtzeitig aus dem Großherzogtum Hessen-Darmstadt fliehen. Einen plastischen Eindruck von den Risiken und Gefahren, denen Büchner damals ausgesetzt war, vermitteln die auf dem **Arbeitsblatt 8**, S. 52, abgedruckten Texte: zum einen der 1835 gegen Büchner erlassene Steckbrief, zum anderen einige Briefe, die Büchner aus dem Straßburger Exil an seine Familie schreibt. Zum Abschluss der Auseinandersetzung mit dem „Hessischen Landboten" können diese Dokumente der Verfolgung und Flucht im Kursrahmen gelesen und besprochen werden. Die entsprechenden Aufträge sind auf dem Arbeitsblatt vermerkt.

In den vorangegangenen Erarbeitungsschritten haben die Schüler und Schülerinnen Georg Büchner als einen kämpferischen jungen Mann kennengelernt, der engagiert gegen das herrschende Unrecht seiner Zeit aktiv wurde und mutig für seine eigenen Ideale eintrat. Dass es auch in seinem Leben Zeiten des (Selbst-)Zweifels und der Resignation gab, belegt sein sog. „Fatalismusbrief" (**Arbeitsblatt 9**, S. 54), den er bereits 1834, also noch vor dem „Hessischen Landboten", schreibt. In diesem Brief zeichnet Büchner ein überaus pessimistisches und fatalistisches Weltbild, in dem der Mensch seinem vorherbestimmten Schicksal unterworfen ist, ohne Möglichkeit, sich aktiv gegen den Lauf der – allgemeinen wie persönlichen – Geschichte zu wehren. Das Leben jedes Einzelnen hänge von der Willkür einer übermächtigen Macht, eben eines anonymen Schicksals, ab, er werde zum bloßen Spielball, zum „Schaum auf der Welle". Es sei bestimmt durch äußere Faktoren und daher letztlich determiniert. Der Mensch könne seine Hilflosigkeit zwar noch erkennen, unter keinen Umständen aber etwas daran ändern. So fühlt sich Büchner, so schreibt er am Ende seines in einer schwierigen persönlichen Lebenssituation entstandenen Briefes, wie ein „Automat": „die Seele ist mir genommen."

Nach der gemeinsamen Lektüre des Briefes (**Arbeitsblatt 9**, S. 54) bieten sich folgende Schreibaufträge und Frageimpulse an:

- *Fassen Sie die wesentlichen Aussagen des Briefes schriftlich zusammen.*

- *Charakterisieren Sie Büchners Geschichtsverständnis. Erläutern Sie sein Bild vom „Einzelnen", der „nur Schaum auf der Welle" ist. Inwiefern ist für Büchner „die Herrschaft des Genies ein Puppenspiel"?*

Baustein 2: Biografische Hintergründe

- *In welcher Gemütsverfassung hat Büchner diesen Brief offensichtlich geschrieben? Achten Sie bei Ihrer Antwort auf die Angaben, die er zu seiner momentanen Lebenssituation macht.*
- *Wie bewerten Sie ein solches Geschichtsverständnis?*

Die Ergebnisse des Unterrichtsgesprächs können stichpunktartig an der Tafel zusammengefasst werden:

---

**Büchners Fatalismusbrief (1834)**

- Mensch ist seinem Schicksal unterworfen
- kann nicht selbstbestimmt handeln, ist fremdbestimmt, determiniert
- kann seine Hilflosigkeit zwar erkennen, aber nichts dagegen unternehmen

➔ **Jede reformerische Aktivität ist letztlich vergeblich**

---

Als Überleitung zur nächsten Unterrichtseinheit bietet sich noch ein kurzer Blick auf Büchners Erzählung an, da auch sie im Kontext des Fatalismusbriefes gelesen werden kann. Auch Lenz ist seinem Schicksal unterworfen und kann trotz aller Gegenwehr nicht selbstbestimmt handeln, sondern wird durch andere Menschen und äußere Faktoren determiniert. Er erkennt seine Hilflosigkeit zwar und gerät darüber immer wieder in größte Verzweiflung, kann aber nichts gegen sein tragisches Ende, den wachsenden Wahnsinn und den Abtransport aus dem Steintal, unternehmen. Das abschließende Unterrichtsgespräch könnte durch folgenden Frageimpuls angeregt werden:

- *Inwiefern spiegelt sich Büchners fatalistisches Weltbild auch in seiner „Lenz"-Erzählung wider? Beschreiben Sie Lenz' Schicksal im Steintal im Kontext des „Fatalismusbriefs".*

## 2.2 Jakob Michael Reinhold Lenz

Da Büchners Erzählung von einer wirklich gelebten Person, dem Sturm-und-Drang-Dichter Jakob Michael Reinhold Lenz, und einer tatsächlichen Begebenheit handelt, ist es für ein tieferes Verständnis des Textes wichtig, dass sich die Schülerinnen und Schüler auch mit der Biografie dieses Dichters befassen. Eingeleitet werden kann dieser Unterrichtsschritt mit dem Lexikonartikel auf dem **Arbeitsblatt 10**, S. 55, in dem sich erste Informationen zu Lenz' Leben und Werk finden.

- *Lesen Sie den Lexikonartikel über Lenz und unterstreichen Sie sowohl wichtige Daten zu seinem Leben als auch erste Informationen zu seinem Werk.*

Alternativ oder zusätzlich zum Arbeitsblatt kann auch der Lexikonartikel in der Textausgabe (S. 54–59) zur Bearbeitung dieses Auftrags herangezogen werden. Als Auftrag für zu Hause können die Schülerinnen und Schüler darüber hinaus auch Informationen zu Lenz' Leben und Werk im Internet suchen. Die Ergebnisse des Unterrichtsgesprächs, zu dem die Lernenden ihre Rechercheergebnisse sowie das Arbeitsblatt mit ihren Unterstreichungen zur Hand nehmen dürfen, können stichpunktartig an der Tafel oder auf einer Folie zusammengefasst werden:

## Jakob Michael Reinhold Lenz

### Wichtige Lebensstationen:

| | |
|---|---|
| 23.1.1751: | Geburt in Seßwegen, Livland |
| 1768: | Studium der Theologie in Königsberg |
| 1771: | Mit den Kleist-Brüdern nach Straßburg. Lernt Goethe und andere Sturm-und-Drang-Dichter kennen |
| 1772: | Unglückliche Liebe zu Friederike Brion, der ehemaligen Freundin von Goethe |
| 1774: | Freier Schriftsteller |
| 1775: | Kurzes Zusammentreffen mit Goethe |
| 1776: | Reise nach Weimar zu Goethe; im November nach „Eselei" Ausweisung aus Weimar; erste Anzeichen der Geisteskrankheit |
| 1777: | Verschiedene Reisen, Unterkunft bei Freunden; neue Krankheitsanfälle |
| 20.1. – 8.2. 1778: | Aufenthalt in Waldersbach bei Pfarrer Oberlin; Lenz 27 Jahre alt; mehrere Selbstmordversuche |
| 1779: | Versuch, Jura zu studieren, in Jena. Dann Aufenthalt in Basel. Umzug nach Riga, wo der Vater Generalsuperintendent ist |
| 1780: | Umzug nach St. Petersburg. Versuche als Lehrer und Soldat scheitern. |
| 1781: | Moskau; wechselnde Stellungen als Erzieher; Übersetzungsarbeiten |
| 1787: | Wachsender Wahnsinn; Unterstützung durch Gönner |
| 4.6.1792: | Tod auf einer Straße in Moskau; Grab unbekannt |

### Wichtige Werke:

| | |
|---|---|
| 1769: | Die Landplagen, Versepos |
| 1774: | Der Hofmeister oder die Vorteile der Privaterziehung, Drama |
| 1774: | Der neue Menoza, Drama |
| 1774: | Anmerkungen übers Theater, Abhandlung |
| 1776: | Die Soldaten, Drama |
| 1777: | Der Landprediger, Erzählung |
| 1882 (postum): | Der Waldbruder, unvollendeter Roman |

Bereits der kurze Lexikonartikel (**Arbeitsblatt 10**, S. 55) vermittelt einen Eindruck davon, wie dramatisch und ruhelos Lenz' Leben verlief, der nie eine wirkliche Heimat fand. Es war bestimmt durch den permanenten Konflikt mit dem strengen Vater, einem pietistischen Pastor, der Lenz' Lebenswandel missbilligte und ganz andere Erwartungen an ihn stellte. So war er beispielsweise tief enttäuscht, als sein Sohn das Theologiestudium abbrach und damit niemals in den geistlichen Dienst würde eintreten können. Der Versuch, vom eigenen Schreiben zu leben, führte Lenz immer wieder zu großen Geldsorgen, sodass er von der Unterstützung anderer abhängig war. Aufgrund seiner pietistischen Erziehung war er überaus schüchtern und hatte zeitlebens ein problematisches Verhältnis zu Frauen, in die er sich meist nur unglücklich, ohne Erwiderung, verliebte. Tief geschmerzt hat ihn auch der Bruch mit dem bewunderten Goethe, mit dem er anfangs eng befreundet war, der ihn dann aber – nach einer „Eselei" (Goethe), deren Inhalt bis heute nicht ganz geklärt ist – aus Weimar und seinem Lebensumfeld verwies. Die letzten eineinhalb Jahrzehnte seines Lebens waren überschattet von einer schizophrenen Erkrankung, die Lenz, der wiederholt Selbstmordversuche unternahm, in immer größere existenzielle Not stürzte, bis er schließlich durch einen einsamen Tod auf offener Straße von seinen Leiden erlöst wurde.

Das Ziel des folgenden Unterrichtsgesprächs sollte sein, den Lernenden – fern aller trockenen Fakten und Daten – eine Ahnung von der Tragik seiner Existenz zu vermitteln, die sicherlich einer der Gründe dafür ist, dass zahlreiche Dichter den Lenz-Stoff für ihr eigenes Werk aufgegriffen und literarisch bearbeitet haben (siehe dazu Baustein 2.3). Das Unterrichtsgespräch kann durch folgende Fragen und Aufgaben eingeleitet und weitergeführt werden:

- *Beschreiben Sie in eigenen Worten Lenz' Leben so, dass jemand, der noch nie etwas von diesem Dichter gehört hat, schnell einen treffenden Eindruck von ihm gewinnt. Sie können auch in schriftlicher Form aus der Perspektive eines fiktiven Freundes Lenz und sein Leben beschreiben.*

- *In welchen Lebensphasen ging es Lenz vermutlich gut, in welchen eher schlecht? Welche dieser Phasen überwogen wohl?*

- *Stellen Sie sich vor, Sie wären selbst Dichter und wollten über eine bestimmte Phase oder Situation aus Lenz' Leben eine Erzählung oder ein Drama schreiben. Für welche Episode würden Sie sich entscheiden? Was halten Sie an der gewählten Episode für besonders interessant und erzählenswert?*

Vermutlich werden die Schülerinnen und Schüler diverse Situationen aus Lenz' Leben nennen, die sich für eine Literarisierung eignen. So birgt beispielsweise die Goethe-Episode viel dramatischen Stoff, wie auch Marc Buhl mit seinem Roman „Der rote Domino" (2002) bewies: Er nimmt die Freundschaft zwischen den beiden Dichtern und deren abruptes Ende durch Lenz' „Eselei" als Ausgangspunkt für eine spannende Kriminalgeschichte. Auch Lenz' unterwürfige Heimkehr zum Vater, nachdem die Schizophrenie ausgebrochen ist, bietet sich als Stoff an und wurde tatsächlich bereits von Gert Hofmann in der Novelle „Die Rückkehr des verlorenen Jakob Michael Reinhold Lenz nach Riga" (1981) literarisch gestaltet.
Im weiteren Verlauf kann der Fokus auf Büchners „Lenz"-Erzählung gerichtet werden. Der Kurs wird in Arbeitsgruppen eingeteilt, die folgenden Auftrag erhalten:

- *Welche Ereignisse und Personen aus seinem Leben spielen eine besondere Rolle für den Aufenthalt von Lenz bei Oberlin? An welcher Stelle und in welchem Zusammenhang werden sie in Büchners Erzählung erwähnt? Nehmen Sie für die Beantwortung auch den Lexikonartikel zu Lenz mit Ihren Notizen zur Hilfe.*

Im Anschluss werden die Ergebnisse im Kursrahmen vorgestellt und besprochen.

Den vielleicht größten Einfluss auf Lenz hat sein **Vater Christian David Lenz**, obwohl er während des Aufenthalts im Steintal nicht persönlich auftaucht und auch in Büchners Erzählung lediglich erwähnt wird. Wie im gesamten Leben Lenz' wirkt er auch in der kurzen Episode aus weiter Ferne – und erscheint seinem Sohn vielleicht gerade deshalb so bedrohlich. Es ist bezeichnend, dass sich Lenz' Verfassung immer dann verschlechtert, wenn er von einer anderen Figur an seinen Vater und dessen Erwartungen erinnert wird: So berichtet Kaufmann von Briefen des Vaters, in denen Lenz zur Rückkehr in die Heimat aufgefordert wird, woraufhin Lenz mit Ärger und Empörung reagiert, er „war verstimmt" (16, 28): „was will mein Vater? Kann er mehr geben? Unmöglich! Lasst mich in Ruhe!" (16, 25f.) An einer späteren Stelle ist es Oberlin, der Lenz ermahnt, „sich in den Wunsch seines Vaters zu fügen, seinem Berufe gemäß zu leben, heimzukehren." (22, 18–22, 20) Auch diesmal reagiert Lenz ablehnend, er gerät „in heftige Unruhe". (22, 21) So wird bereits in diesen kurzen Textpassagen die Macht erahnbar, die der Vater zeitlebens über seinen Sohn hat.

Um den Schülerinnen und Schülern einen Eindruck von der ambivalenten Einstellung Lenz' gegenüber seinem Vater zu vermitteln – eine Einstellung, die geprägt ist von Gegensätzen wie Hass und Liebe, Angst und Sehnsucht, Unterwürfigkeit und Aufbegehren –, bietet sich die Lektüre des **Arbeitsblattes 11**, S. 56, an, auf denen Textpassagen aus Lenz' Briefen an den Vater abgedruckt sind. Das Unterrichtsgespräch kann durch folgende Frageimpulse eingeleitet werden:

- *Auf welche Erwartungen und Forderungen des Vaters hat Lenz in den Briefpassagen vermutlich reagiert? Versetzen Sie sich in die Perspektive des Vaters und überlegen Sie sich, ob er mit der jeweiligen Antwort seines Sohnes einverstanden gewesen ist. Schreiben Sie einen Antwortbrief des Vaters.*

- *Welche ambivalenten Gefühle gegenüber dem Vater kommen in den Briefpassagen zum Ausdruck? Inwiefern könnten diese gegensätzlichen Gefühle Konflikte in Lenz ausgelöst haben?*

Ein besonders aufschlussreiches – und bedrückendes – Textdokument ist der letzte auf dem **Arbeitsblatt 11** abgedruckte Brief. Es handelt sich um ein Schreiben, das Goethes Schwager Johann Georg Schlosser nur wenige Wochen nach Lenz' Abreise aus dem Steintal im Auftrag von Lenz an dessen Vater schickt mit der Bitte, dem mittlerweile schwer erkrankten Sohn zu verzeihen und ihn wieder bei sich aufzunehmen. Besonders demütigend erscheint Lenz' eigener Satz am Ende des Briefes, mit dem er gleichsam „zu Kreuze kriecht" und sich selbst erniedrigt: „Vater! ich habe gesündigt im Himmel u. vor Dir u. bin fort nicht wert, dass ich Dein Kind heiße."

- *Welche Gefühle löst dieser Brief – geschrieben nur wenige Wochen nach Lenz' Aufenthalt im Steintal – in Ihnen aus? Wie erscheint Ihnen hier Lenz? Wie beurteilen Sie seinen Satz an den Vater am Ende des Briefes?*

Ebenfalls von zentraler Bedeutung für Lenz' schlechter werdenden Zustand im Steintal ist seine unerfüllte Liebe zu **Friederike Brion**. In Büchners Erzählung wächst die Sehnsucht zur fernen Geliebten gleichzeitig mit dem stärker werdenden Wahnsinn. So fragt er anfangs Madame Oberlin noch recht vernünftig: „Beste Madame Oberlin, können Sie mir nicht sagen, was das Frauenzimmer macht, dessen Schicksal mir so zentnerschwer auf dem Herzen liegt?" (19, 36 – 20, 2) Wenig später – von der Geisteskrankheit schon umnebelt – vermutet er gegenüber Pastor Oberlin, dass die geliebte Frau tot sei, steigert sich gar in die Fantasie hinein, ihr Mörder zu sein (vgl. 22, 28 – 23, 4), um kurz darauf vor Verzweiflung und Schuldgefühlen fast durchzudrehen: „Lenz rannte durch den Hof, rief mit hohler, harter Stimme den Namen Friederike mit äußerster Schnelle, Verwirrung und Verzweiflung ausgesprochen, er stürzte sich dann in den Brunnentrog". (23, 25 – 23, 27) Bemerkenswert ist, dass das tote Kind in Fouday, Oberlins Bericht zufolge, ebenfalls Friederike heißt (vgl. 70, 19), also vielleicht der Auslöser für die bald einsetzenden Schuldgefühle Lenz' gegenüber Friederike Brion ist. In Büchners Erzählung – zumindest in der (vermutlich) ursprünglichen, nicht von anderen bearbeiteten Fassung – wird der Name des toten Kindes allerdings nicht genannt. Das Unterrichtsgespräch kann durch folgenden Frageimpuls fortgeführt werden:

- *Wodurch wird Lenz' Sehnsucht nach der fernen Geliebten zum ersten Mal geweckt (siehe Seite 19)? Was hört er auf einmal?*

Gefragt wird nach den ersten Strophen eines bekannten Volksliedes, das die Magd durch die halboffene Tür singt: „Auf dieser Welt hab ich kein Freud,/Ich hab ein Schatz und der ist weit." (19, 22 f.) Die Sehnsucht nach der unerreichbaren Geliebten hat auch Lenz in einem Gedicht aus dem Jahr 1772 ausgedrückt, das auf dem **Arbeitsblatt 12**, S. 58, zu finden ist. Nach der gemeinsamen Lektüre bieten sich folgende Fragen zur Weiterführung des Unterrichtsgesprächs an:

### Baustein 2: Biografische Hintergründe

- *Welche Gefühle löst die Lektüre des Gedichts in Ihnen aus?*
- *Mit welchen Bildern beschreibt das lyrische Ich seinen Zustand der Trennung von der Geliebten?*
- *Erläutern Sie, ob das lyrische Ich nur eine kurzfristige Trennung von der Geliebten beschreibt oder ob es um Grundsätzlicheres geht. Wovor fürchtet sich das lyrische Ich am meisten?*
- *Inwiefern erinnert das Gedicht auch an den Lenz, wie ihn Büchner in seiner Erzählung darstellt?*

Eine weitere Person, die während der Oberlin-Episode für Lenz' schlechten Gemüts- und Geisteszustand von Bedeutung gewesen sein dürfte, ist **Johann Wolfgang von Goethe**. Der Bruch mit dem einstigen Freund und die Ausweisung aus Weimar aufgrund einer „Eselei" – Ereignisse, die nur ein gutes Jahr zurückliegen – haben Lenz so tief getroffen, dass sie ihn vermutlich auch im Steintal belasteten. Allerdings finden sie in Büchners Erzählung keine ausdrückliche Erwähnung. (Zur Vertiefung bietet sich die Lektüre von Goethes Erinnerungen an Lenz in seiner Autobiografie „Aus meinem Leben" an, siehe Textausgabe, S. 83–89.)

Außerdem von Bedeutung für Lenz' Verfassung im Steintal ist **Christoph Kaufmann**, der mit seiner Braut auch persönlich zu Besuch kommt. Er hat Lenz, nachdem sich die ersten Anzeichen der Geisteskrankheit gezeigt haben, zu einem Aufenthalt bei Oberlin geraten, ist also der eigentliche Initiator der 20-tägigen Episode in Waldersbach. Darüber hinaus erinnert Kaufmanns Besuch Lenz aber auch an die drei anderen genannten Personen: So bringt Kaufmann Briefe des Vaters mit, erinnert ihn durch seine Person notgedrungen auch an die zurückliegende Zeit mit den anderen Sturm-und-Drang-Dichtern, namentlich mit Goethe, und weckt dadurch letztlich auch wieder die Erinnerung an die unerreichbare Frau Friederike Brion, die einstige Freundin Goethes. (In einem kurzen Schülervortrag kann die Bedeutung Christoph Kaufmanns für die Epoche des Sturm und Drang im Allgemeinen und für Lenz im Besonderen vorgestellt werden; vgl. hierzu auch den Lexikonartikel in der Textausgabe, S. 62–65.)

Die Ergebnisse des Unterrichtsgesprächs lassen sich durch folgendes Tafelbild zusammenfassen:

---

**Personen, die Lenz' Aufenthalt bei Oberlin im Vorfeld beeinflussen**

**Lenz' Vater**
- Einfluss aus der Ferne
- Erwartungen und Forderungen
- auch in Gestalt Oberlins

**Friederike Brion**
- Sehnsucht nach der unerreichbaren Frau
- nach Tod des Kindes in Fouday Schuldgefühle

**Jakob Michael Reinhold Lenz**

**Johann Wolfgang von Goethe**
- „Eselei" liegt nur ein gutes Jahr zurück
- Bruch mit dem Freund sehr belastend

**Christoph Kaufmann**
- hat Aufenthalt bei Oberlin empfohlen
- erinnert durch seine Person an Lenz' Vater, Goethe und Friederike

Der vorangegangene Erarbeitungsschritt hat gezeigt, dass Büchners Erzählung an weiterer Tiefe gewinnt, wenn man die biografischen Hintergründe von Lenz' Aufenthalt im Steintal kennt. Bei genauerer Betrachtung wird deutlich, dass in dieser Episode die zentralen Themen und Konflikte, die Lenz' gesamtes Leben bestimmen, auch hier erkennbar und handlungsbestimmend sind: angefangen vom Vater-Konflikt und Lenz' problematischem Verhältnis zur Religion über seine Sehnsucht zu unerreichbaren Frauen bis hin zur wachsenden Geisteskrankheit, verbunden mit wiederholten Suizidversuchen, und seinem tragischen Ende. So bildet sich in Lenz' nur 20 Tage umfassendem Aufenthalt im Steintal sein gesamtes, 41 Jahre umfassendes Leben wie unter einem Brennglas ab – vielleicht einer der Gründe, weshalb sich Büchner für die literarische Bearbeitung von Oberlins Bericht entschieden hat.

Die Schülerinnen und Schüler können auf diese Zusammenhänge mit folgendem Frageimpuls aufmerksam gemacht werden:

> ■ *Inwiefern spiegelt die kurze Episode im Steintal Lenz' gesamtes Leben modellhaft wider? Denken Sie an seine wichtigsten Lebensthemen und -konflikte und überlegen Sie sich, ob und in welcher Form sie auch während des 20-tägigen Aufenthalts bei Oberlin – bzw. in Büchners Erzählung – eine Rolle spielen.*

Die Ergebnisse des Unterrichtsgesprächs lassen sich in folgendem Tafelbild zusammenfassen:

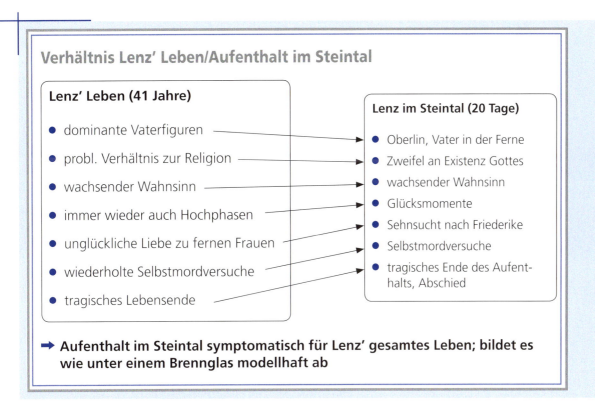

## 2.3 Büchner und Lenz

Zum Abschluss dieser Unterrichtseinheit rückt Büchners literarische Bearbeitung von Lenz' Aufenthalt im Steintal in den Fokus. Nachdem zunächst mögliche Gründe dafür besprochen werden sollen, weshalb sich Büchner überhaupt mit dem Sturm-und-Drang-Dichter auseinandergesetzt hat, soll in einem nächsten Schritt Büchners Quelle, nämlich Oberlins Bericht, mit Büchners Erzählung anhand ausgewählter Textpassagen verglichen werden.

Als Einstieg bietet sich ein Unterrichtsgespräch an, das durch folgenden allgemeinen Frageimpuls begonnen werden könnte:

■ *Kennen Sie literarische Werke, die von einem wirklich gelebten Dichter handeln? Worum geht es in diesen Werken?*

Aus der unüberschaubaren Zahl der literarischen Werke, deren Hauptfigur ein Dichter aus der Vergangenheit ist, lassen sich als besonders berühmte Beispiele etwa Goethes Drama „Torquato Tasso" nennen, das vom italienischen Dichter Tasso aus dem 16. Jahrhundert handelt, oder Thomas Manns Roman „Lotte in Weimar", in dem vom fiktiven Besuch Charlotte Kestners (der literarischen Vorlage für Lotte im „Werther") beim Dichterfürsten Goethe in Weimar erzählt wird. Neuere Beispiele sind etwa Peter Härtlings Roman „Hölderlin" (1976) und Michael Kumpfmüllers Roman „Die Herrlichkeit des Lebens" (2011), der vom letzten Lebensjahr Franz Kafkas handelt. Auf diese Werke kann gegebenenfalls die Lehrperson verweisen, andere sind den Lernenden vielleicht bekannt. Auch wenn dies nicht der Fall ist, kann das Unterrichtsgespräch durch folgenden Frageimpuls weitergeführt werden:

■ *Welche Gründe könnten Schriftsteller dafür haben, andere Dichter in ihren Werken auftreten zu lassen?*

Vermutlich werden die Schülerinnen und Schüler verschiedene Gründe nennen können. So ist es beispielsweise denkbar, dass ein Dichter einen früheren – womöglich in Vergessenheit geratenen – Dichter sehr bewundert und ihm durch das Werk gleichsam ein Denkmal schaffen möchte. Häufig verlief das Leben des dargestellten Dichters auch so dramatisch, dass es sich schlichtweg zur literarischen Verarbeitung anbietet, wenn nicht gar aufdrängt. In vielen Fällen erkennt der Dichter im Leben und Werk des ausgewählten Dichters auch eine Art Seelenverwandtschaft und stellt sich somit in der Gestalt des anderen indirekt auch selbst dar.

In einem nächsten Schritt kann die Aufmerksamkeit der Lernenden auf den Sturm-und-Drang-Dichter Jakob Michael Reinhold Lenz gelenkt werden, der nicht nur von Büchner, sondern von etlichen anderen späteren Dichtern bis in die Jetztzeit wiederholt als literarischer Stoff gewählt worden ist. Einen Überblick über die zahlreichen Bearbeitungen gibt das **Arbeitsblatt 13**, S. 59. Die Schülerinnen und Schüler erhalten folgenden Auftrag:

■ *Lesen Sie das Arbeitsblatt und unterstreichen Sie die Ihrer Meinung nach wichtigsten Werke, in denen Lenz auftritt. Welche dieser Werke interessieren Sie besonders – und weshalb? Welche Gründe werden im Text dafür genannt, dass Lenz' Leben so häufig von anderen Dichtern literarisiert worden ist?*

Die Antworten der Lernenden werden im Kursrahmen vorgestellt und besprochen. Durch ein Tafelbild können die Ergebnisse wie folgt gesichert werden:

Baustein 2: Biografische Hintergründe

## J.M.R. Lenz als literarischer Stoff

**Gründe für die häufige Bearbeitung des Lenz-Stoffes:**

- Lenz' gesellschaftskritische und -reformerische Ambitionen
- das „Meteorische" von Lenz (Auftauchen, Glanz, schnelles Verschwinden)
- dramatischer Konflikt mit Vater
- Kontakt zu berühmten „Stürmern und Drängern", insbesondere zu Goethe
- Zerwürfnis mit Goethe, Verbannung aus Weimar nach mysteriöser „Eselei"
- durch pietistische Erziehung problematische Einstellung zur Sexualität, kompliziertes Verhältnis zu fernen Frauen (heimlich/unglücklich verliebt)
- jahrelanges fluchtartiges Umherirren, auch bedingt durch wachsende Schizophrenie
- der dokumentierte Aufenthalt im Steintal bei Pfarrer Oberlin
- demütigende Rückkehr zum Vater
- ungeklärter Tod in Moskau auf offener Straße

**Beispiele für die Bearbeitung des Lenz-Stoffes:**

- Georg Büchner: Lenz, Erzählung (1839)
- Robert Walser: Lenz-Fragment (1912)
- Peter Huchel: Lenz bei Oberlin, Gedicht (1927)
- Paul Celan: Gespräch im Gebirg, Erzählung (1960)
- Johannes Bobrowski: J.M.R. Lenz, Gedicht (1961)
- Peter Schneider: Lenz, Erzählung (1973)
- Gert Hofmann: Die Rückkehr des Jakob Michael Reinhold Lenz nach Riga (1981)

Nachdem im Text auf dem **Arbeitsblatt 13**, S. 59, bereits einige Gründe für die häufige Bearbeitung des Lenz-Stoffes aufgeführt worden sind, kann das Unterrichtsgespräch im Folgenden auf Büchners Aneignung gelenkt werden:

■ *Welche Gründe könnte Büchner dafür gehabt haben, eine Erzählung über Lenz zu schreiben? Was könnte ihn an dem Sturm-und-Drang-Dichter fasziniert haben? Denken Sie bei der Beantwortung auch an die Biografien der beiden Schriftsteller – erkennen Sie Parallelen und Gemeinsamkeiten?*

Da sich die Schülerinnen und Schüler in den vorangegangenen Unterrichtsschritten bereits mit den wichtigsten Lebensstationen der beiden Dichter beschäftigt haben, wird es ihnen voraussichtlich leichtfallen, Gemeinsamkeiten zu entdecken, die Büchner womöglich zur Arbeit an der Erzählung inspiriert und motiviert haben. (Einige Gemeinsamkeiten fasst Peter Schneider in seinem Aufsatz über Büchners „Lenz" zusammen, der im Kursrahmen an dieser Stelle gemeinsam gelesen werden könnte [Textausgabe, S. 108–110]). Sigrid Damm schreibt über die auffälligen biografischen Parallelen: „Wahlverwandte sind Lenz und Büchner. Deutsche Dichter, geflüchtet beide aus dem Lande, steckbrieflich verfolgt der eine, überflüssig und mittellos der andere. Keiner sieht jemals auf einer deutschen Bühne eines seiner Stücke – auch hier teilen sie *ein* Schicksal. Im Exil verbringen beide ihre letzten Lebensjahre, sterben dort, jung noch, 23 ist der eine, 41 der andere. Gemeinsamkeiten auch in Städten und Landschaften ihres zwiegespaltenen Glücks, ihres sie verzehrenden großen

39

Schöpfertums: Straßburg, das Elsaß, die Vogesen."[1] Außerdem teilen sie beide einen lebenslangen Konflikt mit einem strengen Vater, der mit dem Lebenswandel des Sohnes nicht einverstanden ist, ganz andere Erwartungen und Vorstellungen hat. Die lange Trennung von der geliebten Frau und die dadurch resultierende Einsamkeit in der Fremde stellen eine weitere Gemeinsamkeit zwischen den beiden Dichtern dar. Noch bedeutsamer für Büchners Entscheidung, eine Erzählung über Lenz zu schreiben, mögen dessen gesellschaftskritische und -reformerische Ambitionen gewesen sein, in denen Büchner sicherlich eine Verwandtschaft zu seinen eigenen Bestrebungen erkannte. Nicht zuletzt ähneln sich auch die literaturästhetischen Positionen der beiden Dichter, die schwache, leidende Figuren in ihren Werken darstellten, die nicht selten an den gesellschaftlichen Bedingungen ihrer Zeit zerbrachen. Wieder können die Ergebnisse des Unterrichtsgesprächs an der Tafel gesichert werden:

### Gemeinsamkeiten zwischen Büchner und Lenz

- jahrelang auf der Flucht
- zeitlebens Konflikt mit dem Vater
- Trennung von der Geliebten
- wollten politisch-reformerisch wirken
- scheiterten mit ihren politischen Ambitionen
- ähnliche literaturästhetische Positionen

Je nachdem wie ausführlich die Biografie Büchners zuvor besprochen worden ist (vgl. Baustein 2.1), könnte sich an dieser Stelle ein Schülervortrag zur Entstehungsgeschichte von Büchners „Lenz"-Erzählung anbieten. Alternativ oder zusätzlich dazu kann auch der Text auf dem **Arbeitsblatt 14**, S. 62, im Kursrahmen besprochen werden, in dem die wichtigsten Informationen zu diesem Thema aufgeführt sind.

Oberlins wenige Tage nach Lenz' Aufenthalt geschriebener Bericht stellt die wichtigste Quelle für Büchner dar, etliche Sätze übernahm er sogar wortwörtlich von Oberlin. Im Folgenden sollen die Gemeinsamkeiten, vor allem aber die Unterschiede zwischen Bericht und Erzählung anhand konkreter Textvergleiche erarbeitet werden. Aufgrund der Länge von Oberlins Bericht bietet es sich an, dass die Schülerinnen und Schüler folgenden Auftrag zu Hause ausführen:

■ *Lesen Sie Oberlins Bericht (Textausgabe, S. 65–83) und unterstreichen Sie die Passagen, die sich in beiden Texten sehr ähneln. Welche Passagen stehen nur in der Erzählung, stammen also von Büchner selbst? Welche Textteile aus Oberlins Bericht hat Büchner komplett weggelassen?*

Die Erarbeitungsergebnisse der Lernenden werden im Kursplenum miteinander besprochen und durch weitere Informationen ergänzt.

1) Den Schülerinnen und Schülern sind vermutlich etliche **ähnliche Textpassagen** aufgefallen. Besonders intensiv hat Büchner Sätze von Oberlins Bericht – teils wortwörtlich – aus

---
[1] Sigrid Damm: Georg Büchner und Jakob Lenz. In: Georg Büchner. Revolutionär, Dichter, Wissenschaftler, 1813–1837. Der Katalog. Basel, Frankfurt a.M.: Stroemfeld/Roter Stern 1987, S. 258–261; hier: S. 258

dem Abschnitt übernommen, in dem von der Begrüßung Lenz' durch Oberlins Familie erzählt wird (bei Oberlin: 66, 1–67, 6; bei Büchner: 6, 34–7, 22). Die entsprechenden Textpassagen aus Erzählung und Bericht sind zur besseren Vergleichsmöglichkeit auf dem **Arbeitsblatt 15**, S. 64, einander gegenübergestellt. Nach der gemeinsamen Lektüre der beiden Abschnitte bieten sich folgende Frageimpulse zur Einleitung und Weiterführung des Unterrichtsgesprächs an:

- *Vergleichen Sie die Erzähltechnik in den beiden Abschnitten. Achten Sie also auf den Erzähler, die Erzählperspektive etc. Welche grundsätzlichen Unterschiede fallen Ihnen auf?*

- *Welche Wirkung haben die unterschiedlichen erzählerischen Mittel auf den Leser? Denken Sie an Ihre Lektüre von Oberlins Bericht und von Büchners Erzählung. Welche Gefühle haben diese zwei Lektüren in Ihnen ausgelöst? Welcher Text spricht Sie mehr an?*

Die Schülerinnen und Schüler werden voraussichtlich ohne Probleme die grundsätzlichen Unterschiede der angewandten erzählerischen Mittel bestimmen können. So ist der Erzähler im Bericht ein im Erzählkosmos auftretender Ich-Erzähler, nämlich Oberlin selbst, aus dessen Perspektive die gesamte Handlung erzählt – und nicht selten auch kommentiert und beurteilt – wird. Eine Innensicht hat er lediglich sich selbst gegenüber, während ihm Lenz' Gedanken und Gefühle nicht direkt zugänglich sind. Im Gegensatz dazu handelt es sich bei Büchners Erzählung um eine Er-Erzählung, deren Erzähler nie direkt in Erscheinung tritt. Die Erzählperspektive wechselt im zu analysierenden Abschnitt – wie in der gesamten Erzählung – zwischen Außen- und Innensicht, sodass der Leser auch von der Innenwelt der Hauptfigur erfährt. Auch deshalb ist man bei Büchners Erzählung viel mehr an Lenz' Schicksal beteiligt als bei Oberlins Bericht. Die Erzählung erscheint nicht zuletzt wegen der wechselnden erzählerischen Mittel wesentlich spannender und expressiver als der stellenweise monoton und langweilig wirkende Bericht Oberlins. (Eine ausführliche Analyse der Erzähltechnik in Büchners „Lenz"-Erzählung wird in Baustein 3.2 durchgeführt.)

2) Einige **Textteile** aus der Erzählung finden keine Entsprechung in Oberlins Bericht, wurden also **von Büchner ohne Vorlage neu geschrieben**. Dies gilt, wie bereits erarbeitet, für alle Passagen, in denen der Erzähler die Innensicht verwendet, also von Lenz' Gefühlen und Gedanken berichtet. Darüber hinaus handelt es sich bei den neu geschriebenen Textteilen insbesondere um die Naturbeschreibungen, von denen die ausführlichste gleich am Anfang – noch vor der Begrüßung in Waldbach – steht (5, 1–6, 28), und um das Kunstgespräch in der Mitte der Erzählung (13, 22–16, 8). Wieder sind verschiedene Frageimpulse zur Weiterführung des Unterrichtsgesprächs denkbar:

- *Wir haben gesehen, dass weder die Naturbeschreibungen noch das Kunstgespräch in Oberlins Bericht zu finden sind. Welche Gründe könnte Büchner dafür gehabt haben, diese Passagen in seine Erzählung einzufügen?*

- *Stellen Sie sich vor, in Büchners Erzählung gäbe es keine Naturbeschreibungen und auch kein Kunstgespräch. Inwiefern würde der Text an literarischem Wert verlieren?*

Vermutlich werden die Lernenden ohne weitere Hilfe den literarischen Wert der Naturbeschreibungen erkennen. Wie im Baustein 3.3 anhand verschiedener Textanalysen ausführlich zu erarbeiten, spiegelt die Natur in Büchners Erzählung die jeweilige Verfassung der Hauptfigur Lenz wider. So wird die Natur am Anfang, als Lenz noch gegen den wachsenden Wahnsinn aufbegehrt, lebendig und bedrohlich dargestellt, während sie am Ende, nachdem der Kampf verloren ist, kalt und erstarrt erscheint. Hätte Büchner auf diese ausführlichen und expressiven Beschreibungen verzichtet, würde seine Erzählung viel von ihrer Faszination einbüßen. Das Gleiche gilt auch für das integrierte Kunstgespräch, das vor allem deshalb ästhetisch reizvoll ist, weil in ihm über Literatur und Literaturprogramme reflektiert wird. Es steht damit wie eine Art Spiegel in Büchners Erzählung und bildet deren eigene Poetologie von innen, selbstreferenziell, ab. Das Kunstgespräch trägt somit einen wesentlichen Teil zur literarischen (und literaturgeschichtlichen) Bedeutung von Büchners „Lenz"-Erzählung bei. (Vgl. zum Kunstgespräch Baustein 5.1.)

3) Zu den **Textabschnitten aus Oberlins Bericht, die Büchner nicht übernommen hat**, gehören insbesondere Oberlins Beschreibungen seiner (geistlichen) Tätigkeiten, die nichts direkt mit Lenz' Aufenthalt zu tun haben (z. B. 68, 10–68, 21), längere Passagen gegen Ende des Berichts (z. B. Lenz' Selbstmordversuch mit der Schere, 76, 25–77, 15), Oberlins Erklärungen für die ausgebrochene Geisteskrankheit seines Gastes und persönliche Rechtfertigungsversuche für sein Handeln gegenüber Lenz. Die beiden letztgenannten Beispiele sollen im Kursplenum genauer betrachtet werden, da sie für einen Vergleich zwischen Oberlins Bericht und Büchners Erzählung von besonderer Bedeutung sind.

Ein Beispiel für Oberlins Sicht auf Lenz und dessen Erkrankung (79, 18–80, 11) ist auf dem **Arbeitsblatt 15**, S. 64, abgedruckt. Nach der gemeinsamen Lektüre dieses Textabschnitts kann das Unterrichtsgespräch durch folgenden Frageimpuls fortgesetzt werden:

- *Wie erklärt Oberlin die Erkrankung Lenz'? Hat er Verständnis für dessen Verfassung? Steht er ihm wohlgesonnen oder ablehnend gegenüber?*
- *Oberlin schreibt, dass seine Prinzipien sich sehr von Lenz' Prinzipien unterscheiden. Stellen Sie die gegensätzlichen Prinzipien der beiden Männer einander gegenüber.*

Im Gegensatz zu Büchner, der Lenz' Erkrankung nur beschreibt, aber niemals erklärt, geschweige denn (moralisch) beurteilt, sucht Oberlin in seinem Bericht immer wieder nach Erklärungen für den Geisteszustand seines Gastes. In dem auf dem **Arbeitsblatt 15** abgedruckten Abschnitt führt er die Ursachen der Krankheit auf neumodische Einflüsse, auf den Ungehorsam gegenüber dem Vater, auf Lenz' ziellosen Lebenswandel, auf seine unnützen Beschäftigungen und seinen ausschweifenden Kontakt zu Frauen zurück. Der pietistische Pastor Oberlin, in dessen Leben Tugenden wie Vernunft, Disziplin und Selbstaufopferung für andere fest verankert sind, steht Lenz daher – bei aller grundsätzlichen Empathie und Hilfsbereitschaft – kritisch, mitunter auch ablehnend gegenüber. (Zum Verhältnis Oberlin/Lenz siehe auch Baustein 4.2.)

Ein Beispiel für die häufigen Rechtfertigungsversuche Oberlins für sein Verhalten steht am Ende seines Berichts (83, 1–83, 22) und ist ebenfalls auf dem **Arbeitsblatt 15** abgedruckt. Wieder bieten sich nach der gemeinsamen Lektüre verschiedene Frageimpulse zur Fortsetzung des Unterrichtsgesprächs an:

- *An wen richtet Oberlin offenbar die Schlusspassage seines Berichts? Was scheint er mit diesen Sätzen zu beabsichtigen?*
- *Wie rechtfertigt er, dass er Lenz letztlich fortgeschickt hat? Was halten Sie von dieser Rechtfertigung?*
- *Worauf beruft er sich, um seine Entscheidung zu legitimieren?*

Die Schlusspassage richtet sich offensichtlich an Menschen (etwa an Lenz' Freunde und Bekannte), die Oberlins Entscheidung, seinen Gast letztlich nach Straßburg abtransportieren zu lassen, kritisieren und dem Pastor womöglich Hartherzigkeit vorwerfen. Oberlin nimmt am Ende seines Berichts, den er wenige Tage nach Lenz' Abreise geschrieben hat, also eine Rechtfertigungshaltung ein. Er weist darauf hin, dass letztlich jede Handlung – je nach Perspektive des Beurteilenden – kritisch bewertet werden könnte. Eine letztlich gültige Beurteilung wäre nur dann möglich, wenn man alle zugrunde liegenden Faktoren kennen würde, was aber ausgeschlossen sei. Dennoch fühle sich Oberlin in seiner Entscheidung mit sich im Reinen, weil er sie im Glauben an Gott und stets nach bestem Wissen und Gewissen getroffen habe. (Siehe zu Oberlins Verhalten gegenüber Lenz auch Baustein 4.2.)

Die Ergebnisse der vorangegangenen Erarbeitungsschritte lassen sich in folgendem Tafelbild zusammenfassen:

### Vergleich

| | Oberlins Bericht | Büchners Erzählung |
|---|---|---|
| Erzähltechnik | Ich-Perspektive, durchgehender Erzählerbericht, ausschließlich Außensicht | Er-Perspektive, Wechsel verschiedener erzähltechnischer Mittel; Innensicht, Außensicht etc. |
| Wirkung | Monoton, ermüdend, Leser bleibt distanziert | Expressiv, aufregend, Leser fühlt mit Lenz |
| Textpassagen nur dort | • Beschreibung der Arbeit<br>• Passagen am Ende<br>• Erklärung für Krankheit<br>• Rechtfertigungsversuche | • Lenz' Innenwelt<br>• Naturdarstellungen<br>• Kunstgespräch |
| Intention | Moralische Rechtfertigung | Literarische Darstellung eines Schicksals |
| Textform | Bericht zur Dokumentation und Verteidigung | Literarische Erzählung |

Notizen

# Markus Fischer: Georg Büchner

**Büchner**, Georg, dt. Schriftsteller, *Goddelau/Darmstadt 17.10.1813, † Zürich 19.2.1837. – Der Sohn eines Arztes studierte Medizin und Naturwissenschaften in Straßburg und Gießen. 1834 gründete er nach dem Vorbild der gleichnamigen Straßburger Organisation in Gießen und Darmstadt Sektionen der „Gesellschaft der Menschenrechte". Im selben Jahr verfasste er zusammen mit dem Butzbacher Rektor Friedrich Ludwig Weidig die sozialrevolutionäre Flugschrift *Der Hessische Landbote* (1834). Der drohenden steckbrieflichen Verfolgung kam B. durch seine Flucht nach Straßburg zuvor. Wenige Monate später, im Juli 1835, erschien B.s erstes Drama *Dantons Tod*. 1836 wurde er mit einer Dissertation über das Nervensystem von Fischen zum Dr. phil. der Universität Zürich promoviert. Nach seiner Probevorlesung *Über Schädelnerven* (1836) wurde er als Privatdozent bestätigt und offiziell in die dortige Philosophische Fakultät aufgenommen. Kurze Zeit später starb B., erst 23 Jahre alt, an den Folgen einer Typhusinfektion.

B. stand – nicht nur seines frühen Todes wegen – „außerhalb seiner Zeit". Zu den Schriftstellern des Jungen Deutschland hatte er keinen Kontakt – mit Ausnahme von K. Gutzkow, den er als Redakteur der Zeitschrift *Phönix* um die Veröffentlichung seines Dramas *Dantons Tod* bat. Die meisten seiner Werke wurden postum pupliziert, B.s literarisches Œuvre wurde zwar vom Vormärz über den Realismus bis zum Naturalismus, wenn auch nur vereinzelt, rezipiert, seine Breitenwirkung erlebte es aber erst um 1900 mit dem Anbruch der literarischen Moderne. Vor allem die Expressionisten erkannten in B. eine Ausnahmeerscheinung ersten Ranges und betrachteten ihn als einen der ihren. In der Formgebung oft noch dem Sturm und Drang verhaftet, zeigen die Stoffwahl wie die psychologische Zeichnung der Charaktere und die Darstellung des Milieus B. als Vertreter des „neuen Dramas" und Vorläufer des Naturalismus. Seine dramatische Technik der szenischen Darstellung und Episierung, die Abkehr vom klassischen Dialog weisen auf den Expressionismus wie auf B. Brecht und das zeitgenössische politische Drama voraus.

Die Flugschrift *Der Hessische Landbote* (1834), mit der B. die notleidende Bevölkerung auf eine Revolution vorbereiten wollte, ist eines der frühesten sozialistischen Dokumente, die das Gelingen der Revolution aus der Dynamik des Klassenkampfes, des Kampfes zwischen „den Armen" und „den Reichen", herleiten. Obwohl der Demokrat Friedrich Ludwig Weidig in den beiden endgültigen Fassungen des *Landboten* die Schärfe dieser Antithese abmilderte, ist die Radikalität von B.s politischen Anschauungen unübersehbar. In einem Brief an Gutzkow schreibt er: „Das Verhältnis zwischen Armen und Reichen ist das einzige revolutionäre Element in der Welt, der Hunger allein kann die Freiheitsgöttin und nur ein Moses, der uns die sieben ägyptischen Plagen auf den Hals schickte, könnte ein Messias werden". Mit seinem Drama *Dantons Tod* (entst. und ersch. 1835, UA 1902) distanziert sich B. jedoch bereits wieder von seinem revolutionären Aktivismus, indem er das Schicksal eines scheiternden, in Resignation und Fatalismus endenden Menschen dramatisch gestaltet. In der Novelle *Lenz* (ersch. 1838), die während seines Straßburger Exils entstand, spiegelt sich B.s seelische Erschütterung angesichts der existenziellen und politischen Bedrohung, der er sich fortwährend ausgesetzt sah: *Lenz* dokumentiert B.s künstlerisches Bekenntnis zum Realismus. Auch das Atheismusproblem – ein Grundmotiv in B.s Werk – wird in diesem Erzählfragment literarisch reflektiert. *Leonce und Lena* (ersch. 1838, UA 1895), eine als Wettbewerbsbeitrag verfasste Komödie, vereinigt die gesellschaftskritische und die skeptische bzw. melancholische Komponente in sich, die das Gesamtwerk kennzeichnen. Das Dramenfragment *Woyzeck* (entst. 1836/37, UA 1913), B.s letztes Werk und das erste bedeutende deutsche soziale Drama, vermittelt sprachlich und formal am konsequentesten seine Auffassung von der menschlichen Existenz. Der Mensch ist seinem Schicksal, das durch die äußeren Umstände determiniert ist, schutzlos ausgeliefert. Er erscheint als Automat, als Puppe, als Marionette „von unbekannten Gewalten am Draht gezogen". Am Ende bleibt ihm nur wie Danton das Nichts, wie Lenz die Langeweile oder wie Woyzeck das Verbrechen; allein Leonce und Lena sehen für sich die Möglichkeit einer positiven Utopie.

Aus. Markus Fischer: Georg Büchner. In: Harenberg Lexikon der Weltliteratur. Dortmund: Harenberg 1989, S. 494f.

■ Lesen Sie den Lexikonartikel über Georg Büchner und unterstreichen Sie sowohl wichtige Daten zu seinem Leben als auch erste Informationen zu seinem Werk.

# Zeitgeschichtlicher Hintergrund des „Hessischen Landboten"

In Büchners Flugschrift schlugen sich vier zeitgenössische Ereignisse und Vorgänge nieder, die er teils miterlebt, teils in ihren Nachwirkungen zu spüren bekommen hatte: Das waren die Französische Revolution von 1789, Siegeszug und Niederlage Napoleons von 1794 bis 1815, die Julirevolution 1830 in Paris samt den folgenden Unruhen und die zeitgleichen Vorgänge im Großherzogtum Hessen-Darmstadt.

Zu den Zeitverhältnissen gehörte in Büchners Bewusstsein das Wissen um die Französische Revolution von 1789. Sie hatte ihren ersten Höhepunkt in der Erstürmung des Staatsgefängnisses (Bastille) durch die Pariser Bevölkerung. Es setzten sich bürgerliche Rechte durch; feudale Strukturen wurden abgelöst. Als die Jakobiner 1793 eine revolutionäre Diktatur errichteten, begann eine zweite Phase der Revolution, in der sich die Revolutionäre selbst vernichteten. 1795 waren die Jakobiner geschlagen, der Konvent wurde aufgelöst und die ausübende Gewalt übernahm ein fünfköpfiges Direktorium. Damit war das Bürgertum an die Macht gelangt und die anderen Volkskräfte waren abgedrängt worden. 1799 festigte Napoleon Bonaparte diese Macht, indem er das Direktorium stürzte und sich an die Spitze setzte. Er weitete Frankreichs Macht über fast ganz Europa aus, ehe er in Russland eine vernichtende Niederlage erlebte und zuerst 1814, dann nochmals 1815 abdankte. Diese Vorgänge werden von Büchner in vereinfachter Weise im *Hessischen Landboten* als Beispiel eines erneut zu entwickelnden Gesellschaftsentwurfs vorgetragen.

Mit der Rückkehr der Bourbonen 1814 auf den französischen Thron – der Bruder des hingerichteten Ludwigs XVI. bestieg ihn als Ludwig XVIII. – wurden in Frankreich die alten feudalen Verhältnisse wieder hergestellt. Das stand im Gegensatz zu den Interessen der nichtaristokratischen Schichten, vom Bürgertum bis zu den Bauern. Im Süden Frankreichs begann ein Schreckensregiment gegen Demokraten und Bonapartisten. Das aktive Wahlrecht erhielten in Frankreich nur Bürger, die mindestens 300 Francs direkte Steuern zahlten, das passive die, die mindestens 1 000 Francs zahlten. 1824 folgte Karl X. auf den französischen Königsthron. Da die Emigranten der Revolutionszeit hoch entschädigt werden sollten, stieg die Unzufriedenheit im Volke an und es brachte 1827 eine bürgerliche Opposition in die Deputiertenkammer. Als Karl X. 1830 die Kammer auflöste, kam es zur Julirevolution in Paris. Das Volk – Arbeiter, Handwerker, Studenten und Bürger – siegte am 29. Juli; Karl X. dankte ab und floh nach England. Den Thron bestieg Louis Philipp I. Sein Vater Herzog Louis Philippe von Orléans (1747–93) war bekannt geworden als Bürger Philippe Egalité. Er war Befürworter der nordamerikanischen Unabhängigkeit. Kurze Zeit war er mit Mirabeau verbündet, dann mit Danton, an dessen Maßnahmen vom 10. August 1792 er sich beteiligte. Nachdem General Dumouriez mit Orléans' Sohn Louis Philipp von der Revolutionsarmee zu den Österreichern übergelaufen war, ließ Danton Philippe Egalité fallen. Das Revolutionstribunal sprach am 6. November 1793 Egalités Todesurteil, das sofort vollstreckt wurde.

1789 war die bedeutendste Revolution des aufstrebenden Bürgertums, geistig vorbereitet durch die Aufklärung und bis in unsere Gegenwart wirkend. Die Ideen der Französischen Revolution waren bei Georg Büchner durch die Julirevolution von 1830 lebendig geworden. Georg Büchner hatte frühzeitig sein Leben in den Dienst revolutionärer Veränderungen gestellt. Es wirkten die Ansprüche und Forderungen der Französischen Revolution nach, die er nach der Julirevolution 1830 und durch das Junge Deutschland erneut auf die Tagesordnung gestellt sah.

1830 wurde Louis Philipp I. mit Unterstützung des Großbürgertums Herrscher in einem liberalen französischen Königtum. Er hatte vor seinem Verrat an der Revolution von 1789 als Herzog von Chartres an der Revolution auf Seiten der Jakobiner teilgenommen und alle Titel abgelegt. Er wurde, nach langen Reisen, 1814, nunmehr als Herzog von Orléans, eingesetzt. Nun kam es unter seiner Regierung erneut zu zahlreichen Aufständen, 1831 zu dem Lyoner Aufstand der Seidenweber, der brutal niedergeschlagen wurde, nachdem die Aufständischen die Stadt zehn Tage in ihren Händen hatten. 1834 kam es erneut zu einer Erhebung der Lyoner Arbeiter. Philipp I. sah sich zahlreichen Verschwörungen und Attentaten ausgesetzt, unter denen das Attentat des Fieschi am 28. Juli 1835 besonders bekannt wurde. Obwohl von den Ergebnissen des *Hessischen Landboten* enttäuscht, verfolgte Büchner alle aufständischen oder rebellischen Vorgänge.

[…]

Die französische Julirevolution von 1830 hatte wesentliche Auswirkungen auf Deutschland und Europa. In Polen brach im November 1830 ein nationaler Unabhängigkeitskampf aus, in dem sich die Polen zeitweise von den Russen befreiten, ehe sie besiegt und auf den Stand einer russischen Provinz gedemütigt wurden. In einigen deutschen Bundesstaaten kam es zu Aufständen, in Braunschweig wurde der Herzog vertrieben und auch der Kurfürst Wilhelm II. von Hessen-Kassel musste seinen Sohn Friedrich Wilhelm als Mitregenten dulden und lebte von nun an meist im Ausland. Auch im Großherzogtum Hessen-Darmstadt gab es Unruhen, gegen die die Regierung mit aller Schärfe vorging.

Aus: Rüdiger Bernhardt: Georg Büchner. Der Hessische Landbote. Königserläuterungen, Hollfeld: Bange Verlag 2006, S. 15–18

■ *Welche historischen Ereignisse, die Büchners Denken stark beeinflusst haben, werden im Text genannt? Inwiefern stehen diese Ereignisse in einem kausalen Zusammenhang?*

# Die sozialen und politischen Verhältnisse in Hessen um 1834

Das Großherzogtum Hessen, ein Kleinstaat mit einer Fläche von etwa 8000 Quadratkilometern, der im heutigen Bundesland gleichen Namens beinah viermal Platz hätte, war in den Dreißigern des vergangenen [19.] Jahrhunderts ein reines Agrarland. Nur zwei Städte dieses Landes hatten mehr als zwanzigtausend Einwohner, nämlich Darmstadt und Mainz, und kaum jeder Siebente unter den 700 000 Bürgern lebte in der Stadt. Dennoch war das Großherzogtum dicht besiedelt; die Bevölkerung, die sich zwischen 1790 und 1850 verdoppelte, erreichte um das Jahr 1835 herum eine Dichte von hundert Personen pro Quadratkilometer. Die demographische Explosion, eine Folge der sinkenden Sterblichkeit und der zunehmenden Lebenserwartung, hatte in Mitteleuropa begonnen. Der Zuwachs entfiel fast ganz und gar auf das flache Land; die Städte boten keine Arbeitsplätze für Neuankömmlinge; ihre Bevölkerung stagnierte.

Die ökonomischen Verhältnisse blieben hinter dieser Bevölkerungsbewegung zurück. Die landwirtschaftliche Produktion hielt an den hergebrachten, uralten Methoden fest. Die Masse der Kleinbauern war direkt oder indirekt von den Feudalherren abhängig. Erst 1820 war die Leibeigenschaft in Hessen aufgehoben worden; gleichzeitig wurde der Frondienst abgeschafft und durch ein direktes Steuersystem abgelöst – ein Vorgang, der erst gegen Ende der Dreißigerjahre abgeschlossen war. Das Handwerk, in mittelalterlichen Zunftvorstellungen befangen, kam als Motor der wirtschaftlichen Entwicklung kaum in Betracht, solange seine traditionelle, ständische Ordnung unangefochten blieb. Erst um die Mitte des Jahrhunderts setzte sich das Prinzip der Gewerbefreiheit in den deutschen Ländern durch.

[...]

Insgesamt war die ganze Wirtschaft des Landes also von der Landwirtschaft abhängig, die zwischen 1815 und 1830 kaum einen Zuwachs der Produktion zu verzeichnen hatte; sie litt unter einer lang anhaltenden Agrarkrise, verschuldet durch Missernten und sinkende Getreidepreise und verschärft durch die Nachwirkungen der napoleonischen Kriege. Die überwiegende Mehrzahl der hessischen Bevölkerung bestand aus verarmten Handwerkern und Bauern.

[...]

Die politischen Zustände in Deutschland entsprachen dieser ökonomischen Lage und waren ganz dazu angetan, sie zu verewigen. Die alten gesellschaftlichen Mächte beherrschten den Staatsapparat; zu einer bürgerlichen Revolution war es nicht gekommen. Die Bourgeoisie hat in Deutschland spät gesiegt; sie hat sich, und damit die kapitalistische Wirtschaftsform, niemals revolutionär durchgesetzt; sie hat sich vielmehr nach und nach mit der alten herrschenden Klasse arrangiert. Dieser Prozess stand zu Büchners Zeiten in seinen Anfängen; sein Verlauf ist an den Verfassungskämpfen abzulesen, welche die Innenpolitik der deutschen Kleinstaaten in der ersten Hälfte des neunzehnten Jahrhunderts beherrscht haben.

Der Wiener Kongress von 1815 hatte das alte, absolutistische Regime in Deutschland noch einmal stabilisiert. Die Regierungen sahen ihre hauptsächliche Aufgabe nicht darin, für die politische und ökonomische Entwicklung ihrer Länder, sondern darin, für die Erhaltung des status quo zu sorgen.

[...]

Die große Stabilisierung dieses Zustandes, der sich die deutschen Fürsten 1815 verschrieben hatten, konnte nur um den Preis dauernder ökonomischer Krisen und unablässiger politischer Repression gelingen. Keine Experimente: Die Durchsetzung dieser Parole wurde zur vornehmsten Aufgabe der Polizei.

[...]

Die Lage in den deutschen Kleinstaaten hat Wilhelm Grimm in den Dreißigerjahren, aus gegebenem Anlass, wie folgt charakterisiert:

„Die Freiheit war allmählich bis zu einem Grade untergegangen, von dem niemand, der es nicht selbst miterlebt, einen Begriff hat. Jede Unbefangenheit, ich sage nicht einmal Freiheit der Rede, war unterdrückt. Die Polizei, öffentliche und heimliche, angeordnete und freiwillige, durchdrang alle Verhältnisse und vergiftete das Vertrauen des geselligen Lebens. Alle Stützen, auf welchen das Dasein eines Volkes beruht, Religiosität, Gerechtigkeit, Achtung vor der Sitte und dem Gesetz, waren umgestoßen oder gewaltsam erschüttert. Nur eins wurde festgehalten: Jeder Widerspruch gegen den geäußerten Willen, direkt oder indirekt ausgesprochen, sei ein Verbrechen."

[...]

Somit befand sich, wer im hessischen Land überhaupt politisch dachte, von vornherein in der Opposition – mit alleiniger Ausnahme des Großherzogs, seiner Standesgenossen und Kreaturen. Wie verschieden diese Opposition, je nach der Herkunft und den Interessen derer, die sie trugen, auch denken und handeln mochte: Der gemeinsame Gegner, in Gestalt einer engstirnigen Bürokratie und einer brutalen Polizei, zwang ihr immer wieder eine paradoxe Einigkeit auf: eine Frontstellung, die sich unter dem Druck des Systems stets von Neuem kristallisierte und die, sobald es ans Handeln ging, stets von Neuem in ihre Elemente zerfiel.

Die einzelnen Fraktionen dieser Resistance waren natürlich keine Parteien im eigentlichen Sinn des Wortes; sie verfügten nicht über feste Organisationen; ihre losen Gruppierungen bildeten sich immer nur ad hoc; den meisten davon fehlte ein klar artikuliertes Programm; ihre Parolen waren verworren, oft voller Widersprüche. Deshalb lässt sich die Haltung der Akteure auch nur summarisch und ungefähr bestimmen.

Wo die Not am größten war, unter den Bauern, da war an ein Bewusstsein von der eigenen Lage am allerwenigsten zu denken. Auf den Dörfern herrschte „Lokalborniertheit, dumpfe, fanatische Bigotterie, Treu und Redlichkeit" (Engels); der Anteil der Analphabeten an der Landbevölkerung war beträchtlich. „Die Bauern", zu diesem Schluss kam Engels, „bilden eine ähnlich hilflose Klasse wie die Kleinbürger, von denen sie sich übrigens vorteilhaft durch größeren Mut unterscheiden. Dafür sind sie aber auch aller historischen Initiative durchaus unfähig." Wo es zu gewaltsamen Aktionen der Bauern kam, da blieb ihr Aufruhr blind und ziellos.

Aus: Georg Büchner/Ludwig Weidig, Der Hessische Landbote. Kommentiert von Hans Magnus Enzensberger. © Insel Verlag Frankfurt am Main und Leipzig 1974

■ *Beschreiben Sie die soziale und politische Situation im Großherzogtum Hessen um 1834 in eigenen Worten. Von welchen (hierarchischen, ökonomischen, politischen etc.) Gegensätzen war das damalige gesellschaftliche Klima geprägt?*

# Büchner über die Anwendung von Gewalt

**Brief an die Familie
(um den 6. April 1833)**

[...] Meine Meinung ist die: Wenn in unserer Zeit etwas helfen soll, so ist es *Gewalt*. Wir wissen, was wir von unseren Fürsten zu erwarten haben. Alles, was sie bewilligten, wurde ihnen durch die Notwendigkeit abgezwungen. Und selbst das Bewilligte wurde uns hingeworfen, wie eine erbettelte Gnade und ein elendes Kinderspielzeug, um dem ewigen Maulaffen *Volk* seine zu eng geschnürte Wickelschnur vergessen zu machen. Es ist eine blecherne Flinte und ein hölzerner Säbel, womit nur ein Deutscher die Abgeschmacktheit begehen konnte, Soldatchens zu spielen. Unsere Landstände[1] sind eine Satire auf die gesunde Vernunft, wir können noch ein Säkulum[2] damit herumziehen, und wenn wir die Resultate dann zusammennehmen, so hat das Volk die schönsten Reden seiner Vertreter noch immer teurer bezahlt als der römische Kaiser, der seinem Hofpoeten für zwei gebrochene Verse 20.000 Gulden geben ließ. Man wirft den jungen Leuten den Gebrauch von Gewalt vor. Sind wir denn aber nicht in einem ewigen Gewaltzustand? Weil wir im Kerker geboren und großgezogen sind, merken wir nicht mehr, dass wir im Loch stecken mit angeschmiedeten Händen und Füßen und einem Knebel im Munde. Was nennt ihr denn *gesetzlichen Zustand*? Ein *Gesetz*, das die große Masse der Staatsbürger zum fronenden Vieh macht, um die unnatürlichen Bedürfnisse einer unbedeutenden und verdorbenen Minderzahl zu befriedigen? Und dies Gesetz, unterstützt durch eine rohe Militärgewalt und durch die dumme Pfiffigkeit seiner Agenten, dies Gesetz ist eine *ewige, rohe Gewalt*, angetan dem Recht und der gesunden Vernunft, und ich werde mit *Mund* und *Hand* dagegen kämpfen, wo ich kann.
[...]

Aus: Georg Büchner: Werke und Briefe. München: dtv 1988, S. 278

---
[1] Vertretungen der bevorrechtigten, dem Landesherrn gegenübertretenden Stände
[2] Jahrhundert

- Wie begründet Büchner, dass die Anwendung von Gewalt unter den damals in Hessen herrschenden politischen Verhältnissen gerechtfertigt ist? Halten Sie selbst Gewalt in bestimmten Situationen, etwa in Zeiten sozialer Missstände, für legitim? Begründen Sie Ihren Standpunkt.

- Welche zwei Formen von politischem Widerstand meint Büchner, wenn er schreibt, er wolle mit „Mund und Hand" gegen die herrschenden Zustände kämpfen? Welche Form halten Sie für die wirkungsvollere?

# Die Entstehungsgeschichte des „Hessischen Landboten"

Die Entstehungsgeschichte des „Hessischen Landboten" ist deshalb so gut bekannt, weil Mitglieder der von Büchner gegründeten geheimen Revolutionsgesellschaft (s. u.) durch den Verrat eines Mitverschworenen beim Vertrieb der Flugschrift entdeckt wurden und ein Verfahren gegen die Verschwörer und gegen die Verfasser vom hessischen Staat eingeleitet werden sollte. Büchner ist rechtzeitig geflohen, der Mitverfasser der Flugschrift, Weidig, wurde in jahrelanger Untersuchungshaft gehalten. An der Verhandlungsführung ist später offen Kritik geübt worden, sodass der hessische Hofgerichtsrat Friedrich Nöllner im Auftrage seiner Landesregierung einen umfassenden Bericht mit den Prozessakten vorlegte, der zwar apologetische[1] Absicht hat, aber trotzdem das Vorgehen der hessischen Justiz nur zu klar beleuchtet.
[...]
Büchner hatte nach dem Vorbild französischer radikaler Gesellschaften – er war mit ihnen als Student in Straßburg bekannt geworden –, in Gießen eine Verschwörergesellschaft gegründet, die *Gesellschaft der Menschenrechte*. Die Mitglieder sollten sich in gemeinsamer Erörterung politischer Grundsätze schulen, vielleicht auch Waffenübungen abhalten und Flugschriften in den untersten Volksschichten verbreiten. Es gab mehrere Gruppen, z. B. eine in Darmstadt; eine scheint es auch in Butzbach gegeben zu haben. Nach der Aussage eines früheren Mitverschworenen vor der Bundeszentralbehörde, die 1842 dem Frankfurter Bundestag über politische Umtriebe im Großherzogtum Hessen berichtete, hatte der Geheimbund eine gewaltsame Erhebung geplant, und zwar mit dem Ziel, eine republikanische Verfassung zu erkämpfen.
Weidig, den Mitherausgeber des „Hessischen Landboten" hatte Büchner 1834, noch vor der Gründung der *Gesellschaft der Menschenrechte*, kennengelernt. Weidig, Theologe und Volksschuldirektor in Butzbach, war als Verfasser von Flugschriften von den hessischen Staatsorganen bereits verfolgt worden. Er galt als „einer der Köpfe der Konspiration im Großherzogtum Hessen". Vietor gibt eine Charakteristik dieses außerordentlichen Mannes, in dem sich Theologie, politischer Idealismus und Romantik trafen:

Die ersten politischen Impulse hatte er durch die Befreiungskriege bekommen, an den Verfassungskämpfen der Liberalen teilgenommen und aus den politischen Erfahrungen dieser Jahre war er zum radikalen Verschwörer geworden. Im Juli 1834 traf er sich mit Büchner und einer Gruppe von Gleichgesinnten. Auf eine von Büchner vorgeschlagene feste politische Organisation konnte man sich nicht einigen, wohl aber beschloss man, in Geheimdruckereien Flugschriften herzustellen, „deren Propaganda auf die besonderen Verhältnisse des einzelnen Landes abzustellen sei". Büchner arbeitete einen Entwurf für eine solche Flugschrift aus. Über den Inhalt soll es mit Weidig zu heftigen Auseinandersetzungen gekommen sein. Weidig hat den Text dann endgültig redigiert. Seine Änderungen waren zum Teil erheblich. Büchner und der Mitverschworene Becker waren empört, doch wurde noch im Juli die Flugschrift in der Weidig'schen Form bei dem Buchhändler Karl Preller in Offenbach gedruckt. Mitglieder aus Weidigs Gruppe holten sie dort ab und verteilten sie in hessischen Ortschaften. Schon am 1. August wurde der Mitverschworene Minnigerode in Gießen verhaftet. Ein Mitglied des Weidig'schen Kreises war Polizeispitzel; er gab schrittweise die Namen aller Verschworenen preis. Von der Verhaftungswelle wurden Büchner und Weidig zunächst nicht betroffen, weil man ihnen noch nichts Endgültiges nachweisen konnte. Weidig wurde zwar versetzt, brachte aber Ende des Jahres 1834 noch eine zweite, veränderte Ausgabe des „Hessischen Landboten" in Umlauf. Inzwischen waren die Untersuchungen weitergegangen – Büchner floh, steckbrieflich verfolgt, im März 1835 nach Straßburg, im April 1835 wurde August Becker beim Transport von Flugschriften verhaftet. Danach gestanden mehrere Verschworene, sodass schließlich endgültige Beweise für die Mittäterschaft von Weidig vorlagen: Am 24. April 1835 wurde auch er verhaftet. Nach fast zweijähriger Untersuchungshaft hat er am 23. Februar 1837 Selbstmord begangen. Über das Schicksal der Mitverschworenen berichtet ausführlich Vietor: „In die Untersuchungen wegen revolutionärer Unternehmungen in Hessen wurden von 1833 ab etwa 60 Personen verwickelt. 26 von ihnen war es gelungen zu fliehen. 2 starben

---

[1] apologetisch: verteidigend, rechtfertigend

während des Prozesses, bei 7 wurde die Untersuchung niedergeschlagen, 30 erhielten im November 1838 ihr Urteil". Büchners *Gesellschaft der Menschenrechte* bestand nicht weiter, die Autoren der Flug-
95 schrift, Büchner und Weidig, sind kurz hintereinander gestorben, Büchner am 19. Februar 1837 in Zürich, Weidig hat sich am 23. Februar 1837 in der Untersuchungshaft das Leben genommen. Einige der Mitglieder flohen nach der Gefangenschaft nach Paris, wo sie sich dem *Bund der Geächteten* anschlos- 100 sen: August Becker und Karl Schapper. Mit aus diesem Kreis sollte der Kommunistenbund hervorgehen, in dessen Auftrag Marx sein Kommunistisches Manifest schrieb.

Aus: Gottfried Weißert: Georg Büchner. Der Hessische Landbote. Karl Marx. Manifest der Kommunistischen Partei. Ein Vergleich. Stuttgart: Reclam 1973, S. 3–5

■ *Fassen Sie die wichtigsten Ereignisse und Folgen rund um die Entstehung und Verbreitung des „Hessischen Landboten" zusammen. Welche Personen waren hierbei insbesondere beteiligt?*

# Dokumente der Verfolgung und Flucht

**Steckbrief**

Der hierunter signalisierte Georg Büchner, Student der Medizin aus Darmstadt, hat sich der gerichtlichen Untersuchung seiner indizierten Teilnahme an staatsverräterischen Handlungen durch die Entfernung aus dem Vaterlande entzogen. Man ersucht deshalb die örtlichen Behörden des In- und Auslandes, denselben im Betretungsfalle festzunehmen und wohlverwahrt an die unterzeichnete Stelle abliefern zu lassen.
Darmstadt, den 13. Juni 1835.
Der vom Großh. Hess. Hofgericht der Provinz Oberhessen bestellte Untersuchungsrichter, Hofgerichtsrat Georgi.

**Personal-Beschreibung.**
Alter: 21 Jahre,
Größe: 6 Schuh, 9 Zoll Hessischen Maßes,
Haare: blond,
Stirne: sehr gewölbt,
Augenbrauen: blond,
Augen: grau,
Nase: stark,
Mund: klein,
Bart: blond,
Kinn: rund,
Angesicht: oval,
Gesichtsfarbe: frisch,
Statur: kräftig, schlank,
Besondere Kennzeichen: Kurzsichtigkeit

**Briefe Büchners an die Familie**

*Weißenburg, den 9. März 1835*
Eben lange ich wohlbehalten hier an. Die Reise ging schnell und bequem vor sich. Ihr könnt, was meine persönliche Sicherheit anlangt, völlig ruhig sein. Sicheren Nachrichten gemäß bezweifle ich auch nicht, dass mir der Aufenthalt in Straßburg gestattet werden wird. [...] Nur die dringendsten Gründe konnten mich zwingen, Vaterland und Vaterhaus in der Art zu verlassen. [...] Ich konnte mich unserer politischen Inquisition stellen; von dem Resultat einer Untersuchung hatte ich nichts zu befürchten, aber alles von der Untersuchung selbst. [...] Ich bin überzeugt, dass nach einem Verlaufe von zwei bis drei Jahren meiner Rückkehr nichts mehr im Wege stehen wird. Diese Zeit hätte ich im Falle des Bleibens in einem Kerker zu Friedberg versessen; körperlich und geistig zerrüttet wäre ich dann entlassen worden. Dies stand mir so deutlich vor Augen, dessen war ich so gewiss, dass ich das große Übel einer freiwilligen Verbannung wählte. Jetzt habe ich Hände und Kopf frei. [...] Es liegt jetzt alles in meiner Hand. Ich werde das Studium der medizinisch-philosophischen Wissenschaften mit der größten Anstrengung betreiben, und auf dem Felde ist noch Raum genug, um etwas Tüchtiges zu leisten, und unsere Zeit ist gerade dazu gemacht, dergleichen anzuerkennen. Seit ich über der Grenze bin, habe ich frischen Lebensmut, ich stehe jetzt ganz allein, aber gerade das steigert meine Kräfte. Der beständigen geheimen Angst vor Verhaftung und sonstigen Verfolgungen, die mich in Darmstadt beständig peinigte, enthoben zu sein, ist eine große Wohltat. [...] (S. 298)

*Straßburg, den 27. März 1835*
[...] Ich fürchte sehr, dass das Resultat der Untersuchung den Schritt, welchen ich getan, hinlänglich rechtfertigen wird; es sind wieder Verhaftungen erfolgt, und man erwartet nächstens deren noch mehr.

Minnigerode ist in flagranti crimine[1] ertappt worden; man betrachtet ihn als den Weg, der zur Entdeckung aller bisherigen revolutionären Umtriebe führen soll, man sucht ihm um jeden Preis sein Geheimnis zu entreißen; wie sollte seine schwache Konstitution der langsamen Folter, auf die man ihn spannt, widerstehen können? [...] Ist in den deutschen Zeitungen die Hinrichtung des Lieutenant Kosseritz auf dem Hohenasperg in Württemberg bekannt gemacht worden? Er war Mitwisser um das Frankfurter Komplott, und wurde vor einiger Zeit erschossen. Der Buchhändler Frankh aus Stuttgart ist mit noch mehreren anderen aus der nämlichen Ursache zum Tode verurteilt worden, und man glaubt, dass das Urteil vollstreckt wird. [...] (S. 299)

*Straßburg, den 20. April 1835*

[...] Heute Morgen erhielt ich eine traurige Nachricht; ein Flüchtling aus der Gegend von Gießen ist hier angekommen; er erzählte mir, in der Gegend von Marburg seien mehrere Personen verhaftet und bei einem von ihnen eine Presse gefunden worden, außerdem sind meine Freunde A. Becker und Klemm eingezogen worden, und Rektor Weidig von Butzbach wird verfolgt. Ich begreife unter solchen Umständen die Freilassung von P[...] nicht. Jetzt erst bin ich froh, dass ich weg bin, man würde mich auf keinen Fall verschont haben. [...] Ich sehe meiner Zukunft sehr ruhig entgegen. Jedenfalls könnte ich von meinen schriftstellerischen Arbeiten leben. [...] Man hat mich auch aufgefordert, Kritiken über die neu erscheinenden französischen Werke in das Literaturblatt zu schicken, sie werden gut bezahlt. Ich würde mir noch weit mehr verdienen können, wenn ich mehr Zeit darauf verwenden wollte, aber ich bin entschlossen, meinen *Studienplan nicht aufzugeben*. [...] (S. 299f.)

*Straßburg, 16. Juli 1835*

[...] Ich lebe hier ganz unangefochten; es ist zwar vor einiger Zeit ein Reskript[2] von Gießen gekommen, die Polizei scheint aber keine Notiz davon genommen zu haben. [...] Es liegt schwer auf mir, wenn ich mir Darmstadt vorstelle; ich sehe unser Haus und den Garten und dann unwillkürlich das abscheuliche Arresthaus. Die Unglücklichen! Wie wird das enden? Wohl wie in Frankfurt, wo einer nach dem anderen stirbt und in der Stille begraben wird. Ein Todesurteil, ein Schafott, was ist das? Man stirbt für seine Sache. Aber so im Gefängnis auf eine langsame Weise aufgerieben zu werden! Das ist entsetzlich! Könntet ihr mir nicht sagen, wer in Darmstadt sitzt? Ich habe hier vieles untereinander gehört, werde aber nicht klug daraus. Kl(emm) scheint eine schändliche Rolle zu spielen. Ich hatte den Jungen sehr gern, er war grenzenlos leidenschaftlich, aber offen, lebhaft, mutig und aufgeweckt. Hört man nichts von Minnigerode? Sollte er wirklich Schläge erhalten? Es ist mir undenkbar. Seine heroische Standhaftigkeit sollte auch den verstocktesten Aristokraten Ehrfurcht einflößen. [...] (S. 304f.)

Alle Zitate aus: Georg Büchner: Werke und Briefe. München: dtv 1988

---

[1] (lat.:) „in den Flammen des Verbrechens", bedeutet: auf frischer Tat

[2] amtlicher Bescheid, Verfügung, Erlass

- *Wie begründet Büchner im ersten Brief seine Flucht nach Straßburg? Welche Ereignisse in Hessen führt er in den darauffolgenden Briefen an, um die Notwendigkeit seiner Flucht im Nachhinein zu unterstreichen?*

- *Beschreiben Sie die Gemütsverfassung Büchners, die in seinen Briefen zum Ausdruck kommt. Ist er eher verzweifelt oder optimistisch? Welche Pläne für die Zukunft hat er?*

# Büchners „Fatalismusbrief"

**An die Braut**
**Gießen, 10. März 1834**

Hier ist kein Berg, wo die Aussicht frei ist. Hügel hinter Hügel und breite Täler, eine hohe Mittelmäßigkeit in allem; ich kann mich nicht an diese Natur gewöhnen, und die Stadt ist abscheulich. [...]
5 Schon seit einigen Tagen nehme ich jeden Augenblick die Feder in die Hand, aber es war mir unmöglich, nur ein Wort zu schreiben. Ich studierte die Geschichte der Revolution. Ich fühlte mich wie zernichtet unter dem grässlichen Fatalismus der Geschichte. Ich finde in der Menschennatur eine entsetzliche Gleichheit, in den menschlichen Verhältnissen eine unabwendbare Gewalt, allen und keinem verliehen. Der Einzelne nur Schaum auf der Welle, die Größe ein bloßer Zufall, die Herrschaft des Genies ein Puppenspiel, ein lächerliches Ringen gegen ein ehernes Gesetz, es zu erkennen das Höchste, es zu beherrschen unmöglich. Es fällt mir nicht mehr ein, vor den Paradegäulen und Eckstehern der Geschichte mich zu bücken. Ich gewöhnte mein Auge ans Blut. Aber ich bin kein Guillotinenmesser. Das *muss* ist eins von den Verdammungsworten, womit der Mensch getauft worden. Der Ausspruch: es muss ja Ärgernis kommen, aber wehe dem, durch den es kommt, – ist schauderhaft. Was ist das, was in uns lügt, mordet, stiehlt? Ich mag dem Gedanken nicht weiter nachgehen. Könnte ich aber dies kalte und gemarterte Herz an deine Brust legen! B. wird dich über mein Befinden beruhigt haben, ich schrieb ihm. Ich verwünsche meine Gesundheit. Ich glühte, das Fieber bedeckte mich mit Küssen und umschlang mich wie der Arm der Geliebten. Die Finsternis wogte über mir, mein Herz schwoll in unendlicher Sehnsucht, es drangen Sterne durch das Dunkel, und Hände und Lippen bückten sich nieder. Und jetzt? Und sonst? Ich habe nicht einmal die Wollust des Schmerzes und des Sehnens. Seit ich über die Rheinbrücke ging, bin ich wie in mir vernichtet, ein einzelnes Gefühl taucht nicht in mir auf. Ich bin ein Automat; die Seele ist mir genommen. [...]

Aus: Georg Büchner: Werke und Briefe. München: dtv 1988, S. 288f.

- Fassen Sie die wesentlichen Aussagen des Briefes schriftlich zusammen.
- Charakterisieren Sie Büchners Geschichtsverständnis. Erläutern Sie sein Bild vom „Einzelnen", der „nur Schaum auf der Welle" ist. Inwiefern ist für Büchner „die Herrschaft des Genies ein Puppenspiel"?
- In welcher Gemütsverfassung hat Büchner diesen Brief offensichtlich geschrieben? Achten Sie bei Ihrer Antwort auf die Angaben, die er zu seiner momentanen Lebenssituation macht.
- Inwiefern spiegelt sich Büchners fatalistisches Weltbild auch in seiner „Lenz"-Erzählung wider? Beschreiben Sie Lenz' Schicksal im Steintal im Kontext des „Fatalismusbriefes".

# Gerhart Hoffmeister: Jakob Michael Reinhold Lenz

**Lenz**, Jakob Michael Reinhold, dt. Dramatiker, * 12.1.1751 Sesswegen, Livland, † 24.5.1792. – Der Sohn eines Pastors studierte in Dorpat und in Königsberg ohne Abschluss Theologie (1768–71), begleitete danach als Hofbeamter zwei junge Adelige nach Straßburg, wo er Goethe begegnete. L., der Goethe verehrte, versuchte – erfolglos – dessen Liebesbeziehung zu Friederike Brion fortzusetzen. 1775 erschien sein theologisches Hauptwerk *Meinungen eines Laien, den Geistlichen zugeeignet*. 1776 folgte er Goethe, dem großen „Bruder Apollo" (Lenz), nach Weimar, wo er auch Ch. M. Wieland kennenlernte. Wegen einer „Eselei" (Goethe) wurde er aus Weimar verwiesen. Erste Anzeichen von Schizophrenie führten 1778 zu einem kurzen Pflegeaufenthalt bei dem elsässischen Pfarrer Johann Friedrich Oberlin (1740–1826) im Steintal (vgl. G. Büchners Erzählung *Lenz*, 1839). Über Petersburg gelangte L. 1781 nach Moskau, wo man ihn eines Tages tot auf der Straße fand.

L. galt in der Hochzeit des Sturm und Drang in Straßburg als zweiter Shakespeare; die Literaturgeschichte vernachlässigte ihn jedoch für lange Zeit als „Affen Goethes". Goethe lobte zwar L.s Talent, tadelte aber seinen haltlosen Charakter. Zweifellos hatte L.s despotischer Vater ein Lebenstrauma bei seinem Sohn bewirkt. So wird verständlich, dass L. zum Idealtyp des scheiternden Stürmers und Drängers wurde, der sich gegen jede Art von Despotie auflehnte, der aber nirgends Wurzeln zu fassen vermochte, so verzweifelt er auch versuchte, die Leere durch Einfühlung in das Leben und Werk anderer zu füllen.

L. ahmte (u.a. mit dem Versepos *Die Landplagen*, 1769) zunächst F. G. Klopstock, F. H. Jacobi und Goethe („Lottes Klagen um Werthers Tod") nach. Das Romanfragment *Der Waldbruder* (entst. 1776, ersch. 1797) trägt als Untertitel „Ein Pendant zu Werthers Leiden" und stellt die Maßlosigkeit des Genies dar, das in der Abgeschiedenheit der Natur sein Seelenglück sucht.

L., der im Leben erfolglos war, erzielte eigenständige Leistungen nur im Drama. Er begann mit Übersetzungen (*Lustspiele nach dem Plautus fürs deutsche Theater*, 1774) und entwickelte in seinen *Anmerkungen übers Theater nebst angehängten übersetzten Stück Shakespeares (Love's Labour's Lost)* (1774) eine Dramentheorie. 1774 und 1776 erschienen *Der Hofmeister* und *Die Soldaten*. L.s unsystematische poetologische Ausführungen in den *Anmerkungen* laufen auf eine konsequente Abrechnung mit dem pseudoaristotelischen Regelkanon des klassizistischen Dramas hinaus. Er forderte ein von W. Shakespeare inspiriertes sozialkritisches Drama, in dem der Dichter „Standpunkt" beziehen müsse. Er unterschied zwischen Handlungskomödie und Charaktertragödie und verlangte einen individuellen charakteristischen Stil. L. wandte sich damit gegen das idealisierende Verfahren einer Nachahmung der „schönen Natur". Dementsprechend rechnete er in seiner Literatursatire *Pandaemonium Germanicum* (entst. 1775, ersch. 1819) mit Empfindsamkeit und Rokoko ab und erkannte Goethes Mittelpunktstellung im Sturm und Drang. Wirkungsästhetisch beeinflusste L. mit seinen Tragikomödien G. Büchner (*Woyzeck*, 1879), das Drama des Naturalismus und Expressionismus und das Epische Theater B. Brechts.

Als literarische Sensation gilt die Wiederentdeckung der 1780 erschienenen *Philosophischen Vorlesungen für empfindsame Seelen* in der British Library 1994. Der junge L. hielt sie an der „Société de Philosophie et de belles Lettres" in Straßburg 1771–73 als ein leidenschaftliches Plädoyer für die sinnliche Erfüllung der empfindsamen Liebe in der Ehe.

Aus: Gerhart Hoffmeister: Jakob Michael Reinhold Lenz. In: Harenberg Lexikon der Weltliteratur. Dortmund: Harenberg 1989, S. 1770f.

---

- ■ *Lesen Sie den Lexikonartikel über Lenz und unterstreichen Sie sowohl wichtige Daten zu seinem Leben als auch erste Informationen zu seinem Werk.*

- ■ *Beschreiben Sie in eigenen Worten Lenz' Leben so, dass jemand, der noch nie etwas von diesem Dichter gehört hat, schnell einen treffenden Eindruck von ihm gewinnt.*

# J. M. R. Lenz: Briefe an den Vater

**10. Dez. 1772**

[...] Wie traurig ist es für mich, dass ich Ihren Vorschlag, ungesäumt ins Land zu kommen, nicht so schnell vollziehen kann, als es Ihr Vaterherz zu wünschen scheint. Aber – Sie schreiben mir, Sie wünschten mich vor Ihrem Ende noch zu sehen und zu segnen – haben Sie denn nur einen Segen, mein Vater? Ich hoffe zu Gott, dass er Ihr und meiner besten Mutter Leben noch eine Weile fristen wird. – Meine Verbindungen mit den Herrn von Kleist sind von der Art, dass ich den eigentlichen Zeitpunkt meiner Zurückkunft nicht bestimmen kann. Der Älteste besonders will nichts davon hören, dass ich ohne ihn heimreise. Sie werden mir vergeben, dass ich über diesen Punkt ein Stillschweigen beobachte, das ich – für meine Pflicht halte. Noch einmal aber bitte ich Sie, sich über mein Schicksal und meine gegenwärtigen und zukünftigen Umstände keine vergebliche Unruhe zu machen. [...] (S. 296)

Jakob Michael Reinhold Lenz, getuschte Silhouette

**18. Nov. 1775**

Mein Vater! Unaussprechl. glücklich haben Sie mich durch Ihren Brief gemacht und durch die Zeilen meiner Mutter. Fahren Sie fort, ich bitte Sie auf den Knien, mir ein zärtlicher Vater zu bleiben. Sie mögen sehen und hören von mir, was Sie wollen. Weisen Sie mich aufs Strengste zurecht. Sie, meine Mutter, meine lieben Geschwister, alles dient, alles frommt, und von Ihrer Hand mein Vater, die ich mit Tränen benetze, alles doppelt und vierfach. Fodern Sie aber nicht, dass ich auf alles antworte, es müsste mich zu weit führen. Umstände verändern die Sache, ich kann nicht mehr sagen, aber alles, was Sie mir schreiben, was mir meine Mutter schreibt, sind güldene Äpfel in silbernen Schalen. Lange lange habe ich die Züge dieser Mutterhand mit stummer Inbrunst an meine Lippen gehalten – und in Gedanken war ich bei Ihnen und fühlte Ihre segnenden Küsse an meinen Wangen. Ach wie viel haben Sie mir in diesem Augenblick geschenkt. Sie sind also wieder mein. Sie lieben mich noch. Und sind nicht abgebrannt – und sind so gesund, dass Sie mir schreiben können – und sind so gerecht, dass Sie mich außer Landes nicht durch Gewaltsamkeiten nach Hause ziehen wollen, solang ich den innern Beruf dazu nicht habe. Das ist mein höchster Wunsch gewesen. Wir sind in allen Stücken einerlei Meinung, beste Eltern, die Zeit wird's lehren. [...] (S. 349f.)

**Sept. 1776**

[...] Ich Ihrer spotten – das ist ein Gedanke, der mich töten würde, wenn ich nicht hoffen dürfte, dass er nur aus Ihrer Feder, nicht aus Ihrem Herzen gekommen ist. Ich sehe, mein Vater!, dass es ein Schicksal ist, das ich nicht ändern kann, wegen Entfernungen der Zeit und des Orts von Ihnen und allen den Meinigen missverstanden zu werden. Wie heilig mir Ihre Briefe sind, mag Gott Ihnen durch einen andern Weg als durch meine Feder künftig bekannt machen, oder auch nur ahnden lassen. Fahren Sie fort, mir diese höchsten Beweise Ihrer Güte noch zuzuschicken wenn Sie mich dessen wert glauben. [...] (S. 499)

■ *Auf welche Erwartungen und Forderungen des Vaters hat Lenz in den Briefpassagen vermutlich reagiert? Versetzen Sie sich in die Perspektive des Vaters und überlegen Sie sich, ob er mit der jeweiligen Antwort seines Sohnes einverstanden gewesen ist.*

■ *Welche ambivalenten Gefühle gegenüber dem Vater kommen in den Briefpassagen zum Ausdruck? Inwiefern könnten diese gegensätzlichen Gefühle innere Konflikte in Lenz ausgelöst haben?*

**9. März 1778**

[Schlosser]

P.T. Ihnen unbekannt war ich lange Ihr Freund, durch Ihren Herrn Sohn. Drei Jahre sind's, dass ich diesen kenne, und, obgleich wir nur selten beisammen sein konnten, so waren wir doch Freunde. Ich ehrte sein Herz u. seine Talente u. liebte ihn darum; aber ich übersah ihm seine Fehler nie, am wenigsten den, dass er sich so weit von Ihnen entfernte. Er fühlte sein Herz noch nicht rein u. kindlich genug, meinem Rat zu folgen. Vor einiger Zeit schlug ihn Gott mit einer harten Krankheit. Mit dieser kehrte sein Erinnern an Ihre väterl. Treue u. alle kindl. Gefühle zurück. Er war fest entschlossen, zurückzukehren zu Ihnen, sich in Ihre Arme zu werfen u. durch die Tugenden u. den Wert seines männlichen Alters Ihr Greisen-Alter glückl. zu machen. In diesem Vorsatz kam er zu mir. Ich bestärkte ihn darin u. seine Abreise war auf gestern festgesetzt. Gott ließ aber ihm u. uns allen zum Glück am vorigen Dienstage seine Krankheit in ein hitziges Fieber ausbrechen, segnete jedoch dabei unsere geringe Sorgfalt, so, dass er auf dem besten Wege der Besserung ist. Nun bittet mich sein Herz, voll der kindlichsten Liebe, Ihnen das zu schreiben. Er wünscht u. hofft, dass Sie an seinem Leiden herzliches Teil nehmen werden u. versichert Sie nicht allein seiner kindlichen Liebe u. der wahren Reue über seine Entfernung von Ihnen u. seine Fehler, sondern auch von dem festen Entschluss, sobald Gott ihm die Kräfte gibt, wieder in Ihre Arme zu kehren. Ich, der ich nur zu gut fühle, dass, wenn der Mensch auf Erden glückl. sein soll, es nur durch Liebe von, oder zu, seinen Kindern sein kann, ich freue mich Ihnen dieses zu schreiben u. bitte Sie inständig, mir bald einen Brief an Ihren mir immer lieben Sohn zu schicken. Sie können ihn am besten in seinen Leiden, die seine Seele selbst durchdringen, helfen u. aufrichten u. Gott wird Sie dafür mit dem Trost eines wohldurchlebten Alters u. der größten Freude an allen Ihren Kindern segnen. Trauen Sie meiner Versicherung die wahre Hochachtung, mit welcher ich mich nenne

Ew. Hochehrwürden ergebenster:
Schlosser
Markgräflich badischer Hofrat
u. Oberamtmann der Markgrafschaft
Hochberg.

[Lenz:]

Vater! Ich habe gesündigt im Himmel u. vor Dir u. bin fort nicht wert, dass ich Dein Kind heiße.

Jakob Lenz
(S. 567 f.)

Alle Zitate aus: Jakob Michael Reinhold Lenz. Gedichte. Briefe. Hrsg. Von Sigrid Damm. Frankfurt a.M.: Insel 1992

■ *Welche Gefühle löst dieser Brief – geschrieben nur wenige Wochen nach Lenz' Aufenthalt im Steintal – in Ihnen aus? Wie erscheint Ihnen hier Lenz? Wie beurteilen Sie seinen Satz an den Vater am Ende des Briefes?*

# Lenz' Gedicht für Friederike Brion (1772)

ACH bist du fort? Aus welchen güldnen Träumen
Erwach' ich jetzt zu meiner Qual?
Kein Bitten hielt dich auf, du wolltest doch nicht säumen
Du flogst davon – zum zweiten Mal

5 Zum zweiten Mal sah ich dich Abschied nehmen
Dein göttlich Aug' in Tränen stehn
Für deine Freundinnen – des Jünglings stummes Grämen
Blieb unbemerkt, ward nicht gesehn

O warum wandtest du die holden Blicke
10 Beim Abschied immer von ihm ab
O warum ließest du ihm nichts, ihm nichts zurücke
Als die Verzweiflung und das Grab?

Wie ist die Munterkeit von ihm gewichen
Die Sonne scheint ihm schwarz, der Boden leer,
15 Die Bäume blühn ihm schwarz, die Blätter sind verblichen
Und alles welket um ihn her

Er läuft in Gegenden wo er mit dir gegangen
Im krummen Bogengang, im Wald, am Bach –
Und findet dich nicht mehr und weinet voll Verlangen
20 Und voll Verzweiflung dort dir nach

Dann in die Stadt zurück, doch die erweckt ihm Grauen,
Er findet dich nicht mehr, Vollkommenheit!
Ein andrer mag nach jenen Puppen schauen
Ihm sind die Närrinnen verleidt

25 O lass dich doch, o lass dich doch erflehen
Und schreib ihm einmal nur – ob du ihn liebst –
Ach oder lass ihn nie dich wieder sehen
Wenn du ihm diesen Trost nicht gibst.

Wie? nie dich wiedersehn? – entsetzlicher Gedanke!
30 Ström alle deine Qual auf mich
Ich fühl', ich fühl' ihn ganz – es ist zu viel – ich wanke –
Ich sterbe, Grausame – für dich –

Aus: Jakob Michael Reinhold Lenz: Gedichte. Briefe. Hrsg. von Sigrid Damm.
Frankfurt a. M.: Insel 1992, S. 96 f.

Friederike Brion

- Welche Gefühle löst die Lektüre des Gedichts in Ihnen aus?
- Mit welchen Bildern beschreibt das lyrische Ich seinen Zustand der Trennung von der Geliebten?
- Erläutern Sie, ob das lyrische Ich nur eine kurzfristige Trennung von der Geliebten beschreibt oder ob es um Grundsätzlicheres geht. Wovor fürchtet sich das lyrische Ich am meisten?
- Inwiefern erinnert das Gedicht auch an den Lenz, wie ihn Büchner in seiner Erzählung darstellt?

# Lenz als literarischer Stoff

Das Bild des Sturm- und Drang-Dichters J.M.R. Lenz (1751–1792) ist für lange Zeit durch GOETHES in *Dichtung und Wahrheit* niedergelegtes Urteil über ihn bestimmt worden: „Lenz […], als ein vorübergehendes Meteor, zog und verschwand plötzlich, ohne im Leben eine Spur zu hinterlassen". An der mit diesem Satz schließenden, eingehenden Charakterisierung des Jugendgefährten, in der nicht nur die Abkehr vom eigenen Jugendprogramm, sondern auch eine spätere Verletztheit und Verärgerung mitschwingen, hat die Literaturgeschichte mehr die Negativa als die doch auch angeführten Positiva berücksichtigt: „Aus wahrhafter Tiefe, aus unerschöpflicher Produktivität ging sein Talent hervor, in welchem Zartheit, Beweglichkeit und Spitzfindigkeit miteinander wetteiferten". Auch die äußere Erscheinung des jugendlichen Autors „klein, aber nett von Gestalt, ein allerliebstes Köpfchen, dessen zierlicher Form niedliche, etwas abgestumpfte Züge vollkommen entsprachen […] Ein Betragen, das, zwischen Zurückhaltung und Schüchternheit sich bewegend, einem jungen Manne gar wohl anstand", ist wohl kaum verzeichnet. Die Charakterisierung als „Meteor" allein bedeutet ja etwas Außerordentliches, Glänzendes. Und gerade das Meteorische von Lenz' Auftreten und Verschwinden ist es wohl, was nachfolgende Generationen von Dichtern angezogen und allmählich zur Herausbildung eines Lenz-Stoffes geführt hat.

Vieles an seinem Charakter und Werdegang konnte für dichterische Verarbeitung zum Anknüpfungspunkt werden: Die Loslösung von seinem Vater, die ein lebenslanges Schuldgefühl auslöste; die fünf glänzenden fruchtbaren Straßburger Jahre im Kreise der Stürmer und Dränger und vor allem neben Goethe, der ihm geistige und praktische Unterstützung zuteil werden ließ; Lenz' durch pietistische Erziehung verklemmte Haltung gegenüber dem Eros, die den Liebebedürftigen mehrfach in die Rolle eines die Frau verklärenden Ersatzliebhabers treten ließ, im Falle von Goethes verlassener Geliebten Friederike Brion, gegenüber der Verlobten seines Brotgebers v. Kleist, Cleophe Fibich, gegenüber Henriette v. Waldner, die er zunächst nur aus ihren Briefen kannte, gegenüber Cornelia Goethe und sogar gegenüber Charlotte v. Stein. Attraktiv als eine der „Lücken" in der Vita ist für den Nachzeichnenden auch Lenzens exzentrische Rolle am Weimarer Hof mit jener „Eselei", die ihn für immer von Goethe und Weimar trennte, dann die Periode rastlosen Umherschweifens, während der die krankhaften Züge der Schizophrenie immer deutlicher wurden, der missglückte

Heilaufenthalt bei Pfarrer Oberlin im Steintal, die demütigende Rückkehr ins Vaterhaus 1779, und schließlich sein durch Lehrtätigkeit und Übersetzungen gefristetes, von reformerischen Plänen wahrscheinlich kaum erhelltes Leben in Moskau bis zum ungeklärten Tode auf offener Straße. Alle diese Ansatzpunkte sind innerlich verbunden durch die sozialkritischen Aspekte von Lenz' Dichten und Trachten.

*[In dem hier weggelassenen Abschnitt geht die Autorin auf Büchners Bearbeitung des Lenz-Stoffes ein.]*

Es ist bezeichnend für den Geschmack des mittleren 19. Jahrhunderts, dass nach diesem bedeutenden Einstieg in den Stoff eine vordergründigere Episode einige weniger ranghohe Autoren beschäftigte: Lenz' seit der Entdeckung des sog. *Sesenheimer Liederbuchs* (1835) bekannt gewordenes Verhältnis zu Friederike Brion, das zunächst A. GRÜNS Schauspiel *Friederike* (1859) behandelte. Wenig später zeigte F. GESSLERS Drama *Reinhold Lenz* (1867) den Dichter, unter Einbeziehung einiger Szenen aus Lenz' *Die Soldaten*, als abgewiesenen Liebhaber, der sich, im Einklang mit den auch bei Büchner auftauchenden Selbstmordanwandlungen, in einen Teich stürzt, und dessen Wahnsinn dann den Heimatlosen aus der Gesellschaft der Gesunden ausgrenzt. In einer umfassenden Novelle von W. BENNEKE (*Reinhold Lenz*, 1871) entstand, an Goethes Urteil angelehnt, das Bild eines genialen, aber exzentrischen Außenseiters. In diesen Zusammenhang gehört noch die erfolgreiche Operette *Friederike* von L. Hirzer/F. Löhner-Beda/F. Lehar (1928), in der Lenz abermals die Rolle des erfolglos Liebenden spielen musste.

Naturalismus und Expressionismus erkannten, großenteils durch Vermittlung von Büchners Novelle, in Lenz einen ihrer theoretischen und praktischen Vorläufer. Bleibtreu, die Brüder Hart, Wilhelm Arent, Halbe und Hauptmann stellen ihn neben und sogar über den Konkurrenten Goethe. Arents Interesse und Identifikation mit dem ihm durch Wahnsinnsschübe verwandten Dichter ging so weit, dass er *Lyrisches aus dem Nachlass* (1884) von Lenz veröffentlichte und das Bild des Dichters mit dieser Fälschung in seinem Sinne zu vertiefen suchte. Das zeitgenössische Interesse an psychischen Krankheitssymptomen wurde durch Büchners Novelle gestützt, der junge Wedekind, Marie-Luise Fleißer und die jungen Expressionisten Trakl, Döblin und Heym bekannten sich zu Lenz als ihrem Vorbild. Robert Walser schrieb 1912 ein Fragment gebliebenes Szenario über Lenz, das auf die Straßburger Zeit zurückgriff und in dem die Konkurrenz von Lenz und Goethe, die Walser schon als Klassiker kennzeichnete, aus einem tiefgreifenden Wesens- und Denkunterschied entwickelt wird. Peter Huchel nahm in seinem Gedicht *Lenz* (1927) zentrale Themen aus Büchners Novelle auf: des Dichters Identifikation mit den Armen, die Not der kleinen Leute einer Ständegesellschaft, die enttäuschte Sehnsucht nach Naturgenuss: „Lenz, dich friert in dieser Welt". Im Zusammenhang mit der formalen Anlehnung an Lenz' Dramentechnik und dem Interesse an der Wahnsinnsproblematik kann W. Burggrafs reißerisches Stationendrama *Weh um Michael* (1929) gesehen werden, in dem erbbiologische Faktoren und die Ablehnung durch Goethe den Ausbruch des schon früh angelegten Wahnsinns veranlassen; Lenz treibt am Ende auf einer Scholle der Moskwa „ins Nichts". Nicht ohne Anspielungen auf die Formulierungen von Büchner und Huchel und P. Celans hermetischen Prosatext *Gespräch im Gebirg* (1960) sowie dessen Rede anlässlich der Verleihung des Büchner-Preises (1961) bezieht auch J. Bobrowskis Gedicht (*J.M.R. Lenz*, 1963) den Tod in Moskau ein, vor allem aber den Petriturm in Riga, Symbol der väterlichen Gewalt, der der Dichter erliegt.

Seit 1950 war durch B. Brechts Bearbeitung des Lenz'schen Dramas *Der Hofmeister*, bei der Brechts Anteil den des Lenz'schen Textes überwiegt und die, aus der Gegenwartsperspektive das Lenz'sche Original umfunktionierend, ein Bild der „deutschen Misere" und der versagenden, sich anpassenden Intellektuellen entwirft, der Sturm-und-Drang-Autor zum Kronzeugen für sozialkritischen Realismus in Anspruch genommen worden. Weitere, nicht so tief eingreifende Bearbeitungen Lenz'scher Werke folgten, auch die Originale wurden gespielt. Zitierungen von und Anspielungen auf Lenz wurden im intertextualen Bezug der Literatur in den Siebziger- und Achtzigerjahren geradezu modisch. Ein Gedicht K. Körners *J.M.R. Lenz in Moskau* (1975), das an Huchel und Bobrowski anknüpft, schob dem „Alten in Weimar" die Schuld an der Verkennung des Dichters und seinem Untergang zu. Gerade für die Formulierung der Resignationsstimmung unter den Fortschrittlichen konnte der scheiternde Lenz Verwendung finden. Büchners Biografie-Ausschnitt diente P. Schneider (*Lenz*, Erz. 1973) als paraphrasierbare Folie für die psychische Lage eines jungen Intellektuellen nach der Studentenrevolte. H. Kipphardt, der Lenz' *Die Soldaten* bearbeitet hatte, erfand in dem Roman *März* (1976) einen seelisch Verwandten des Sturm-und-Drang-Autors, an dem er die Beziehung zwischen Genie und Wahnsinn diskutierte und der Gesellschaft und ihrer Reaktion auf alles Anormale den größeren Teil der Schuld zuschob, und auch J. Beyse (*Der Aufklärungsmacher*, Nov. 1985) erdachte eine Parallele zu dem Generationsproblem im Leben von Lenz, indem er dem Aufklärer Nicolai einen an Lenz orientierten Sohn gegenüberstellte, der jedoch letztlich vor der Konsequenz zurückschreckt und sich wieder seinem Vater zuwendet; der geistige Untergang, hier in Anpassung, nicht in Krankheit begründet, wird durch den von Büchner übernommenen Schlusssatz „So lebte er hin" deutlich.

Weiterhin entwickelte sich der Lenz-Stoff durch das Medium von Büchners Erzählung. Der Film *Lenz* von George Moore (1970) hielt sich eng an Büchners Text, der durch zeitgeschichtliche Illustrationen unterbaut wurde, und stellte die Gestik und Mimik des schizophrenen Außenseiters in der winterlichen Landschaft des Elsass mit Intensität dar. Gleichfalls mit Büchner'schen Motiven erarbeitete die Kammeroper *Jakob Lenz* (1974) von M. Fröhlich/W. Rihm, der es darum ging, Lenz' Leben als „Chiffre von Verstörung", seine Einsamkeit und seinen Zerfallsprozess aufzuzeigen. J. Amanns Hörspiel *Büchners Lenz* (1983) bekennt schon im Titel die Beziehung zu dem Vermittler des Stoffes, lässt jedoch, da der vermittelnde Erzähler ausgeschieden ist, den Helden seine Situation selbst formulieren, wodurch er bewusster wirkt, und, ein verlorener Sohn, seine Abkehr vom Patriarchat klar bekennt. Während bei Amann die soziale Grundierung fehlt, tritt sie in H. Kleins Szenar *Ein Mann namens Lenz* (1986) stärker hervor. Von dem Büchner'schen Lebensausschnitt löste sich H. Ottos Schauspiel *Lenz oder die nutzlose Wertschätzung nutzloser Geschäftigkeit* (1984) mit den Stationen Straßburg, Weimar, Steintal, Basel, Riga, auf all denen sich der mangelnde Wille und die mangelnde Fähigkeit, sich der Gesellschaft anzupassen, zu erkennen gibt und besonders im Verhältnis zu Goethe und zu dem Vater Lenz krankhafte Züge annimmt. H.U. WENDLERS „dramatische Grille" *Lenz oder die Empfindsamen* (1986) beschränkt den Stoff auf die Auseinandersetzung mit Goethe. Dagegen geht G. HOFMANN mit *Die Rückkehr des verlorenen Jakob Michael Reinhold Lenz nach Riga* (1981) den entscheidenden Schritt über Büchner und den von ihm gebotenen Lebensabschnitt hinaus: Lenz kehrt in das Elternhaus, krank, gedemütigt, ohne Amt und ohne Lebensunterhalt, zurück, wird von dem Vater, der gerade Generalsuperintendent von Livland geworden ist, eine zweite Frau geheiratet und eine große Wohnung in Riga bezogen hat, nahezu übersehen, beiseite geschoben und schließlich als der Sohn sich immer stärker dem gottähnlichen Vater aufdrängt, aus dem Hause gewiesen. Zwei Matrosen, denen er Geld schuldet, erschlagen ihn auf der Straße noch am gleichen Abend. Der Untergang des Dichters hat kafkaeske Züge angenommen.

Aus: Elisabeth Frenzel: Stoffe der Weltliteratur. Ein Lexikon dichtungsgeschichtlicher Längsschnitte. 8., überarbeitete und erweiterte Auflage. Stuttgart: Verlag Alfred Kröner 1992, S. 458–461

- *Lesen Sie das Arbeitsblatt und unterstreichen Sie die Ihrer Meinung nach wichtigsten Werke, in denen Lenz auftritt. Welche dieser Werke interessiert Sie besonders – und weshalb?*
- *Welche Gründe werden im Text dafür genannt, dass Lenz' Leben so häufig von anderen Dichtern literarisiert worden ist?*

# Die Entstehungsgeschichte von Büchners „Lenz"

Schon während seines ersten Straßburger Aufenthaltes (Herbst 1831 bis Sommer 1833) kam Büchner wahrscheinlich mit Themen und Materialien in Berührung, die später für seine Arbeit am „Lenz" bestimmend wurden. […] Initiierend war hier zunächst die Bekanntschaft mit den Brüdern August Stöber (1808–1884) und Adolph Stöber (1810–1892) sowie deren Vater Daniel Ehrenfried Stöber (1779–1835), die als die ersten bedeutenden Lenz- und Oberlinforscher gelten können. […] Vom Vater Stöber erschien Ende 1831 die erste umfassende Oberlin-Biografie unter dem Titel *Vie de J. F. Oberlin*. […] August Stöber publizierte vom Oktober bis Dezember 1831 im *Morgenblatt für gebildete Stände* einen langen Aufsatz unter dem Titel „Der Dichter Lenz" […], in dem erstmals Auszüge aus Oberlins Bericht sowie eine Reihe von Lenz-Briefen veröffentlicht wurden. Zudem hatte Büchner unmittelbaren Kontakt zu Zeitzeugen aus dem Umfeld Oberlins; zum einen zu dem Straßburger Pfarrer Johann Jakob Jaeglé, der im Jahr 1826 die Totenrede auf Oberlin gehalten hatte, bei dem Büchner während seines ersten Straßburger Aufenthalts wohnte und mit dessen Tochter, Wilhelmine Jaeglé, sich Büchner 1834 verlobte; zum anderen zu dem Pfarrer Ludwig Friedrich Rauscher, der eine Enkelin Oberlins geheiratet hatte, dessen Vater Oberlins Nachfolger im Steintal wurde und den Büchner auf einer langen Wanderung durch die Vogesen kennenlernte. […]

Die dokumentierte Auseinandersetzung mit Lenz und Oberlin beginnt erst mit Büchners zweitem Straßburger Aufenthalt (Frühjahr 1835 bis Herbst 1836), während dem Büchner nach seiner Flucht aus Gießen/Darmstadt sein Studium vollendete, seine Dissertation über das Nervensystem der Barben[1] und seine Probevorlesung *„Über Schädelnerven"* anfertigte, seine zwei Hugo-Übersetzungen ablieferte, die philosophiehistorischen Skripte zu Cartesius, Spinoza und zur griechischen Philosophie notierte, *Leonce und Lena* verfasste und mit der Niederschrift der Fragmente zum „Woyzeck" begann. Durch Georg Fein ist überliefert, dass sich im Mai 1835 eine Abschrift des bis dahin noch nicht publizierten Textes Oberlins […] über Lenz' Steintalaufenthalt bei Büchner befand, ebenso Abschriften der Briefe von Lenz an Salzmann sowie ein Protokoll der „deutschen Gesellschaft in Straßburg", bei der Lenz während seiner Straßburger Zeit die Position des Sekretärs inne hatte […]. Diese Materialien hatte ihm August Stöber überlassen, der sich im April 1835 für kurze Zeit in Straßburg aufhielt.

Als definiertes Schreibobjekt taucht der „Lenz" erstmals im Briefwechsel Büchners mit Karl Gutzkow auf. Gutzkow, der schon die Publikation des *Danton* vermittelt und zudem die Hugo-Übersetzungen in Auftrag gegeben hatte, forderte Büchner im März und April 1835 verschiedentlich zur Mitarbeit am *Phönix* und dessen Literaturblatt auf. […] Auf diese Anfragen muss Büchner in einem heute verschollenen Brief reagiert haben, denn am 12. Mai 1835 schreibt Gutzkow: „Ihre Novelle Lenz soll jedenfalls, weil Straßburg dazu anregt, den gestrandeten Poeten zum Vorwurf haben?" […]

Angeregt durch Gutzkows insistentes[2] Drängen, scheint sich für Büchner zwischen April und September 1835 also der „Lenz" als ein nach dem *Danton* zweites eigenständiges literarisches Projekt herauskristallisiert zu haben. An die Familie schrieb er im Oktober 1835: „Ich habe mir hier allerhand interessante Notizen über einen Freund Goethes, einen unglücklichen Poeten namens *Lenz* verschafft, der sich gleichzeitig mit Goethe hier aufhielt und halb verrückt wurde. Ich denke darüber einen Aufsatz in der deutschen Revue erscheinen zu lassen." […]

„Novelle", „Buch", „Erinnerungen", „Tatsachen", „Aufsatz" – ausgehend von diesen schwankenden Umschreibungen ist in der Forschung […] zweierlei diskutiert worden: zum einen die Frage, ob Büchner stets eine im engeren Sinne literarische Novelle oder aber bisweilen auch eine dezidierte[3] literarhistorische Abhandlung geplant hatte; zum anderen die Frage, ob Büchner nur den knappen Lebensabschnitt des Steintal-Aufenthaltes oder eine größere Spanne aus Lenz' Leben im Auge hatte. Diese Debatten können heute als weitgehend abgeschlossen betrachtet werden. Wenn Büchner seinen Eltern gegenüber von einem „Aufsatz" spricht, dann ist der damalige Wortgebrauch mit zu bedenken, der sehr viel wörtlicher – ‚etwas schriftlich Aufgesetztes' – und damit sehr viel allgemeiner – von der Abhandlung bis zur Novelle – gemeint war, als dies heute der Fall ist. Es spricht viel dafür, dass Büchners Projekt stets das eines literarischen Biographems war: ein fest umrissener Ausschnitt aus Lenz' Leben, dargestellt mit den rhetorischen Mitteln narrativer Prosa.

Am 14. November 1835 verbot die preußische Regierung die Literatur des Jungen Deutschland. Dies traf auch die *Deutsche Revue*, die nun nicht erscheinen konnte. Der Publikationsplan für den „Lenz" war damit hinfällig geworden. Vermutlich hat Büchner angesichts dieser Entwicklungen die Arbeit am „Lenz"

---
[1] Barbe: Fischart
[2] insistent: beharrlich
[3] dezidiert: bestimmt

1835, als er von dem Verbot erfuhr, abgebrochen und den Text in einem „fortgeschrittenen Entwurfsstadium" […] liegen gelassen. Gutzkow selbst erwähnt – nach einer einmonatigen Gefängnishaft – am 6. Februar 1836 die „Novelle Lenz" […] noch einmal, macht aber, anders als im Sommer 1835, keine Vorschläge mehr, wie und wo der Text sich publizieren ließe. Möglicherweise hat Büchner bis zu seiner Typhus-Erkrankung im Januar 1837 noch Spätkorrekturen am *Lenz* vorgenommen oder weiter an dem Text gearbeitet; wahrscheinlich ist dies indes nicht […].

Der anzunehmende Entstehungszeitraum des „*Lenz*" reicht also vom Sommer 1835 bis zum Winter 1835/36, umfasst mithin die erste Hälfte von Büchners zweitem Straßburger Aufenthalt. Dabei sind drei Arbeitsphasen zu vermuten […]: die Erschließung der Hauptquellen im Frühjahr 1835 (erste Phase); die weitere Sammlung von Informationen zum Thema im Sommer 1835, etwa nach dem Muster der damals von verschiedener Seite unternommenen Recherchen zu Friederike Brion (zweite Phase); die literarische Ausarbeitung des Materials im Herbst 1835 (dritte Phase).

Aus: Roland Borgards und Harald Neumeyer (Hrsg.): Büchner Handbuch © 2009 J.B. Metzlersche Verlagsbuchhandlung und Carl Ernst Poeschel Verlag in Stuttgart

- *Durch welche Personen und Quellen erlangte Büchner Informationen über Lenz' Aufenthalt im Steintal?*
- *Tragen Sie die wichtigsten Stationen der Entstehungsgeschichte von Büchners „Lenz" – von den ersten Ideen über Büchners Recherchearbeit bis hin zur konkreten Ausarbeitung – in eine Zeitleiste ein.*

# Textpassagen aus Oberlins Bericht[1]

**Der Textbeginn**

**bei Oberlin:**

Den 20. Januar 1778 kam er hierher.

Ich kannte ihn nicht. Im ersten Blick sah ich ihn, den Haaren und hängenden Locken nach, für einen Schreinergesell an; seine freimütige Manier aber zeigte bald, dass mich die Haare betrogen hatten. – „Seien Sie willkommen, ob Sie mir schon unbekannt." – „Ich bin ein Freund K...s und bringe ein Kompliment von ihm." – „Der Name, wenn's beliebt?" – „Lenz." – „Ha, ha, ist Er nicht gedruckt?" (Ich erinnerte mich, einige Dramen gelesen zu haben, die einem Herrn dieses Namens zugeschrieben wurden.) Er antwortete: „Ja; aber belieben Sie, mich nicht darnach zu beurteilen."
Wir waren vergnügt untereinander; er zeichnete uns verschiedene Kleidungen der Russen und Livländer vor; wir sprachen von ihrer Lebensart, usw. Wir logierten ihn in das Besuchzimmer im Schulhause. (66, 1–67, 6)

**bei Büchner:**

Den 20. ging Lenz durchs Gebirg.

[Beschreibung der Wanderung durch das Gebirge bis Waldbach; Naturbeschreibungen]

Man saß am Tische, er hinein; die blonden Locken hingen ihm um das bleiche Gesicht, es zuckte ihm in den Augen und um den Mund, seine Kleider waren zerrissen. Oberlin hieß ihn willkommen, er hielt ihn für einen Handwerker. „Sein Sie mir willkommen, obschon Sie mir unbekannt." – „Ich bin ein Freund von ... und bringe Ihnen Grüße von ihm." „Der Name, wenn's beliebt ..." „Lenz." „Ha, ha, ha, ist Er nicht gedruckt? Habe ich nicht einige Dramen gelesen, die einem Herrn dieses Namens zugeschrieben werden?" „Ja, aber belieben Sie mich nicht danach zu beurteilen." Man sprach weiter, er suchte nach Worten und erzählte rasch, aber auf der Folter; nach und nach wurde es ruhig, das heimliche Zimmer und die stillen Gesichter, die aus dem Schatten hervortraten, das helle Kindergesicht, das jetzt lächelte, sein lebendiges Erzählen; er wurde ruhig, es war ihm als träten alte Gestalten, vergessene Gesichter wieder aus dem Dunkeln, alte Lieder wachten auf, er war weg, weit weg. Endlich war es Zeit zum Gehen, man führte ihn über die Straße, das Pfarrhaus war zu eng, man gab ihm ein Zimmer im Schulhause. (5, 1–7, 22)

- *Vergleichen Sie die Erzähltechnik in den beiden Abschnitten. Achten Sie also auf den Erzähler, die Erzählperspektive etc. Welche grundsätzlichen Unterschiede fallen Ihnen auf?*

- *Welche Wirkung haben die unterschiedlichen erzählerischen Mittel auf den Leser? Denken Sie an Ihre Lektüre von Oberlins Bericht und von Büchners Erzählung. Welche Gefühle haben diese zwei Lektüren in Ihnen ausgelöst? Welcher Text spricht Sie mehr an?*

---

[1] Texte finden sich auch in der Textausgabe der Reihe EinFach Deutsch, Georg Büchner: Lenz. Der Hessische Landbote, S. 66–83, dort zit. nach: Georg Büchner: Lenz, Studienausgabe. Stuttgart 2006

## Oberlins Sicht auf Lenz

Man wundere sich nicht, dass ich so sagte und mit ihm umging; er zeigte immer großen Verstand und ein ausnehmend teilnehmendes Herz; wenn die Anfälle der Schwermut vorüber waren, schien alles so sicher und er selbst war so liebenswürdig, dass man sich fast ein Gewissen daraus machte, ihn zu argwohnen oder zu genieren. Man setze noch das zärtlichste Mitleiden hinzu, das seine unermessliche Qual, deren Zeuge wir nun so oft gewesen, uns einflößen musste. Denn fürchterlich und höllisch war es, was er ausstund, und es durchbohrte und zerschnitt mir das Herz, wenn ich an seiner Seite die Folge(n) der Prinzipien, die so manche heutige Modebücher einflößen, die Folgen seines Ungehorsams gegen seinen Vater, seiner herumschweifenden Lebensart, seiner unzweckmäßigen Beschäftigungen, seines häufigen Umgangs mit Frauenzimmern, durchempfinden musste. Es war mir schrecklich und ich empfand eigene, nie empfundene Marter, wenn er, auf den Knien liegend, seine Hand in meiner, seinen Kopf auf meinem Knie gestützt, sein blasses, mit kaltem Schweiß bedecktes Gesicht in meinem Schlafrock verhüllt, am ganzen Leib bebend und zitternd, wenn er so, nicht beichtete, aber die Ausflüsse eines gemarterten Gewissens und unbefriedigter Sehnsucht nicht zurückhalten konnte. – Er war mir umso bedauernswürdiger, je schwerer ihm zu seiner Beruhigung beizukommen war, da unsere gegenseitigen Prinzipien einander gewaltig zuwider, wenigstens voneinander verschieden schienen. (79, 18–80, 11)

- *Wie erklärt Oberlin die Erkrankung Lenz'? Hat er Verständnis für dessen Verfassung? Steht er ihm wohlgesonnen oder ablehnend gegenüber?*
- *Oberlin schreibt, dass seine Prinzipien sich sehr von Lenz' Prinzipien unterscheiden. Stellen Sie die gegensätzlichen Prinzipien der beiden Männer einander gegenüber.*

## Schluss des Berichts

Sooft wir reden, wird von uns geurteilt, will geschweigen, wenn wir handeln. Hier schon fällt(e) man verschiedene Urteile von uns; die einen sagten: wir hätten ihn gar nicht aufnehmen sollen; – die anderen: wir hätten ihn nicht so lange behalten – und die dritten: wir hätten ihn noch nicht fortschicken sollen.
So wird es, denke ich, in Straßburg auch sein. Jeder urteilt nach seinem besonderen Temperament (und anders kann er nicht) und nach der Vorstellung, die er sich von der ganzen Sache macht, die aber unmöglich getreu und richtig sein kann, wenigstens m(üss)en unendlich viele Kettengleichen darin fehlen, ohne die man kein richtig Urteil fällen kann, die aber außer uns nur Gott bekannt sein und werden können; weil es unmöglich wäre, sie getreu zu beschreiben, und doch oft in einem Ton, in einem Blick, der nicht beschrieben werden kann, etwas steckt, das mehr bedeutet als vorhergegangene erzählbare Handlungen.
Alles, was ich auf die nun [...] zu erwartenden, einander zuwiderlaufenden, sich selbst bestreitenden Urteile antworten werde, ist: Alles was wir hierin getan, haben wir vor Gott getan, und so wie wir jedesmal allen Umständen nach glaubten, dass es das Beste wäre.
Ich empf(ahl) den bedauerungswürdigen Patienten der Fürbitte meiner Gemeinen und empfehle ihn (in) der nämlichen Absicht jedem, der dies liest. (83, 1–83, 22)

- *An wen richtet Oberlin offenbar die Schlusspassage seines Berichts? Was scheint er mit diesen Sätzen zu beabsichtigen?*
- *Wie rechtfertigt er, dass er Lenz letztlich fortgeschickt hat? Was halten Sie von dieser Rechtfertigung?*
- *Worauf beruft er sich, um seine Entscheidung zu legitimieren?*

**Baustein 3**

# Erzähltextanalyse – Aufbau, Erzähltechnik und Naturbeschreibungen

In diesem Baustein stehen formale Aspekte im Zentrum. Die Schülerinnen und Schüler sollen durch die Analyse des Aufbaus und der Erzähltechnik erkennen, dass Inhalt und Form von Büchners „Lenz" – wie bei jedem literarischen Werk – nicht voneinander zu trennen sind, sondern sich stets aufeinander beziehen. Welch hohen literarischen Wert die Erzählung hat, soll ihnen schließlich auch ein Blick auf die Naturbeschreibungen verdeutlichen, in denen sich die Stimmung des Protagonisten gleichsam widerspiegelt. Im Einzelnen geht es um

- den Aufbau,
- die Erzähltechnik und
- die Naturbeschreibungen.

## 3.1 Aufbau

Die Erarbeitung des Aufbaus der Erzählung und deren Einteilung in einzelne Abschnitte ermöglichen den Schülerinnen und Schülern eine erste Orientierung, die auch für die späteren inhaltlichen Analysen – etwa für die Betrachtung von Lenz' Krankheitsverlauf – von großem Wert ist. Außerdem erkennen sie dadurch sehr schnell, dass sich Büchners Erzählung schon aufgrund struktureller Aspekte sehr deutlich von Oberlins Bericht unterscheidet. Ihr künstlerisch-literarischer Gehalt wird ihnen mithin schon durch die Analyse des wohlkomponierten Aufbaus vor Augen geführt. Dabei sollte aber immer mitbedacht werden, dass es sich bei der „Lenz"-Erzählung vermutlich um ein Fragment handelt und es unter den Literaturwissenschaftlern höchst umstritten ist, wie weit Büchner das Manuskript bereits beendet hat. Darüber, ob und inwiefern sich der Aufbau der Erzählung im Laufe der weiteren Bearbeitung noch verändert hätte, kann nur spekuliert werden.

Zunächst sollen die Lernenden versuchen, Büchners „Lenz" grob zu strukturieren. Sie erhalten folgenden Auftrag:

■ *Beschreiben Sie den Aufbau der Erzählung. Wo sehen Sie zentrale Wende- und Höhepunkte der Handlung? Achten Sie bei der Strukturierung auch auf Personen- und Ortswechsel. In wie viele Abschnitte würden Sie den Text unterteilen?*

Im anschließenden Unterrichtsgespräch sollen die Schülerinnen und Schüler genug Zeit haben, ihre herausgefundene Struktur vorzustellen und zu begründen. Dabei kann und soll es selbstverständlich nicht darum gehen, „die einzig richtige" Form zu erarbeiten. Vielmehr sollen die Lernenden begreifen, dass je nach eingenommenem Fokus (z. B.: „Aus welchem ‚Abstand' schaut man auf die Handlung?") und jeweiligem Akzent (z. B.: „Welche Aspekte der Handlung erscheinen wichtig?") unterschiedliche Struktureinteilungen möglich sind. Aus diversen Gründen, die im Folgenden deutlich werden sollen, bietet sich jedoch die Einteilung in drei Abschnitte an:

1) Einleitung (= Lenz' Wanderung ins Steintal: 5, 1–6, 30)
2) Hauptteil (= Lenz im Steintal: 6, 30–29, 11)
3) Schluss (= Lenz in Straßburg: 29, 29–29, 34)[1]

Aus zeitökonomischen Gründen können die Lernenden auch gleich zielgerichtet nach den drei Teilen der Erzählung gefragt werden:

> ■ *Analysieren Sie den Aufbau der Erzählung. Unterteilen Sie den Text in drei Abschnitte. Achten Sie dabei auch auf Personen- und Ortswechsel.*

Nachdem die Grobstrukturierung der Erzählung in drei Teile mit den Schülerinnen und Schülern besprochen und diskutiert worden ist, kann sie durch folgendes Tafelbild, das im weiteren Verlauf ergänzt wird, gesichert werden:

---

**Aufbau von Büchners „Lenz"**

| 1. Lenz' Wanderung (5, 1–6, 13) | 2. Lenz im Steintal (6, 13–29, 29) | 3. Lenz in Straßburg (29, 29–29, 34) |
|---|---|---|
| Einleitung | Hauptteil | Schluss |

---

In einem nächsten Schritt bietet es sich an, den herausgearbeiteten Hauptteil in weitere Unterabschnitte zu unterteilen:

> ■ *Wir haben die Erzählung nun in drei größere Sinnabschnitte – Einleitung, Hauptteil und Schluss – strukturiert. Wie lässt sich der Hauptteil, also Lenz' Aufenthalt im Steintal, weiter unterteilen? Achten Sie hierbei insbesondere auch auf die auftretenden Figuren.*

Es spricht einiges dafür, den Hauptteil seinerseits in drei Abschnitte zu unterteilen, wobei diese Dreiteilung mit Blick auf die An- und Abwesenheit von Oberlin, der wichtigsten Bezugsperson des Protagonisten Lenz, erfolgt:

---

[1] Die Entscheidung, als Schluss der Erzählung lediglich die kurze Passage aufzufassen, die von Lenz' Aufenthalt in Straßburg handelt, wird später – mit Blick auf die Zäsuren zwischen den einzelnen Teilen – plausibel erscheinen.

Baustein 3: Erzähltextanalyse – Aufbau, Erzähltechnik und Naturbeschreibungen

1. Abschnitt: Lenz und Pfarrer Oberlin: 6, 30–17, 9
2. Abschnitt: Lenz und Madame Oberlin (Pfarrer Oberlin ist verreist): 19, 11–21, 24
3. Abschnitt: Lenz' letzte Tage im Steintal (Pfarrer Oberlin ist zurückgekehrt): 22, 8–29,11

Wie die Schülerinnen und Schüler in späteren Erarbeitungsschritten erkennen werden, liegt diese Einteilung auch deshalb nahe, weil die drei Abschnitte Lenz' jeweiligen Geisteszustand widerspiegeln, also für eine bestimmte Phase seines Krankheitsverlaufs stehen.

Nach der Besprechung und Diskussion der vorgeschlagenen Strukturierung des Hauptteils kann das Tafelbild durch die Einfügung der drei Abschnitte folgendermaßen erweitert werden:

**Aufbau von Büchners „Lenz"**

| 1. Lenz' Wanderung (5, 1–6, 13) | 2. Lenz im Steintal (6, 13–29, 29) | | | 3. Lenz in Straßburg (29, 29–29, 34) |
|---|---|---|---|---|
| | 2.1 Lenz und Oberlin (6, 30–17, 9) | 2.2 Lenz und Madame Oberlin (19, 11–21, 24) | 2.3 Die letzten Tage bei Oberlin (22, 13–29, 11) | |
| Einleitung | Hauptteil | | | Schluss |

Die bisher vorgeschlagene Strukturierung der Erzählung erscheint auch mit Blick auf die Zäsuren sinnvoll, die zwischen den fünf herausgearbeiteten Abschnitten stehen. In jeder Zäsur ist Lenz – wenn auch in unterschiedlicher geistiger Verfassung – im Gebirge: So wird bereits der Erzählrahmen (Einleitung und Schluss) durch die Überquerung eines Berges am Beginn und am Ende des Textes bestimmt, und auch die drei herausgearbeiteten Unterabschnitte des Hauptteils sind durch zwei Aufenthalte Lenz' im Gebirge (zunächst mit Oberlin, danach in großer Verzweiflung allein) voneinander getrennt. Die Lernenden erhalten folgenden Auftrag:

■ *Wir haben die Erzählung nun in fünf einzelne Abschnitte (Einleitung, Schluss und drei Abschnitte des Hauptteils) unterteilt. Schauen Sie an den betreffenden Textstellen, wie diese Abschnitte voneinander abgegrenzt sind. Welche Überleitungen erkennen Sie? Was fällt Ihnen auf?*

Nachdem im Rahmen des Unterrichtsgesprächs erarbeitet worden ist, dass sich die Zäsuren zwischen den einzelnen Abschnitten jeweils geografisch gleichen, kann das Tafelbild folgendermaßen erweitert werden:

Baustein 3: Erzähltextanalyse – Aufbau, Erzähltechnik und Naturbeschreibungen

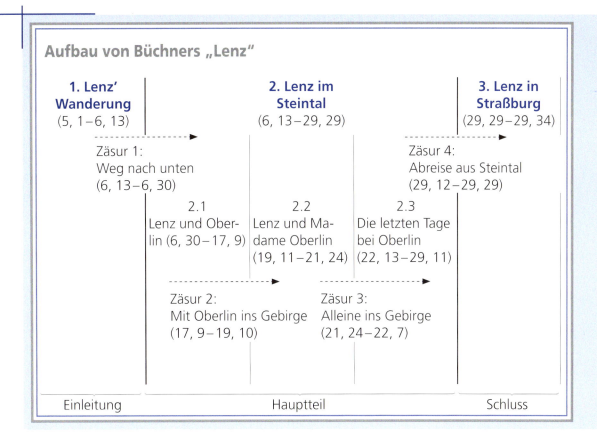

Im Anschluss daran empfiehlt es sich, den Seelenzustand herauszuarbeiten, den Lenz während der einzelnen Aufenthalte im Gebirge hat. Einleitend kann hierfür das **Arbeitsblatt 16**, S. 88, herangezogen werden, auf dem Caspar David Friedrichs Gemälde „Wanderer über dem Nebelmeer" abgebildet ist. Die Schülerinnen und Schüler erhalten folgenden Schreibauftrag:

> ■ *Begeben Sie sich in das Gemälde. Was empfinden und denken Sie, was sehen und hören Sie? Welche Atmosphäre vermittelt das Bild? Schreiben Sie einen kurzen Text über Ihre Eindrücke, der mit „Ich sehe ..." beginnt.*

Die Mehrheit der Lernenden ist vermutlich der Meinung, dass das Gemälde eine überaus feierliche, majestätische Stimmung ausstrahlt. Der Wanderer im Zentrum des Bildes blickt erhaben über die aus dem Nebel spitzenden Berggipfel, er scheint mit der Landschaft eine Einheit zu bilden. Man kann sich vorstellen, dass er stolz darauf ist, den beschwerlichen Aufstieg bewältigt zu haben. Seine aufrechte, feste Körperhaltung signalisiert Selbstsicherheit und Ruhe. Er scheint mit sich im Reinen zu sein, innerlichen Seelenfrieden zu haben. Nachdem die Eindrücke, die das Gemälde auf die Schülerinnen und Schüler macht, vorgelesen und besprochen worden sind, kann der Fokus des Unterrichtsgesprächs mit folgendem Frageimpuls auf Büchners „Lenz" gelenkt werden:

> ■ *Stellen Sie sich vor, Lenz wäre die abgebildete Figur auf dem Berggipfel. Wie würde das Gemälde in diesem Fall ausschauen? Wie hätte der Maler Figur und Landschaft dargestellt?*

Es ist zu vermuten, dass die meisten der Lernenden ein Gemälde imaginieren, in dessen Zentrum eine Gestalt in hektischer Bewegung oder in wilden Verrenkungen abgebildet ist; auch die Landschaft hätte der Maler wahrscheinlich nicht feierlich und erhaben, sondern dunkel und bedrohlich dargestellt.

## Baustein 3: Erzähltextanalyse – Aufbau, Erzähltechnik und Naturbeschreibungen

Das Unterrichtsgespräch lässt sich durch folgende Fragen weiterführen:

- *Warum geht Lenz so häufig ins Gebirge? Was erhofft er sich davon?*
- *In welcher Textstelle erklärt Lenz selbst, weshalb ihm die Flucht auf einen Berg so wichtig ist?*

Die gesuchte Textstelle folgt dem Kunstgespräch. Nachdem Kaufmann ihm vorgeworfen hat, sein Leben zu verschwenden, und ihn ermahnt hat, sich endlich Ziele zu setzen und zu befolgen, entgegnet Lenz aufgebracht: „Du weißt, ich kann es nirgends aushalten als da herum, in der Gegend, wenn ich nicht manchmal auf einen Berg könnte und die Gegend sehen könnte; und dann wieder herunter ins Haus, durch den Garten gehen, und zum Fenster hineinsehen. Ich würde toll!" (16, 13–16, 17) Diese Textstelle sollte im Kursrahmen vorgelesen und besprochen werden. Für Lenz ist der Aufenthalt auf dem Berg ein Mittel dagegen, verrückt zu werden. Es scheint, als würden ihm der Weg nach oben und der anschließende Blick vom Gipfel über die Landschaft einen Moment lang Orientierung geben und damit zu einer gewissen, wenn auch kurzen Seelenruhe verhelfen.

Im nachfolgenden Schritt wird der Kurs in vier Arbeitsgruppen aufgeteilt, von denen jede eine der Zäsuren (1. Zäsur: 6, 13–6, 30 / 2. Zäsur: 17, 9–19, 10 / 3. Zäsur: 21, 24–22, 7 / 4. Zäsur 29, 12–29, 29) hinsichtlich folgender Frage analysieren soll (alternativ zur Gruppenarbeit können die vier Zäsuren natürlich auch sukzessive im gesamten Kursrahmen analysiert werden):

- *Lesen Sie die Ihrer Gruppe zugeteilte Zäsur und beschreiben Sie die genaue Situation von Lenz' Aufenthalt im Gebirge. Inwiefern spiegelt die Zäsur immer auch seine jeweilige Verfassung wider?*

Nachdem die Antworten der Arbeitsgruppen vorgetragen und besprochen worden sind, kann folgendes Tafelbild zur Ergebnissicherung dienen:

### Die vier Zäsuren

| | |
|---|---|
| **1. Zäsur (6, 13–6, 30):** | Lenz allein auf Wanderung nach Waldbach; zunächst Ruhe auf dem Gipfel; dann große Einsamkeit; Lenz empfindet Angst vor dem Nichts, wagt kaum zu atmen; flieht voller Panik nach unten |
| **2. Zäsur (17, 9–19, 10):** | Begleitet Oberlin auf dessen Abreise mit ins Gebirge, will so lange wie möglich bei ihm bleiben; nach Trennung gelangt er ins Haus mit krankem Mädchen und dem „Heiligen"; fühlt sich unwohl bei den fremden Menschen, flieht zurück ins Steintal |
| **3. Zäsur (21, 24–22, 7):** | Stürzt nach dem erfolglosen Erweckungsversuch am toten Kind wie wahnsinnig hinauf ins Gebirge; verflucht Gott; auf der Berghöhe wird er vom Atheismus erfasst, er wird ruhig und kalt; beim Abstieg fühlt er sich leer und hohl |
| **4. Zäsur (29, 12–29, 29):** | Sitzt mit anderen in der Kutsche, um übers Gebirge nach Straßburg gefahren zu werden; ist völlig gleichgültig geworden; fühlt sich leer, wie tot; hat jede Hoffnung und jede Lebensfreude verloren |

➡ **Jede Zäsur, also jeder Aufenthalt Lenz' im Gebirge, bedeutet auch einen einschneidenden Kulminationspunkt seiner geistigen Verfassung**

**Baustein 3: Erzähltextanalyse – Aufbau, Erzähltechnik und Naturbeschreibungen**

Zur Vertiefung der Ergebnisse empfiehlt sich folgender produktiver Schreibauftrag:

> ■ *Wählen Sie eine der vier Zäsuren. Versetzen Sie sich in die Perspektive von Lenz und schreiben Sie einen inneren Monolog, in dem sein Geisteszustand, seine Gefühle und Gedanken in diesem Moment zum Ausdruck kommen.*

Eine Art Gegenmotiv zum Berggipfel stellt der Brunnen dar, in den sich Lenz wiederholt stürzt. Nachdem die Lernenden auf dieses Motiv hingewiesen worden sind, bietet sich folgender Auftrag zur Fortführung des Unterrichts an:

> ■ *Erinnern Sie sich noch an die Textstellen, in denen sich Lenz in den Brunnen stürzt? In welcher Verfassung ist er in diesen Situationen? Was bezweckt er mit diesen Stürzen?*

Vermutlich sind die meisten der Lernenden der Meinung, dass sich Lenz in den Momenten größter Verzweiflung und Einsamkeit in den Brunnen stürzt, um Selbstmord zu begehen. Liest man die konkreten Textstellen allerdings noch einmal nach, so wird deutlich, dass es ihm – zumindest in erster Linie – gar nicht darum geht, sein Leben zu beenden, sondern lediglich sein Leiden zu mindern:

> ■ *Suchen Sie die konkreten Textpassagen, in denen sich Lenz in den Brunnen stürzt. In welchem seelischen Zustand befindet er sich in diesen Situationen? Welche Gründe werden im Text dafür genannt, dass er sich hinabstürzt?*

In den folgenden vier Textstellen, die im Kursrahmen laut vorgelesen werden sollten, wird erzählt, dass sich Lenz in den Brunnen stürzt:

1. „Er ging hinauf, es war kalt oben, eine weite Stube, leer, ein hohes Bett im Hintergrund, er stellte das Licht auf den Tisch, und ging auf und ab, er besann sich wieder auf den Tage, wie er hergekommen, wo er war, das Zimmer im Pfarrhause mit seinen Lichtern und lieben Gesichtern, es war ihm wie ein Schatten, ein Traum, und es wurde ihm leer, wieder wie auf dem Berg, aber er konnte es mit nichts mehr ausfüllen, das Licht war erloschen, die Finsternis verschlang alles; eine unnennbare Angst erfasste ihn, er sprang auf, er lief durchs Zimmer, die Treppe hinunter, vors Haus; aber umsonst, alles finster, nichts, er war sich selbst ein Traum, einzelne Gedanken huschten auf, er hielt sie fest; es war ihm, als müsse er immer ‚Vater unser' sagen; er konnte sich nicht mehr finden, ein dunkler Instinkt trieb ihn, sich zu retten, er stieß an die Steine, er riss sich mit den Nägeln, der Schmerz fing an, ihm das Bewusstsein wiederzugeben, er stürzte sich in den Brunnstein, aber das Wasser war nicht tief, er patschte darin." (7, 22 – 8, 6)

2. „Er musste dann hinaus ins Freie, das wenige, durch die Nacht zerstreute Licht, wenn seine Augen an die Dunkelheit gewöhnt waren, machte ihm besser, er stürzte sich in den Brunnen, die grelle Wirkung des Wassers machte ihm besser, auch hatte er eine geheime Hoffnung auf eine Krankheit, er verrichtete sein Bad jetzt mit weniger Geräusch." (9, 21 – 9, 26)

3. „Lenz rannte durch den Hof, rief mit hohler, harter Stimme den Namen Friederike mit äußerster Schnelle, Verwirrung und Verzweiflung ausgesprochen, er stürzte sich dann in den Brunnentrog, patschte darin, wieder heraus und herauf in sein Zimmer, wieder herunter in den Trog, und so einige Mal, endlich wurde er still." (23, 24 – 23, 29)

4. „Die halben Versuche zum Entleiben, die er indes fortwährend machte, waren nicht ganz Ernst, es war weniger der Wunsch des Todes, für ihn war ja keine Ruhe und Hoffnung im Tod; es war mehr in Augenblicken der fürchterlichsten Angst oder der dumpfen ans

Nichtsein grenzenden Ruhe ein Versuch, sich zu sich selbst zu bringen durch physischen Schmerz." (28, 10 – 28, 16)

Wie insbesondere im vierten Zitat deutlich wird, stürzt sich Lenz zwar in den Momenten größter Verzweiflung in den Brunnen, aber weniger mit dem Ziel, Selbstmord zu begehen, als sich vielmehr durch das kalte Wasser und den empfundenen Schmerz zu spüren. Von den Sinnesempfindungen, die durch den Sprung in die Tiefe entstehen, erhofft er sich gleichsam Ablenkung von seinen seelischen Leiden.

Das Unterrichtsgespräch kann durch folgenden Frageimpuls fortgeführt werden:

■ *Was ist der scheinbare Grund dafür, dass sich Lenz wiederholt in den Brunnen stürzt? Was bezweckt er eigentlich damit?*

Die Ergebnisse können durch folgendes Tafelbild gesichert werden:

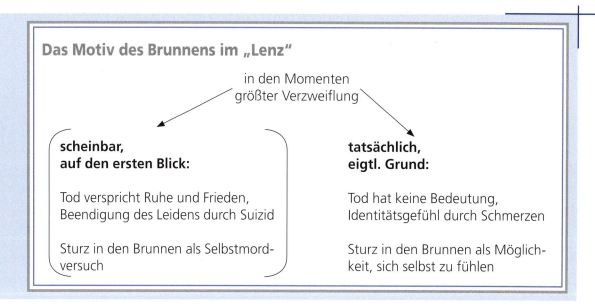

Aus Gründen der Vollständigkeit können nun noch die einzelnen Unterabschnitte erarbeitet werden, aus denen sich die drei Abschnitte des Hauptteils zusammensetzen. Der Kurs wird in drei Arbeitsgruppen aufgeteilt, die jeweils einen Abschnitt analysieren sollen:

Gruppe 1 befasst sich mit 2.1: Lenz und Oberlin (6, 30 – 17, 9)
Gruppe 2 befasst sich mit 2.2: Lenz und Madame Oberlin (19, 11 – 21, 24)
Gruppe 3 befasst sich mit 2.3: Die letzten Tage bei Oberlin (22, 8 – 29, 11)

Nach der Gruppenaufteilung und Textzuordnung erhält jede Arbeitsgruppe folgenden Auftrag:

■ *Lesen Sie den Ihnen zugeteilten Abschnitt des Hauptteils und analysieren Sie, aus welchen einzelnen Handlungsabschnitten er besteht. Fassen Sie den Inhalt der gefundenen Abschnitte jeweils in wenigen Sätzen zusammen.*

Auch hier gibt es natürlich verschiedene Möglichkeiten der Strukturierung. Konzentriert man sich insbesondere auf den erzählten Inhalt und möchte man eine zu detaillierte Unterteilung vermeiden, um eine Orientierung im Gesamttext nicht zu erschweren, könnten folgende Abschnitte als Sinneinheiten separiert werden:

- Im **ersten Teil des Hauptteils (2.1)** wird zunächst von der Ankunft und Begrüßung in Oberlins Haus erzählt. In den nächsten Tagen fühlt sich Lenz in der Anwesenheit des Ruhe und Sicherheit ausstrahlenden Pfarrers wieder besser, er erlebt seine schönste Zeit im Steintal. In diesem Hochgefühl predigt er vor den einfachen Leuten in der Kirche, empfindet danach aber seelischen Schmerz. Am darauffolgenden Tag unterhält er sich mit Oberlin über Erscheinungen und spirituelle Deutungen der Welt, muss aber bald erkennen, dass der Pfarrer seine Gedanken nicht in ihrer ganzen Tiefe und (eingebildeten) Konsequenz mitgehen kann oder will.
- Der **zweite Teil des Hauptteils (2.2)** beginnt, nachdem sich Lenz von Oberlin getrennt und die Nacht in der fremden Hütte verbracht hat. Nun ist er im Steintal mit Madame Oberlin allein, die ihm aber in seiner seelischen Not keine wirkliche Stütze ist. Immer häufiger und zwanghafter muss er nun an die ferne Geliebte Friederike denken. Als er von einem in Fouday verstorbenen Kind erfährt, macht er sich dorthin auf mit dem wahnsinnigen Wunsch, es wieder zum Leben zu erwecken.
- Im **dritten Teil des Hauptteils (2.3)** erfährt der Leser, dass Oberlin wieder ins Steintal zurückgekehrt ist. Anfangs erfreut über das Wiedersehen, wächst bald schon die innere Unruhe in Lenz. Vor allem plagen ihn große Schuldgefühle, glaubt er doch, Friederike sei gestorben. In den darauffolgenden Tagen wird sein Geisteszustand immer schlechter. Lenz empfindet große Langeweile, hetzt unruhig umher. Er wird nun streng bewacht, versucht aber immer wieder zu fliehen. In der letzten Phase seines Aufenthalts im Steintal ist Lenz' Verfassung vollkommen trostlos geworden, seine Welt hat einen Riss bekommen. Ihn überkommen immer häufiger Anfälle, er redet wirr und unternimmt immer wieder halbherzige Selbstmordversuche.

Nach dem Unterrichtsgespräch können die Ergebnisse in das Tafelbild eingefügt werden (alternativ dazu kann auch das **Arbeitsblatt 17**, S. 89, ausgeteilt werden, auf dem die Gesamtstruktur der Erzählung abgedruckt ist):

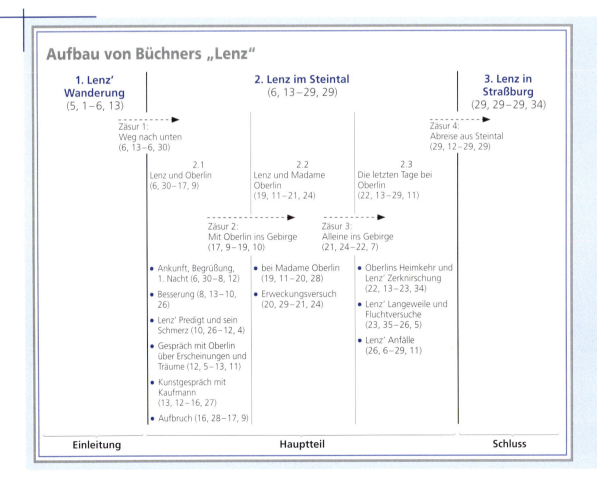

Abschließend können den fünf herausgearbeiteten Abschnitten der Erzählung noch der jeweilige Gemüts- und Geisteszustand von Lenz zugeordnet werden. Der Kurs wird in fünf Arbeitsgruppen unterteilt, von denen jede einen der fünf Abschnitte der Erzählung analysieren soll:
1. Gruppe: 1. Abschnitt (5, 1–6,13)
2. Gruppe: 2. Abschnitt (6, 30–17, 9)
3. Gruppe: 3. Abschnitt (19, 11–21, 24)
4. Gruppe: 4. Abschnitt (22, 13–29, 11)
5. Gruppe: 5. Abschnitt (29, 29–29, 34)
Die Gruppen erhalten alle den gleichen Auftrag (alternativ zur Gruppenarbeit kann die Analyse wiederum auch sukzessive im gesamten Kursrahmen erfolgen):

■ *Lesen Sie den Ihrer Gruppe zugeordneten Abschnitt und beschreiben Sie Lenz' Verfassung. Achten Sie dabei insbesondere auf seinen Geisteszustand, auf sein Wohlbefinden und seinen Realitätssinn. Besteht in diesem Abschnitt noch Hoffnung auf seine Gesundung?*

Nach der Bearbeitungszeit werden die einzelnen Gruppenergebnisse im Kursrahmen präsentiert, miteinander besprochen und durch weitere Informationen ergänzt. Die Ergebnisse können durch folgendes Tafelbild stichwortartig gesichert werden:

---

**Lenz' Zustand während der Handlung**

**1. Abschnitt:** Lenz verwirrt und einsam, aber noch besteht Hoffnung
↓
**2. Abschnitt:** Lenz fühlt sich zunächst wohl, er scheint zu gesunden
↓
**3. Abschnitt:** Wahnsinn wird deutlicher, Katastrophe scheint sich anzubahnen
↓
**4. Abschnitt:** Wahnsinn ist nicht mehr aufzuhalten
↓
**5. Abschnitt:** Lenz verwirrt, einsam und leer, keine Hoffnung mehr

| allmählicher Identitätsverlust | schwindende Hoffnung auf Gesundung | Wahnsinn nicht mehr aufzuhalten |

---

Zum Abschluss dieses Unterrichtsschritts ist folgender produktiver Auftrag, gut geeignet auch als Hausaufgabe, denkbar:

■ *Schreiben Sie eine Kurzgeschichte, in der ein Mensch der Gegenwart im Laufe eines Tages einen ähnlichen Stimmungswechsel in fünf Phasen wie Lenz in Büchners Erzählung erlebt.*

## 3.2 Erzähltechnik

Büchners „Lenz" fasziniert seine Leserinnen und Leser bis heute nicht zuletzt aufgrund der erzählerischen Mittel, welche die Lektüre zu einem emotionalen, dynamischen Erlebnis machen. Expressive Schilderungen der Natur und der seelischen Verfassung des Protagonisten, durchsetzt mit parataktischen, häufig elliptischen Sätzen, innerem Monolog und erlebter Rede, wechseln sich ab mit langsameren, neutral gehaltenen Erzählerberichten. In der Außensicht geschriebene Textpassagen folgen auf Sequenzen, in denen die Innensicht vorherrscht. Das Verhältnis zwischen Erzählzeit und erzählter Zeit ändert sich stetig, sodass während der Lektüre der Eindruck einer sich immer wieder wandelnden Haltung des Erzählers zu seiner Hauptfigur entsteht. Welche Erzähltechnik Büchner im Einzelnen einsetzt und welche Wirkung sie hat, soll in diesem Unterrichtsschritt durch die Analyse verschiedener Textpassagen erarbeitet werden.

Vor der konkreten Textarbeit bietet es sich an, den Schülerinnen und Schülern die Grundbegriffe der Erzähltechnik anhand des **Arbeitsblatts 18**, S. 90, zu vermitteln. Die Lernenden erhalten folgende Aufträge, die sie in Partnerarbeit lösen sollen:

- *Unterstreichen Sie in Partnerarbeit die wichtigsten erzähltechnischen Begriffe und erläutern Sie diese mit eigenen Worten.*
- *Suchen Sie Textbeispiele, in denen die einzelnen Erzähltechniken jeweils Anwendung finden.*
- *Unterstreichen Sie in einer anderen Farbe Stellen, die Ihnen unklar sind, und diskutieren Sie diese mit Ihrem Partner.*
- *Präsentieren Sie die Ergebnisse (und offenen Fragen), die sich aus Ihrer Partnerarbeit ergeben haben, dem Kursplenum.*

Die Ergebnisse und offenen Fragen werden im Unterrichtsgespräch geklärt. Explizit sollte auf den ersten Punkt der Begriffsaufzählung, den Unterschied zwischen Autor und Erzähler eines literarischen Textes, eingegangen werden, da es hierbei – nicht nur im Unterricht, sondern vereinzelt sogar in der Literaturwissenschaft – immer wieder zu Fehlern und Verwechslungen kommt. Der Autor ist der Verfasser eines Textes, der Schriftsteller, er entstammt also der Realität – wohingegen der Erzähler eine vom Autor verwendete erzählende Instanz, ein literarisches Instrument ist, also lediglich in der fiktiven Welt der Literatur existiert. Niemals überschneiden sich Autor und Erzähler. Aufgrund der Wichtigkeit dieser Unterscheidung bietet sich an dieser Stelle ein zusammenfassendes Tafelbild an:

### Eine zentrale Unterscheidung bei jeder Literaturinterpretation

| Autor | | Erzähler |
|---|---|---|
| Verfasser eines literarischen Werkes, Schriftsteller | $\neq$ | erzählende Instanz, literarisches Instrument |
| Realität | | Fiktion |
| | **Büchners Erzählung „Lenz":** | |
| Georg Büchner | $\neq$ | namenlos bleibender Erzähler/Erzählinstanz |

➡ **Autor und Erzähler eines literarischen Werkes sind niemals gleichzusetzen!**

Im Anschluss an die Besprechung des **Arbeitsblatts 18**, S. 90, kann die konkrete Textarbeit beginnen. Zur ersten Analyse bietet sich die Textpassage von 20, 29 bis 22, 12 an, da die in ihr erfolgenden Wechsel verschiedener Erzähltechniken typisch für die gesamte Erzählung sind. In dem Abschnitt wird erzählt, wie Lenz – getrieben von religiösen Quälereien – versucht, das tote Kind in Fouday zu erwecken, und schließlich, nachdem er gescheitert ist, auf die Gebirgshöhe eilt, um in einem Anfall von Atheismus Gott zu lästern. Die Schülerinnen und Schüler erhalten folgenden Auftrag:

- *Lesen Sie den Abschnitt 20, 29 – 22, 12. Achten Sie dabei auf die verschiedenen im Arbeitsblatt aufgeführten Grundbegriffe der Erzähltechnik und wenden Sie sie auf diese Textpassage an. Notieren Sie also, welche Erzählform vorherrscht, welche Perspektive und welchen Standort der Erzähler einnimmt, beschreiben Sie sein Erzählverhalten und seine Erzählhaltung etc.*

Die in Büchners „Lenz" verwendete **Erzählform** ist durchgehend die Er-Erzählung. Der Erzähler tritt hierbei niemals selbst in Erscheinung, sondern bleibt als erzählerische Instanz stets im Verborgenen.

Dabei wechselt er die **Erzählperspektive** in der hier zu analysierenden Textpassage – ebenso wie in der gesamten Erzählung – häufig zwischen der Innensicht, die den Blick auf Lenz' Gedanken, Gefühle und Wahrnehmungen freigibt, und der Außensicht. So sind beispielsweise Lenz' Weg nach Fouday und seine Ankunft in der Hütte in der Außenperspektive beschrieben („Er kam ins Haus, wo das Kind lag. Die Leute gingen gleichgültig ihrem Geschäfte nach; man wies ihm eine Kammer, das Kind lag im Hemde auf Stroh, auf einem Holztisch", 21, 9 – 21, 11), während sein Erweckungsversuch aus der Innensicht wiedergegeben ist („Das Kind kam ihm so verlassen vor, und er sich so allein und einsam; er warf sich über die Leiche nieder; der Tod erschreckte ihn, ein heftiger Schmerz fasste ihn an", 21, 13 – 21, 24). Hat der Leser im Abschnitt zuvor also lediglich erfahren, was von außen zu erkennen ist, gewinnt er im darauffolgenden Abschnitt auch Einblick ins Innenleben des Protagonisten. Zumindest tendenziell lässt sich sagen, dass (sowohl in der hier zu analysierenden Textpassage wie auch in der gesamten Erzählung) die Außensicht überwiegt, wenn Lenz unter anderen Menschen ist, während die Innensicht vor allem in den Augenblicken seines Alleinseins gewählt ist.

Wie typisch für eine Er-Erzählung, befindet sich der **Erzählerstandort** während der gesamten Handlung außerhalb der erzählten Welt, der Erzähler wahrt also stets Distanz zum Erzählten. Immer wieder gibt er sich als allwissender Erzähler zu erkennen, wobei sein Fokus zum überwiegenden Teil auf die Hauptfigur gerichtet ist; doch berichtet er immer wieder auch über Dinge, die Lenz nicht wissen kann (in der vorliegenden Textpassage beispielsweise in dem Satz: „Die Leute im Tale waren ihn schon gewohnt; man erzählte sich allerlei Seltsames von ihm", 21, 7 – 21, 9).

Eng verbunden mit dem Erzählerstandort ist das **Erzählverhalten**. In dem hier zu analysierenden Abschnitt (wie auch in der gesamten Erzählung) wechselt es zwischen personalem (aus Lenz' Perspektive) und neutralem Erzählverhalten ab. So handelt es sich bei der bereits oben genannten Sequenz, in der über Lenz' Weg nach Fouday und seine Ankunft in der Hütte in der Außensicht erzählt wird, um ein Beispiel neutralen Erzählverhaltens, während in der darauffolgenden, in der Innensicht erzählten Sequenz des Erweckungsversuchs personales Erzählverhalten vorherrscht. Da – trotz des allwissenden Erzählers – an keiner einzigen Stelle der Erzählung ein auktoriales Erzählverhalten auftritt, ist es nicht überraschend, dass Büchners „Lenz" durchgehend in neutraler **Erzählhaltung** geschrieben ist. Auch in der vorliegenden Textpassage tritt der Erzähler nie wertend oder kommentierend in Erscheinung, sondern berichtet von den Ereignissen, so dramatisch und aufregend sie auch sein mögen, in neutraler Weise.

Die **Zeitstruktur** ist zeitraffend: So kann die Erzählung in wenigen Stunden gelesen werden (= Erzählzeit), das Erzählte – beginnend mit Lenz' Wanderung durch die Vogesen über seinen Aufenthalt im Steintal bis hin zu seiner Abfahrt nach Straßburg – erstreckt sich hingegen über mehrere Tage (= erzählte Zeit). Dabei ändert sich die Differenz zwischen Erzählzeit und erzählter Zeit während des gesamten Textes immer wieder: In Abschnitten, in denen Ereignisse zusammengefasst werden, ist sie größer als in Passagen, in denen beispielsweise von einem besonders emotionalen Erlebnis der Hauptfigur erzählt wird. Der zu analysierende Textausschnitt beginnt sehr zeitraffend (20, 29–21, 11), auf dem emotionalen Kulminationspunkt, dem Erweckungsversuch und der Flucht auf den Berggipfel, nähern sich Erzählzeit und erzählte Zeit etwas an (21, 12–22,7), um in der letzten Passage wieder weit auseinanderzutreten (22, 8–22, 12). Die Ereignisse der gesamten Handlung werden ohne Ausnahme in chronologischer Abfolge erzählt.

Die hauptsächlich verwendete **Darbietungsform** ist der Erzählerbericht, d. h., der Erzähler berichtet vom Geschehen in eigenen Worten. Darüber hinaus findet sich auch die Personenrede, und zwar sowohl die direkte Rede („Stehe auf und wandle!", 21, 22) als auch die indirekte Rede (so beispielsweise in Lenz' Gespräch mit Oberlin über Erscheinungen [12, 5–13, 9]). An etlichen Stellen, insbesondere in den Momenten seelischer Not der Hauptfigur, werden der innere Monolog („aber tot! Tot!", 20, 35) und die erlebte Rede („dieses stille Gesicht sollte verwesen", 21, 16) verwendet.

Die in Büchners Erzählung verwendeten Erzähltechniken können in einem Tafelbild oder auf einer Folie stichpunktartig zusammengefasst werden:

### Erzähltechniken im „Lenz"

**Erzählform:** Er-Erzählung; Erzähler tritt nicht in Erscheinung, sondern bleibt im Verborgenen

**Erzählperspektive:** steter Wechsel zwischen Innensicht (Einblick in Lenz' Gedanken, Gefühle und Wahrnehmungen) und Außensicht; häufig: Innensicht, wenn Lenz allein, Außensicht unter Menschen

**Erzählerstandort:** außerhalb der erzählten Welt; Erzähler wahrt Distanz zum Erzählten; allwissender Erzähler, richtet Fokus aber fast ausschließlich auf die Hauptfigur Lenz

**Erzählverhalten:** steter Wechsel zwischen personalem Erzählverhalten (aus Lenz' Perspektive) und neutralem Erzählverhalten

**Erzählhaltung:** Erzähler tritt nie wertend oder kommentierend in Erscheinung; neutrale Erzählhaltung

**Zeitstruktur:** zeitraffend: Erzählzeit kürzer als erzählte Zeit; ausschließlich chronologische Abfolge der Ereignisse

**Darbietungsform:** Erzählerbericht; Personenrede (sowohl indirekte Rede als auch direkte Rede); innerer Monolog; erlebte Rede

Damit die Schülerinnen und Schüler noch mehr Sicherheit in der Bestimmung der verschiedenen Erzähltechniken gewinnen, bietet sich im Folgenden die vergleichende Analyse zweier Textstellen an, die auch für eine inhaltliche Interpretation von Büchners „Lenz" aufschlussreich ist. Zunächst soll der Anfang der Erzählung (von 5, 1 bis 8, 12) hinsichtlich der verwendeten Erzähltechniken analysiert werden:

Baustein 3: Erzähltextanalyse – Aufbau, Erzähltechnik und Naturbeschreibungen

■ *Lesen Sie den Anfang der Erzählung (5, 1–8, 12). Erarbeiten Sie, welche Erzähltechniken in dieser Textpassage verwendet werden. Achten Sie insbesondere darauf, welche Mittel überwiegen.*

Nach der Erarbeitungsphase werden die Ergebnisse im gemeinsamen Unterrichtsgespräch vorgestellt und miteinander besprochen. Voraussichtlich werden die Schülerinnen und Schüler keine Probleme mit der richtigen Bestimmung der verschiedenen Erzähltechniken haben. Wie in der gesamten Erzählung ist die **Erzählform** die Er-Erzählung, der **Erzählerstandort** liegt außerhalb der erzählten Welt, die **Erzählhaltung** ist stets neutral. Die **Erzählperspektive** wechselt zwischen Innen- und Außensicht ab, wobei die Innensicht in dieser Textpassage – insbesondere in den Situationen, in denen Lenz alleine ist – deutlich überwiegt. Korrespondierend dazu wechselt auch das **Erzählverhalten** zwischen personal und neutral, wobei auch hier das personale Erzählverhalten überwiegt. Wie in der gesamten Erzählung liegt eine zeitraffende **Zeitstruktur** vor, auch wenn das Verhältnis zwischen Erzählzeit und erzählter Zeit in späteren Textabschnitten noch größer wird. Als **Darbietungsformen** werden neben dem überwiegenden Erzählerbericht auch die direkte Rede („Sein Sie mir willkommen, obschon Sie mir unbekannt", 7, 3–7, 4), der innere Monolog („aber alles so dicht", 5, 6) und die erlebte Rede („Müdigkeit spürte er keine, nur war es ihm manchmal unangenehm, dass er nicht auf dem Kopf gehn konnte", 5, 9–5, 11) verwendet. Zur Vorbereitung auf den anschließenden Vergleich dieser Textpassage mit dem Schlussteil der Erzählung bietet sich folgender Frageimpuls an:

■ *Wie „nahe" steht der Erzähler seiner Hauptfigur in diesem Abschnitt, wie sehr scheint er an ihrem Schicksal beteiligt zu sein? Zeigt er Empathie mit ihr? Durch welche erzählerischen Mittel wird der Eindruck von Nähe oder Distanz des Erzählers erweckt?*

Vermutlich wird die Mehrheit der Lernenden der Meinung sein, dass der Erzähler – trotz durchgehender neutraler Erzählhaltung – der Hauptfigur nicht gleichgültig gegenübersteht, sondern Anteil an ihrem Schicksal nimmt. Obwohl er seinen Standort außerhalb der erzählten Welt hat, entsteht bei der Lektüre doch der Eindruck, dass der Erzähler seiner Hauptfigur nahesteht. Dieser Eindruck wird insbesondere durch die häufige Innensicht, das personale Erzählverhalten und die Darbietungsformen des inneren Monologs und der erlebten Rede erreicht – alles Mittel, um dem Leser die Gedanken- und Gefühlswelt des Protagonisten nahezubringen.
Die Ergebnisse dieses Unterrichtsschritts können stichpunktartig an der Tafel gesichert werden:

---

**Anfang der Erzählung (5, 1–8, 12)**

**Erzählperspektive:** Innensicht überwiegt gegenüber Außensicht

**Erzählverhalten:** personales Erzählverhalten überwiegt gegenüber neutralem

**Zeitstruktur:** zwar zeitraffend, aber Unterschied zwischen Erzählzeit und erzählter Zeit in späteren Passagen häufig noch größer

**Darbietungsform:** häufig innerer Monolog, erlebte Rede

➡ **Eindruck: Erzähler steht der Hauptfigur nahe, ist beteiligt an ihrem Schicksal**

Im Anschluss daran soll der Schlusteil der Erzählung (26, 6–29, 34) hinsichtlich der verwendeten Erzähltechniken analysiert werden:

>
> *Lesen Sie nun den Schlussteil der Erzählung (26, 6–29, 34). Erarbeiten Sie, welche Erzähltechniken in dieser Textpassage verwendet werden. Achten Sie insbesondere darauf, welche Mittel überwiegen. Was hat sich im Vergleich zum Anfang der Erzählung verändert?*

Wieder werden die Ergebnisse nach der Erarbeitungsphase im Rahmen eines Unterrichtsgesprächs miteinander besprochen. Keine erzähltechnischen Veränderungen gegenüber der Einleitung gibt es im analysierten Schlusteil in Bezug auf die **Erzählform** (Er-Erzählung), den **Erzählerstandort** (außerhalb der erzählten Welt) und die **Erzählhaltung** (neutral). Wie in der Anfangspassage wechselt auch in der Schlusspassage die **Erzählperspektive**, wobei der Erzähler jedoch die Außensicht häufiger einnimmt als am Anfang. Eng verbunden damit ist, dass im Schlusteil häufiger als in der Anfangspassage ein neutrales **Erzählverhalten** gewählt wird. Daneben tritt allerdings auch ein personales Erzählverhalten auf; hierbei ist aber bemerkenswert, dass der vorletzte Abschnitt (28, 22–29, 11) zwar überwiegend mit personalem Erzählverhalten erzählt ist – allerdings nicht aus der Perspektive der Hauptfigur Lenz, sondern aus jener *Oberlins* (z. B.: „Oberlin ging zurück nach Waldbach und wollte ihm jemand nachschicken, als er ihn die Stiege herauf in sein Zimmer gehen hörte. Einen Augenblick darauf platzte etwas im Hof mit so starkem Schall, dass es Oberlin unmöglich von dem Fall eines Menschen herkommen zu können schien", 29, 6–29, 10). Dieser Wechsel des Fokus ist für die nachfolgende Interpretation so wichtig, dass die Schülerinnen und Schüler explizit darauf aufmerksam gemacht werden sollten:

>
> *Was fällt Ihnen bezüglich des Erzählverhaltens im vorletzten Abschnitt (28, 22–29, 11) auf? Welche Art von Erzählverhalten ist hier gewählt? Was unterscheidet diese Textpassage von allen anderen?*

Die **Zeitstruktur** ist wie in der Anfangspassage zeitraffend, allerdings ist der Unterschied zwischen Erzählzeit und erzählter Zeit in der Schlussphase noch wesentlich größer. So stellt insbesondere der Abschnitt von 26, 6 bis 28, 21, der offenbar mehrere Tage umfasst (= erzählte Zeit), aber in wenigen Minuten gelesen ist (= Erzählzeit), eine äußerst zeitraffende Zusammenfassung der verschiedenen Anfälle und Zustände der Hauptfigur dar. Wie am Anfang gibt es in der Schlusspassage die **Darbietungsformen** der direkten und indirekten Rede, aber weder inneren Monolog noch erlebte Rede; der Erzählerbericht überwiegt hier noch deutlicher als am Anfang.

Nachdem die Erzähltechniken des Schlusteils ausreichend besprochen worden sind, bietet sich folgender Frageimpuls zur Fortführung des Unterrichtsgesprächs an:

>
> *Welche Wirkung hat der veränderte Einsatz der Erzählmittel bei der Lektüre auf Sie? Inwiefern scheint sich die Einstellung des Erzählers gegenüber der Hauptfigur verändert zu haben?*

Vermutlich haben die meisten der Schülerinnen und Schüler bei der Lektüre den Eindruck gewonnen, dass der Erzähler sich im Vergleich zur Anfangspassage von seiner Hauptfigur distanziert hat, ihr ein Stück weit unbeteiligter gegenübersteht. Diese Wirkung ist bemerkenswert, da sie – bei durchgehend neutraler Erzählhaltung – lediglich durch einen (leicht) veränderten Einsatz anderer erzählerischer Mittel, beispielsweise durch zunehmende Außensicht und vermehrtes neutrales Erzählverhalten, im Leser wachgerufen wird.
Ein zusammenfassendes Tafelbild kann folgendermaßen aussehen:

> **Schluss der Erzählung (26, 6–29, 34)**
> **im Vergleich zum Anfang (5, 1–8, 12)**
>
> **Erzählperspektive:** häufiger Außensicht
>
> **Erzählverhalten:** häufiger neutrales Erzählverhalten;
> personales Erzählverhalten aus Oberlins Perspektive
>
> **Zeitstruktur:** Unterschied zwischen Erzählzeit und erzählter Zeit größer
>
> **Darbietungsform:** kein innerer Monolog, keine erlebte Rede; v.a. Erzählerbericht
>
> ➡ **Eindruck: Erzähler hat sich von Hauptfigur zurückgezogen,
> sieht sie unbeteiligter, distanzierter**

Nach dem Vergleich der beiden Textpassagen kann das Unterrichtsgespräch durch folgenden Frageimpuls fortgeführt werden:

> ■ *Wie wir erarbeitet haben, entsteht bei der Lektüre der Eindruck, dass sich der Erzähler am Schluss im Vergleich zur Anfangspassage von der Hauptfigur zurückgezogen hat. Wie lässt sich diese zunehmende Distanzierung deuten?*

Durch die zunehmende Distanzierung des Erzählers von seiner Hauptfigur entsteht der Eindruck, als würde er allmählich die Hoffnung auf deren Gesundung verlieren. Je mehr die Außensicht, ein neutrales Erzählverhalten und der Erzählerbericht vorherrschen, desto weniger lebendig wirkt Lenz, bis er am Ende nur noch wie eine leere Hülle erscheint. Der wachsende Unterschied zwischen Erzählzeit und erzählter Zeit tut ein Übriges, den Eindruck einer allmählichen „Verabschiedung" vom Protagonisten zu verstärken: Der Erzähler nimmt sich gewissermaßen immer weniger Zeit für Lenz' Leiden, bis er ihn schließlich mit dem lapidaren Satz „So lebte er hin" (29, 34) ganz aus seinem Erzählkosmos entlässt.

Nachdem diese Wirkung der Erzähltechnik im Plenum besprochen worden ist, ist folgender produktiver Auftrag denkbar:

> ■ *Fassen Sie die sich wandelnde Einstellung des Erzählers zu seiner Hauptfigur Lenz – beginnend vom Anfang der Erzählung bis zu ihrem Schluss – in einer Grafik zusammen, in der auch die verschiedenen Erzähltechniken aufgeführt sind.*

Nach der Erarbeitungszeit stellen die Lernenden ihre Ergebnisse vor. Ein mögliches Beispiel für die Grafik könnte an der Tafel dargestellt werden:

> **Die Einstellung des Erzählers zur Hauptfigur Lenz**
>
> Anfang
>
>       distanziert sich zunehmend von Lenz
>         verliert allmählich Hoffnung auf Gesundung
>           Lenz wird für ihn zur bloßen Hülle
>
>                                   Schluss
>
> | | |
> |---|---|
> | häufig Innensicht | zunehmend Außensicht |
> | häufig personal aus Lenz' Perspektive | zunehmend neutral, personal aus Oberlins Perspektive |
> | häufig innerer Monolog und erlebte Rede | kein innerer Monolog, keine erlebte Rede |
> | Unterschied erz. Zeit/Erzählzeit kleiner | Unterschied erz. Zeit/Erzählzeit größer |
>
> ➔ **Trotz durchgehend neutraler Erzählhaltung entsteht im Leser der Eindruck eines Einstellungswechsels des Erzählers gegenüber der Hauptfigur**

Zum Abschluss dieses Unterrichtsschritts sind folgende produktive Aufträge denkbar, die sich aufgrund ihres Umfangs gut als Hausaufgabe eignen. Die Schülerinnen und Schüler können sich für eine der beiden Aufgaben entscheiden:

- *Schreiben Sie den Anfang der „Lenz"-Erzählung so um, dass der Eindruck eines distanzierten Erzählers entsteht. Achten Sie dabei auf den Einsatz der entsprechenden erzählerischen Mittel.*

- *Schreiben Sie den Schluss der „Lenz"-Erzählung so um, dass der Eindruck eines nahestehenden, empathischen Erzählers entsteht. Achten Sie dabei auf den Einsatz der entsprechenden erzählerischen Mittel.*

## 3.3 Naturbeschreibungen

Der Ruhm, den Büchners „Lenz" sowohl beim normalen Lesepublikum als auch in der Literaturwissenschaft bis heute genießt, beruht nicht zuletzt auf den zahlreichen expressiven Naturbeschreibungen (die insbesondere auch die Expressionisten schätzten und nachahmten). Wie bereits im Baustein 2.3 erarbeitet, konnte Büchner hierfür nicht auf Oberlins Bericht zurückgreifen, da in diesem Natur und Landschaft nirgends Erwähnung finden (sieht man von der kurzen Notiz „Es war gelind Wetter und Mondschein" [Textausgabe 75, 25] ab). So stammen alle Beschreibungen des Vogesen-Gebirges und des Steintals aus der Feder Büchners, eines begeisterten Wanderers, wie sein Bruder Ludwig in einer biografischen Skizze betont: „Tagelang streifte er in den schönen Gebirgen des Elsass umher, gleich seinem *Lenz*, und schien gleich mit seiner Umgebung zu verwachsen, sich in sie aufzulösen."[1]

In diesem Unterrichtsschritt sollen die Schülerinnen und Schüler durch die Analyse zweier Textpassagen erarbeiten, wie kunstvoll Büchner die Naturbeschreibungen im Gesamttext einsetzt. Insbesondere sollen sie dabei erkennen, dass die Natur den jeweiligen Zustand der Hauptfigur Lenz widerspiegelt.

---

[1] Ludwig Büchner: Einleitung. In: Georg Büchner: Nachgelassene Schriften. Hrsg. von Ludwig Büchner. Frankfurt a. M.: Sauerländer 1850, S. 46; zit. nach: Gerhard Schaub: Georg Büchner. Lenz. Erläuterungen und Dokumente. Stuttgart: Reclam 1996, S. 94

## Baustein 3: Erzähltextanalyse – Aufbau, Erzähltechnik und Naturbeschreibungen

 Eingeleitet werden kann diese Unterrichtseinheit durch die gemeinsame Lektüre des auf dem **Arbeitsblatt 19**, S. 92, abgedruckten Briefes, in dem Büchner seiner Familie von einer mehrtägigen, Ende Juni 1833 mit Freunden unternommenen Wanderung durch die Vogesen berichtet. Zum Einstieg in das Unterrichtsgespräch bietet sich folgender Frageimpuls an:

 ■ *Wie ist die Natur in Büchners Brief beschrieben, wie wirkt sie auf Sie? Durch welche Mittel wird dieser Eindruck erzeugt? Achten Sie auf die verwendete Sprache, den Satzbau, auf die Genauigkeit der Angaben etc.*

Die Mehrheit der Schülerinnen und Schüler wird die Natur im Brief als harmonisch und ruhig, sogar als erhaben, keinesfalls aber als bedrohlich empfinden. Für diese Wirkung sorgt bereits die verwendete Sprache, die durch ihren harmonischen Wechsel zwischen kürzeren und längeren Sätzen und die Vermeidung „greller" Adjektive selbst ruhig und sicher wirkt. Auch die Nennung konkreter Orts- („Lothringer Hochwald"), Richtungs- („nördlich"), Zeit- („Am zweiten Tag") und Zahlenangaben („3000 Fuß") trägt dazu bei, dass die Natur hier geordnet und überschaubar erscheint. Wenngleich eine vertikale Raumstruktur (Tal/Höhe; tiefe Schlucht/Felswand) vorherrscht, entsteht durch die wiederholte Beschreibung der horizontalen Weite doch niemals das Gefühl der Enge oder Bedrängtheit. Auch in der Beschreibung eines plötzlich nahenden Gewitters geht der Eindruck der Ruhe und Erhabenheit der beschriebenen Natur nicht verloren.

Die Ergebnisse des Unterrichtsgesprächs können stichpunktartig an der Tafel gesichert werden:

---

### Die Naturbeschreibungen in Büchners Brief

**Mittel:**
- Abwechslung kurzer, hypotaktischer und längerer Sätze; nur wenige „grelle" Adjektive → ruhige Sprache
- konkrete Orts-, Richtungs-, Zeit- und Zahlenangaben
- vertikal angelegte Raumstruktur (Tal/Höhe; tiefe Schlucht, Felswand), die durch horizontale Weite geöffnet wird

→ **Natur** wirkt ruhig, harmonisch, weit, erhaben

---

Nachdem die Lernenden ihre Eindrücke, die sie bei der Lektüre des Briefes gewonnen haben, ausgetauscht und besprochen haben, kann der Fokus nun auf die Naturbeschreibungen in der „Lenz"-Erzählung gerichtet werden. Durch eine gezielte Nachfrage der Lehrkraft werden die Schülerinnen und Schüler schnell erkennen, dass sich für einen Vergleich insbesondere die Anfangspassage der Erzählung (5, 1 – 6, 28) eignet, da hier ebenfalls eine Wanderung durch das Vogesen-Gebirge beschrieben ist. Der Kurs wird in Arbeitsgruppen eingeteilt, die folgenden Auftrag erhalten:

 ■ *Lesen Sie die Anfangssequenz der Erzählung von 5,1 bis 6, 28. Wie wird die Natur hier dargestellt, welche Wirkung hat sie auf Sie? Durch welche stilistischen Mittel wird dieser Eindruck erzeugt?*

Im Gegensatz zu Büchners Brief, in dem die Natur harmonisch, weit und ruhig wirkt, entsteht bei der Lektüre der Anfangssequenz seiner Erzählung der Eindruck einer bedrohlichen, ja dämonischen Natur. Bot sie dem Betrachter im Brief immer wieder auch Weite und Überblick, erscheint sie im Erzähltext eng, bedrängend, häufig auch unruhig und hektisch. Dieser Eindruck wird auch durch die verwendete Sprache wachgerufen: so etwa durch die zahlreichen kurzen, parataktischen („Den 20. ging Lenz durchs Gebirg", 5, 1), nicht selten auch elliptischen Sätze („aber alles so dicht", 5, 6) und die auffallend vielen Adjektive. Der Eindruck einer belebten, dynamischen Natur als dämonische Macht, die Lenz' Inneres zu überfluten droht, resultiert vor allem auch daraus, dass sie häufig durch bildhafte Verben, insbesondere aus dem menschlichen Bereich, beschrieben wird: Das Wasser springt über den Weg (5, 4), der Wald schüttelt sich (5, 12), der Nebel verschlingt die Formen (5, 13), der Sturm wirft das Gewölk in die Täler (5, 20). Auffällig ist auch der Unterschied in der Darstellung der einzelnen Details: Im Gegensatz zum Brief, in dem konkrete Orte genannt werden, die das beschriebene Gebirge eindeutig als Vogesen-Gebirge erkennbar machen, sind die Beschreibungen des Erzählanfangs so unbestimmt, dass es sich durchaus auch um ein anderes Gebirge handeln könnte. Auch dadurch wirkt die Natur fremd und unheimlich. Wieder können die Ergebnisse des Unterrichtsgesprächs in einem Tafelbild zusammengefasst werden:

### Die Naturbeschreibungen im Anfang der Erzählung

**Mittel:**
- zahlreiche kurze, parataktische, auch elliptische Sätze
- Natur durch viele Verben aus dem menschl. Bereich beschrieben
- keine Orts-, Richtungs-, Zeit- und Zahlenangaben; könnte auch anderes Gebirge sein
- nur vertikal angelegte Raumstruktur (Tal/Höhe; tiefe Schlucht, Felswand), keine horizontale Weite

→ **Natur** wirkt fremd, unruhig, belebt, eng, bedrängend, dämonisch, feindlich

Nachdem die Lernenden die Unterschiede der Naturbeschreibungen im Brief und im Erzählanfang erarbeitet haben, kann ihr Blick nun auf die in der Natur stehende Person, also auf den jeweiligen Betrachter, gelenkt werden:

> *Wir haben gesehen, dass die Natur in Büchners Brief ganz anders erscheint als in der Anfangssequenz der Erzählung, obwohl doch in beiden Texten das Gleiche, nämlich das Vogesen-Gebirge, beschrieben wird. Wie erklären Sie sich diesen Unterschied? Was ist der eigentliche Grund dafür, dass die Natur im Brief ruhig und harmonisch, in der Erzählung aber hektisch und bedrohlich wirkt?*

Voraussichtlich werden die Schülerinnen und Schüler schnell die zentrale Bedeutung des Betrachters erkennen. Die Natur spiegelt gleichsam dessen geistige und emotionale Verfassung wider. So wirkt sie durch den Betrachter Büchner, der seelisch gefestigt ist und zwar emotional, aber nie „überdreht" erscheint, harmonisch und geordnet, während sie auf den psychisch erkrankten Lenz fremd und bedrohlich wirkt. Während Büchner die Grenze zwischen Subjekt (seinem Ich) und Objekt (der Natur), die Unterscheidung zwischen innen und außen stets bewahrt[1] und sich daher als autonomes Selbst behauptet, drohen diese Grenzen bei seiner Figur Lenz zu zerfließen. Büchner erweist sich – bei aller emotionalen Begeisterung angesichts des beeindruckenden Naturschauspiels – als vernunftgesteuerter Mensch,

---

[1] Dies im Gegensatz zu der Beschreibung des Bruders Ludwig, Büchner „schien gleich mit seiner Umgebung zu verwachsen, sich in sie aufzulösen".

der stets die Orientierung und Übersicht behält (so implizieren es schon die genauen Orts-, Zeit- und Zahlenangaben). Lenz hingegen scheint von den in seinem Inneren aufkommenden Gedanken und Gefühlen überwältigt zu werden, seine irrationale Angst steht Büchners gefestigtem Stand in der Welt diametral gegenüber.

Zum Abschluss dieses Unterrichtsschritts ist folgender Schreibauftrag sinnvoll:

■ *Fertigen Sie eine Gegenüberstellung von Büchners Beschreibungen des Vogesen-Gebirges im Brief und in der Erzählung an, durch die deren wichtigste Unterschiede deutlich werden. Überlegen Sie zuvor, welche Vergleichskriterien für eine aussagekräftige Gegenüberstellung (z. B. Naturdarstellung, Betrachter, Genauigkeit der Beschreibungen etc.) von Bedeutung sind.*

Eine mögliche Gegenüberstellung könnte beispielsweise so konzipiert sein (und nach dem Unterrichtsgespräch als Folie präsentiert werden):

## Büchners Beschreibung des Vogesen-Gebirges

|  | im Brief | im Anfang der Erzählung |
|---|---|---|
| **Betrachter in der Natur** | Büchner: voller Genuss, hat Übersicht und Orientierung, bei allen Emotionen stets rational | lit. Figur Lenz: hektisch, getrieben, hat Übersicht und Orientierung verloren, emotional und irrational |
| **Verhältnis Betrachter/Natur** | Subjekt/Objekt-Grenze besteht, getrennt von Natur, wenngleich teilnehmend, Innen/Außen-Grenze klar | Subjekt/Objekt-Grenze verschwimmt, verschmilzt mit Natur, löst sich auf, Innen/Außen-Grenze diffus |
| **einzelne Beschreibungen/Details** | konkret (z. B. Zahlen, Orte), Vogesen klar erkennbar | diffus, unkonkret, könnte auch anderes Gebirge sein |
| **Natur** | erhaben, harmonisch, weit | belebt, dämonisch, eng, bedrohlich |
| **allgemeine Stimmung** | ruhig, harmonisch, geordnet | beunruhigend, zerrissen, chaotisch |

➡ **Das Gleiche (Vogesen-Gebirge) wird – je nach Zustand des Betrachters – völlig anders dargestellt, hat völlig andere Wirkung auf Leser**

Um den Lernenden die Beziehung zwischen Betrachter und Naturbeschreibungen noch klarer vor Augen zu führen, bietet sich folgender produktiver Schreibauftrag an:

■ *Versetzen Sie sich in Lenz' Perspektive und schreiben Sie einen Brief über seine Wanderung durch die Vogesen.*

Nachdem die Schülerinnen und Schüler erkannt haben, dass die Natur in der Anfangspassage von Büchners Erzählung so bedrohlich und bedrängend erscheint, weil sie den Zustand Lenz' widerspiegelt, kann diese Korrelation durch die folgende vertiefende Analysearbeit noch genauer herausgearbeitet werden. Die zuvor gebildeten Arbeitsgruppen erhalten folgenden Auftrag:

> ■ *Lesen Sie die Anfangssequenz der Erzählung noch einmal und beschreiben Sie das Verhältnis zwischen Lenz' Zustand und den Naturbeschreibungen. Inwiefern wird hier auch ein Kampf Lenz' beschrieben?*

Durch die vorangegangenen Erarbeitungsschritte werden die Schülerinnen und Schüler vermutlich schnell erkennen, dass in der Anfangspassage Lenz' Kampf gegen den wachsenden Wahnsinn geschildert wird. Die Natur stellt hier das Außen dar, welches Lenz' Inneres zu überfluten droht. So werden in dieser Textsequenz der allmähliche Zerfall der Wirklichkeit und Lenz' Verlust der Orientierung in der Welt dargestellt, gegen den er sich aber zunächst noch zur Wehr setzt. Der unruhige, gehetzte Eindruck dieser Textpassage entsteht gerade durch Lenz' Widerstand gegen den drohenden Einbruch des Wahnsinns. „Dass die Erde plötzlich schrumpft und – ‚klein wie ein wandelnder Stern' – ihre gewohnte Dimension verlässt, dass das Ich dabei ins Überdimensionale wächst und ‚alles sich fassen' möchte – das ist hier noch Anwandlung und nicht dauernde Zwangsvorstellung", konstatiert Udo Müller. „Das mehrfach genannte ‚Drängen' in Lenz' Innerem beweist, dass da noch Unruhe, Kampf und Widerstand ist."[1] Dieser Kampf erreicht am Ende der Einleitung seinen vorläufigen Höhepunkt in der Personifizierung des Wahnsinns, durch welche die wachsende Bedrohung, die bereits von der Natur ausgegangen ist, nun sehr greifbar erscheint: „Es war als ginge ihm was nach, und als müsse ihn was Entsetzliches erreichen, etwas das Menschen nicht ertragen können, als jage der Wahnsinn auf Rossen hinter ihm." (6, 25–6, 28)

Die Ergebnisse des Unterrichtsgesprächs lassen sich durch folgende Übersicht an der Tafel sichern:

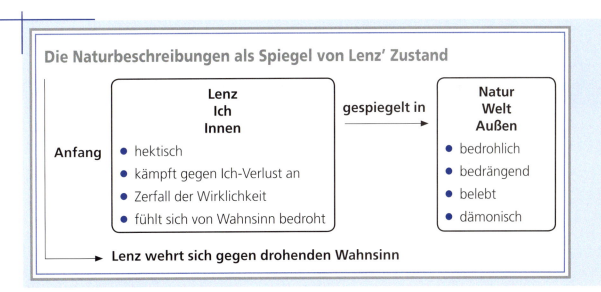

Da sich Lenz' Zustand im Lauf der Handlung wandelt, ist es nicht erstaunlich, dass sich auch die Naturbeschreibungen als Spiegel seiner Verfassung verändern. Besonders deutlich wird diese Veränderung durch die Analyse der Schlusspassage, die der Anfangspassage in vielerlei Hinsicht diametral gegenübersteht. Die Arbeitsgruppen erhalten folgenden Auftrag:

---

[1] Udo Müller: Lektürehilfen Georg Büchner: Lenz. Stuttgart: Klett 1997, S. 18

## Baustein 3: Erzähltextanalyse – Aufbau, Erzähltechnik und Naturbeschreibungen

■ *Lesen Sie die Schlusspassage der Erzählung von 29, 12 bis 29, 34 und beschreiben Sie auch hier das Verhältnis zwischen Lenz' Zustand und den Naturbeschreibungen. Wie erscheint die Natur hier? Was hat sich generell im Vergleich zur Anfangspassage verändert?*

Voraussichtlich werden die Lernenden problemlos den Unterschied zwischen den Naturbeschreibungen des Anfangs und des Schlusses erkennen. Während die Natur zu Beginn der Erzählung belebt, bedrohlich und dämonisch wirkt, erscheint sie am Ende kalt und starr. Das Gebirge hebt sich „nun wie eine tiefblaue Kristallwelle [...] in das Abendrot" (29, 18f.), über einer Flussebene liegt „schimmerndes bläuliches Gespinst" (29, 21). Es scheint, als hätte sich die Natur, die die Ich-Grenzen der Hauptfigur anfangs zu überfluten drohte, nun gänzlich von ihr und allen anderen Menschen abgewandt. „Die Naturwirklichkeit erscheint hier als ein geisterhaftes Schauspiel, in unheimlicher Weise vom wahrnehmenden Menschen getrennt", betont auch Udo Müller. „Es werden nur noch optische Reize dargeboten und ins grandios Abgehobene oder ins schmerzhaft Grelle hinübergespielt. [...] Der Bezug zwischen dem Ich und seiner Welt ist offenbar abgerissen, die Auflösung trifft auf keinen Widerstand mehr."[1] So spiegeln auch die Naturbeschreibungen der Schlusspassage Lenz' Verfassung wider. Er hat letztlich resigniert und den Kampf gegen den Wahnsinn verloren. Im Gegensatz zum Anfang, als er sich gegen die Überflutung von außen noch zur Wehr setzte, erscheint er nun am Schluss der Erzählung wie eine leere, leblose Hülle, die jeden direkten Kontakt zur Welt verloren hat: „Lenz starrte ruhig hinaus, keine Ahnung, kein Drang". (29, 25f.)

Das vorangegangene Tafelbild kann zur Ergebnissicherung folgendermaßen erweitert werden:

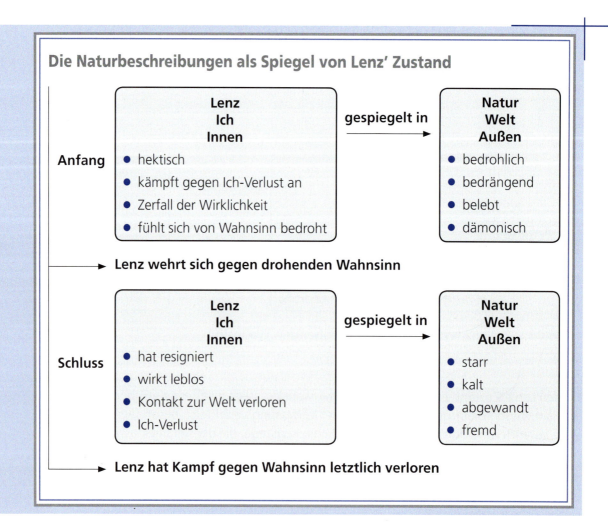

Als Abschluss des Unterrichtsschritts ist folgender produktiver Schreibauftrag (gut geeignet auch als Hausaufgabe) denkbar:

> *Beschreiben Sie die abgebildete Situation auf Caspar David Friedrichs Gemälde (Arbeitsblatt 16) so, dass Ihre Naturbeschreibungen den seelisch-geistigen Zustand des Wanderers auf dem Gipfel widerspiegeln. Verwenden Sie hierfür eine möglichst literarische Sprache.*

Notizen

# Caspar David Friedrich: Der Wanderer über dem Nebelmeer (1818)

■ *Begeben Sie sich in das Gemälde. Was empfinden und denken Sie, was sehen und hören Sie? Welche Atmosphäre vermittelt das Bild? Schreiben Sie einen kurzen Text über Ihre Eindrücke, der mit „Ich sehe ..." beginnt.*

# Aufbau von Büchners „Lenz"

**1. Lenz' Wanderung**
(5, 1–6, 13)

Zäsur 1:
Weg nach unten
(6, 13–6, 30)

**2. Lenz im Steintal**
(6, 13–29, 29)

2.1
Lenz und Oberlin
(6, 30–17, 9)

- Ankunft, Begrüßung, 1. Nacht (6, 30–8, 12)
- Besserung (8, 13–10, 26)
- Lenz' Predigt und sein Schmerz (10, 26–12, 4)
- Gespräch mit Oberlin über Erscheinungen und Träume (12, 5–13, 11)
- Kunstgespräch mit Kaufmann (13, 12–16, 27)
- Aufbruch (16, 28–17, 9)

Zäsur 2:
Mit Oberlin ins Gebirge
(17, 9–19, 10)

2.2
Lenz und Madame Oberlin
(19, 11–21, 24)

- bei Madame Oberlin (19, 11–20, 28)
- Erweckungsversuch (20, 29–21, 24)

Zäsur 3:
Alleine ins Gebirge
(21, 24–22, 7)

2.3
Die letzten Tage bei Oberlin
(22, 13–29, 11)

- Oberlins Heimkehr und Lenz' Zerknirschung (22, 13–23, 34)
- Lenz' Langeweile und Fluchtversuche (23, 35–26, 5)
- Lenz' Anfälle (26, 6–29, 11)

Zäsur 4:
Abreise aus Steintal
(29, 12–29, 29)

**3. Lenz in Straßburg**
(29, 29–29, 34)

Einleitung | Hauptteil | Schluss

# Grundbegriffe der Erzähltechnik

**Autor und Erzähler:** *Autor* eines Textes ist der Schriftsteller oder die Schriftstellerin, der/die den Text verfasst hat. In epischen Texten (Romanen, Erzählungen, Novellen etc.) richtet sich der Autor nie (!) unmittelbar an den Leser, sondern er tut dies stets (!) mittelbar über den Umweg einer fiktiven erzählenden Instanz: den *Erzähler*. (Ein fiktiver Erzähler erzählt einem fiktiven Zuhörer eine Geschichte. Erzähler und Zuhörer können im Text erkennbar sein oder im Verborgenen bleiben.) Dies gilt auch bei (scheinbar) autobiografischen Schilderungen. Der Autor kann in epischen Texten nicht selbst in Erscheinung treten! Selbst wenn eine Romanfigur unter dem Namen des Autors auftritt und erklärt, ihre eigene Geschichte zu erzählen, handelt es sich dabei nicht um den Autor, sondern den Erzähler.

**Erzählform:** Der Erzähler kann zwischen zwei Erzählformen wählen: der *Ich-Erzählung* und der *Er-/Sie-Erzählung*.
Der Ich-Erzähler tritt ausdrücklich als Erzähler in Erscheinung und verwendet dazu das Personalpronomen 1. Person Singular. In der Ich-Erzählung unterscheidet man zudem zwischen *erlebendem* und *erzählendem Ich* als zwei Erscheinungsformen derselben Person. Das erzählende Ich meint das „Ich", das die Geschichte erzählt. Das erlebende Ich meint das „Ich", das in der Geschichte vorkommt.
In der Er-/Sie-Erzählung tritt der Erzähler nicht selbst in Erscheinung, sondern bleibt hinter der Geschichte, die er von anderen erzählt, im Verborgenen.

**Erzählperspektive:** Zur Wahl stehen hier *Innen-* und *Außenperspektive* bzw. *Innen-* und *Außensicht*.
Die Innenperspektive/Innensicht eröffnet Einblicke in das Innenleben der Figuren, ihre Gefühle, Gedanken und Wahrnehmungen.
Die Außenperspektive/Außensicht richtet den Blick von außen auf die Figuren, ohne ihr Innenleben offenzulegen.
Im Laufe eines Erzähltextes kann die Erzählperspektive mehrfach wechseln.

**Erzählerstandort:** Der Standort des Erzählers kann *außerhalb* oder *innerhalb* der erzählten Welt liegen.
Liegt der Erzählerstandort außerhalb, wahrt der Erzähler die Distanz zum Geschehen und behält den Überblick. Er verfügt über ein umfassendes Wissen über Handlung und Figuren. Man spricht hier auch vom *allwissenden* bzw. *olympischen* Erzähler.
Liegt der Erzählerstandort innerhalb, rückt der Erzähler näher an das Geschehen und verfügt meist nur noch über eine eingeschränkte Perspektive auf Handlung und Figuren.
Auch der Erzählerstandort kann innerhalb eines Erzähltextes mehrfach wechseln.

**Erzählverhalten:** Hier unterscheidet man zwischen *auktorialem*, *personalem* und *neutralem* Erzählverhalten.
Beim auktorialen Erzählverhalten tritt der Erzähler deutlich in Erscheinung, indem er beispielsweise Handlung oder Figuren kommentiert, den weiteren Verlauf des Geschehens andeutet oder vorwegnimmt, erklärende Hinweise liefert oder zwischen unterschiedlichen Handlungsorten bzw. in der Zeit hin und her springt. Beim auktorialen handelt es sich daher meist auch um einen allwissenden Erzähler.
Beim personalen Erzählverhalten erzählt der Erzähler aus der eingeschränkten Perspektive einer oder mehrerer Figuren, an deren Erleben er scheinbar unmittelbar teilhat. Der personale Erzähler selbst verbirgt sich weitgehend hinter der Figur bzw. den Figuren.
Beim neutralen Erzählverhalten vermittelt der Erzähler den Eindruck eines objektiven, neutralen Erzählens. Der neutrale Erzähler verbirgt sich hinter dem Geschehen, das er überwiegend aus der Außensicht schildert.
Das Erzählverhalten kann in einem Erzähltext mehrfach wechseln.

**Erzählhaltung:** Die Haltung, die der Erzähler dem von ihm erzählten Geschehen gegenüber einnimmt, kann *neutral* oder *wertend* (kritisch, ironisch, zustimmend, zweifelnd etc.) sein.

| | |
|---|---|
| **Zeitstruktur:** | Wesentlich ist hier, zwischen *Erzählzeit* und *erzählter Zeit* zu unterscheiden. Erzählzeit bezeichnet die Zeit, in der das Geschehen erzählt (bzw. gelesen) wird. Die Erzählzeit entspricht also der Zeit, die man braucht, um den Text zu lesen (bzw. zu erzählen). |
| | Die erzählte Zeit bezeichnet die Zeit, in der das Geschehen stattfindet. Die erzählte Zeit entspricht also der Zeitdauer des Geschehens. |
| | Das *Verhältnis der Erzählzeit zur erzählten Zeit* kann *zeitdeckend* (die Erzählzeit entspricht der erzählten Zeit; die Schilderung des Geschehens dauert genau so lange wie das Geschehen selbst), *zeitraffend* (die Erzählzeit ist kürzer als die erzählte Zeit; das Geschehen wird schneller erzählt, als es tatsächlich dauerte) oder *zeitdehnend* (die Erzählzeit ist länger als die erzählte Zeit) sein. |
| | Außer in seiner *chronologischen Abfolge* (also in der Reihenfolge, in der es stattgefunden hat) kann der Erzähler das Geschehen zudem auch in *Rückblicken* bzw. *Rückwendungen* und *Vorausdeutungen* schildern, die den chronologischen Ablauf durchbrechen. |
| **Darbietungsformen:** | Außer im *Erzählerbericht*, in dem der Erzähler mit eigenen Worten berichtet, beschreibt, kommentiert oder erörtert, kann der Erzähler das Geschehen auch in Form der *Personenrede* wiedergeben. |
| | Die Personenrede umfasst alle Äußerungen, Gedanken und Empfindungen einer Figur. Sie kann als wörtliche oder direkte Rede oder in Form der indirekten Rede wiedergegeben werden. |
| | Gedanken einer Figur können außerdem die Form eines inneren Monologs annehmen. Der *innere Monolog* gibt in der 1. Person Singular (meist im Präsens) die Gedanken, Empfindungen, Eindrücke, Erwägungen und Assoziationen einer Figur ohne Anführungszeichen scheinbar unmittelbar wieder. |
| | Eine weitere Darbietungsform ist die *erlebte Rede*, bei der die Gedanken, Äußerungen oder Empfindungen einer Figur in der 3. Person Indikativ (meist im Imperfekt) scheinbar unmittelbar aus der Perspektive der erlebenden Figur wiedergegeben werden. |
| | Die Darbietungsformen können innerhalb eines Erzähltextes mehrfach wechseln und sind nicht immer klar voneinander zu unterscheiden. |

- *Unterstreichen Sie in Partnerarbeit die wichtigsten erzähltechnischen Begriffe und erläutern Sie diese mit eigenen Worten.*

- *Suchen Sie Textbeispiele, in denen die einzelnen Erzähltechniken jeweils Anwendung finden.*

- *Unterstreichen Sie in einer anderen Farbe Stellen, die Ihnen unklar sind, und diskutieren Sie diese mit Ihrem Partner.*

- *Präsentieren Sie die Ergebnisse (und offenen Fragen), die sich aus Ihrer Partnerarbeit ergeben haben, dem Kursplenum.*

# Büchners Brief über seine Wanderung durch die Vogesen

*Straßburg, den 8. Juli 1833*

Bald im Tal, bald auf den Höhen zogen wir durch das liebliche Land. Am zweiten Tage gelangten wir auf einer über 3000 Fuß hohen Fläche zum sogenannten weißen und schwarzen See. Es sind zwei finstere Lachen in tiefer Schlucht, unter etwa 500 Fuß hohen Felsenwänden. Der weiße See liegt auf dem Gipfel der Höhe. Zu unseren Füßen lag still das dunkle Wasser. Über die nächsten Höhen hinaus sahen wir im Osten die Rheinebene und den Schwarzwald, nach West und Nordwest das Lothringer Hochland; im Süden hingen düstre Wetterwolken, die Luft war still. Plötzlich trieb der Sturm das Gewölke die Rheinebene hinauf, zu unserer Linken zuckten die Blitze, und unter dem zerrissenen Gewölk über dem dunklen Jura glänzten die Alpengletscher in der Abendsonne. Der dritte Tag gewährte uns den nämlichen herrlichen Anblick; wir bestiegen nämlich den höchsten Punkt der Vogesen, den an 5000 Fuß hohen Bölgen. Man übersieht den Rhein von Basel bis Straßburg, die Fläche hinter Lothringen bis zu den Bergen der Champagne, den Anfang der ehemaligen Franche Comté, den Jura und die Schweizergebirge vom Rigi bis zu den entferntesten Savoyischen Alpen. Es war gegen Sonnenuntergang, die Alpen wie blasses Abendrot über der dunkel gewordenen Erde. Die Nacht brachten wir in einer geringen Entfernung vom Gipfel in einer Sennerhütte zu. Die Hirten haben hundert Kühe und bei neunzig Farren[1] und Stiere auf der Höhe. Bei Sonnenaufgang war der Himmel etwas dunstig, die Sonne warf einen roten Schein über die Landschaft. Über den Schwarzwald und den Jura schien das Gewölk wie ein schäumender Wasserfall zu stürzen, nur die Alpen standen hell darüber, wie eine blitzende Milchstraße. Denkt Euch über der dunklen Kette des Jura und über dem Gewölk im Süden, soweit der Blick reicht, eine ungeheure, schimmernde Eiswand, nur noch oben durch die Zacken und Spitzen der einzelnen Berge unterbrochen. Vom Bölgen stiegen wir rechts herab in das sogenannte Amarinental, das letzte Haupttal der Vogesen. Wir gingen talaufwärts. Das Tal schließt sich mit einem schönen Wiesengrund im wilden Gebirg. Über die Berge führte uns eine gut erhaltene Bergstraße nach Lothringen zu den Quellen der Mosel. Wir folgten eine Zeit lang dem Laufe des Wassers, wandten uns dann nördlich und kehrten über mehrere interessante Punkte nach Straßburg zurück. [...]

Aus: Georg Büchner: Werke und Briefe. München: Hanser 1988, S. 280 f.

---

[1] Farren: junge Stiere

■ *Wie ist die Natur in Büchners Brief beschrieben, wie wirkt sie auf Sie? Durch welche Mittel wird dieser Eindruck erzeugt? Achten Sie auf die verwendete Sprache, den Satzbau, auf die Genauigkeit der Angaben etc.*

**Baustein 4**

# Lenz' Leiden und Geisteskrankheit

In diesem Baustein beschäftigen sich die Schülerinnen und Schüler mit Lenz' Geisteskrankheit. Dabei setzen sie sich mit den Symptomen der Schizophrenie auseinander und machen sich bewusst, dass Büchner keine monokausale medizinische Erklärung liefert, sondern lediglich verschiedene Ursachen für Lenz' Leiden andeutet. So sind neben seiner existenziellen Not, traumatischen Erlebnissen in der Vergangenheit und seinem sozialen Umfeld auch gesellschaftliche Umbrüche und ideologisch-religiöse Verlusterfahrungen zu berücksichtigen. Im Einzelnen geht es in diesem Baustein um

- Symptome und Ursachen von Lenz' Geisteskrankheit,
- Oberlin, den unerreichbaren Vater,
- religiöse Hoffnungen und Enttäuschungen,
- das Spannungsverhältnis zwischen Individuum und Gesellschaft.

## 4.1 Symptome und Ursachen von Lenz' Geisteskrankheit

Kern der Erzählung ist die literarische Darstellung einer psychischen Krankheit, die bereits in der einleitenden Schilderung von Lenz' Wanderung durch das Gebirge eindringlich beschrieben und schließlich in dem Bild des auf Rossen jagenden Wahnsinns personifiziert wird (vgl. 5, 25–5, 28). Lenz' geistige Verwirrung, die sich während seines Aufenthalts im Steintal von einer dumpfen Bedrohung zu einer akuten Psychose steigert, hat viele Facetten, die Büchner feinfühlig und klinisch genau beschreibt. Eine verzerrte Raum- und Zeitwahrnehmung, Sinnestäuschungen und Halluzinationen führen zu desorientierten Verhaltensweisen, in der sich Wirklichkeit, Träume und Erinnerungen verwischen. Permanent schwankende Stimmungen, die von melancholischer Apathie bis zu panischen Angstzuständen reichen, erschweren zudem die soziale Interaktion des Protagonisten, der sich zunehmend von der Außenwelt isoliert und halbherzige Selbstmordversuche ausführt. Des Weiteren wechseln heftige Selbstzweifel und unbegründete Schuldgefühle mit Phasen größenwahnsinniger Selbstüberschätzung.

Literaturwissenschaftler und Mediziner sind sich weitgehend einig, dass Büchner mit seiner Erzählung eine subtile Beschreibung verschiedener Symptome der Schizophrenie (genauer: einer endogenetisch bedingten katatonen Schizophrenie) liefert. Dabei ist zu beachten, dass sich die schizophrenen Kernsymptome von Wahn, Sinnestäuschungen und Denkstörungen höchst unterschiedlich ausprägen können und die allzu wörtliche Übersetzung des griechischen Lehnworts „Schizophrenie" als „Spaltungsirresein" oder „Persönlichkeitsspaltung" häufig zu einer Verkennung des eigentlichen Krankheitsbildes führt.

Bevor die Schülerinnen und Schüler nun verschiedene Symptome der Schizophrenie bei Büchners Lenz untersuchen, sollte die Lehrkraft sie informieren, dass die Schizophrenie erst Ende des 19. Jahrhunderts als Krankheitsbild wissenschaftlich beschrieben wurde und Büchner unter dieser Bezeichnung also noch nicht bekannt war. Das **Arbeitsblatt 20**, S. 110, enthält eine relativ leicht verständliche Beschreibung der wesentlichen Symptome der Schizophrenie. In einem ersten Schritt sollen die Lernenden die wesentlichen Merkmale der einzelnen Kategorien herausarbeiten:

Baustein 4: Lenz' Leiden und Geisteskrankheit

■ *Fassen Sie in Stichpunkten die auf dem Arbeitsblatt genannten Hauptsymptome der Schizophrenie zusammen.*

Die Auswertung dieser Aufgabe kann in einem Tafelbild wie dem folgenden festgehalten oder gleich in eine Folie mit der Tabelle des Arbeitsblatts eingetragen werden:

### Merkmale der Schizophrenie

| | |
|---|---|
| **Formale Denkstörung:** | Lockerung der Assoziationen; unverständliche Sprachäußerungen; Sprachverarmung |
| **Inhaltliche Denkstörung:** | Wahnphänomene: Verfolgungswahn, Beziehungswahn; Ich-Störungen: Gedankenausbreitung, Gedankenentzug, Gedankeneingebung |
| **Wahrnehmungsstörungen/ Halluzinationen:** | v. a. akustische Halluzinationen (Stimmenhören) |
| **Affektstörungen:** | flacher Affekt: Unfähigkeit, Gefühle zu erleben oder auszudrücken; inadäquater Affekt: Widerspruch zwischen den Gefühlsäußerungen und dem Inhalt der Rede oder Vorstellungen |
| **Selbstgefühlsstörungen:** | Unsicherheit hinsichtlich der eigenen Identität oder Bedeutung der eigenen Existenz |
| **Antriebsstörungen:** | gehemmte Ausführung von Handlungen |
| **Zwischenmenschliche Beziehungen:** | Schwierigkeit, Beziehungen aufrechtzuerhalten; sozialer Rückzug |
| **Weitere Nebenmerkmale:** | Vernachlässigung der äußeren Erscheinung; exzentrische Aufmachung; psychomotorische Besonderheiten; Sprachverarmung; Verstimmungen; Depressionen; Hypochondrie |

In einem nächsten Schritt sollen die Schülerinnen und Schüler nun in Gruppenarbeit einschlägige Textauszüge analysieren und folgende Aufgabe bearbeiten:

■ *Untersuchen Sie in Vierergruppen, welche Empfindungen und Verhaltensweisen auf eine schizophrene Erkrankung von Lenz hinweisen. Tragen Sie diese stichwortartig mit Seiten- und Zeilenangabe in die Tabelle ein.*

Bei schwächeren Kursen kann alternativ zunächst auch der erste Textauszug gemeinsam untersucht und ausgewertet werden, ehe die Gruppen eigenständig die restlichen Auszüge bearbeiten. Nach Abschluss der Gruppenarbeit werden die Ergebnisse von den jeweiligen Gruppen präsentiert und an der Tafel oder auf Folie festgehalten (vgl. **Arbeitsblatt 20, S. 112 + 113**).
Zur weiteren Vertiefung erhalten die Schülerinnen und Schüler folgende Aufgabe:

■ *Ein wesentliches Merkmal der Schizophrenie ist ein ständiger Stimmungswechsel. Auch Büchners Lenz erlebt im Steintal Phasen, in denen er ruhig ist und gesund erscheint. Welche Tätigkeiten und Ereignisse fördern diese Zustände? Berücksichtigen Sie bei Ihrer Textanalyse insbesondere S. 7–10 der Textausgabe.*

Nach der Textanalyse werden die Arbeitsergebnisse im Kursplenum besprochen und an der Tafel zusammengefasst:

---

**Tätigkeiten und Ereignisse, die Lenz beruhigen**

- lesen, zeichnen, malen (vgl. z. B. 9, 26 – 9, 28)
- Gespräche mit Oberlin und seiner Familie (vgl. z. B. 7, 10 – 7, 20)
- Begleitung bei Oberlins Hausbesuchen (vgl. 8, 35 – 9, 5)
- Spaziergänge in der Natur (vgl. z. B. 10, 5 – 10, 23)
- Beschäftigung mit Religion und Mystik (vgl. z. B. 10, 26 – 10, 28)
- <u>physische</u> Schmerzen, kalte Bäder (vgl. z. B. 23, 24 – 23, 29)

---

Mit folgendem Impuls lenkt die Lehrkraft die Aufmerksamkeit auf die Entwicklung von Lenz' Verfassung:

> ■ *Vergleichen Sie Lenz' Zustand zu Beginn der Erzählung und am Ende. Erkennen Sie eine Entwicklung?*

Das Gespräch über Lenz' Entwicklung führt zu folgender Ergänzung des Tafelbildes:

---

**Tätigkeiten und Ereignisse, die Lenz beruhigen**

- lesen, zeichnen, malen (vgl. z. B. 9, 26 – 9, 28)
- Gespräche mit Oberlin und seiner Familie (vgl. z. B. 7, 10 – 7, 20)
- Begleitung bei Oberlins Hausbesuchen (vgl. 8, 35 – 9, 5)    } wirken nur vorübergehend beruhigend
- Spaziergänge in der Natur (vgl. z. B. 10, 5 – 10, 23)
- Beschäftigung mit Religion und Mystik (vgl. z. B. 10, 26 – 10, 28)
- <u>physische</u> Schmerzen, kalte Bäder (vgl. z. B. 23, 24 – 23, 29)

zunehmende Verschlechterung seines psychischen Zustandes    „So lebte er hin."

---

Am Ende seines Aufenthalts im Steintal hat sich Lenz' Krise so weit verschärft, dass auch die herausgearbeiteten Tätigkeiten keine Linderung mehr verschaffen, ja seine Psychose geradezu verstärken (wie etwa die Gespräche mit Oberlin, vgl. Baustein 4.2), sodass ihn seine Anfälle selbst tagsüber ereilen.

Falls noch nicht erfolgt, bietet sich nun ein Gespräch über den letzten Satz bzw. Absatz an, das mit einer provokanten Aussage eingeleitet werden könnte:

> ■ *Am Ende heißt es, dass Lenz keine Angst mehr fühle und zur Ruhe gekommen sei, wonach er sich ja die ganze Zeit über sehnte. Demnach hat er also sein Ziel erreicht. Stimmen Sie dieser These zu?*

Falls die Schülerinnen und Schüler diese These nicht gleich adäquat zurückweisen können, müsste noch einmal gemeinsam der letzte Absatz gelesen und herausgearbeitet werden, dass die beschriebene Gleichgültigkeit das Gegenteil von jener Ruhe ist, die sich Lenz ersehnt, da sie ein angepasstes Leben ohne Bewegung, Leidenschaft und Individualität darstellt. Dass dieser Zustand Resignation bedeutet, wird nicht nur durch den Erzählerkommentar, dass sein Dasein ihm „eine notwendige Last" (29, 33 f.) geworden sei, verdeutlicht, sondern auch durch die Tatsache, dass Lenz weitere Selbstmordversuche unternimmt. Um die Ergebnisse zu bündeln, kann ein abschließender Gesprächsimpuls in der Aufforderung bestehen, das Adverb „so" im letzten Satz mit eigenen Worten auszufüllen:

■ *Was meint der Erzähler mit dem letzten Satz „So lebte er hin"? Ersetzen Sie ihn durch eine genauere Beschreibung.*

Eine mögliche Beschreibung könnte lauten: „In diesem Zustand der Resignation, der inneren Leere und Enttäuschung lebte er weitere 14 qualvolle Jahre."

Nachdem sich die Schülerinnen und Schüler die Symptome und Entwicklung von Lenz' Krankheit erschlossen haben, sollen sie nun ihre Ursachen untersuchen. Dies ist nicht nur insofern eine anspruchsvolle Aufgabe, als sie eine genaue Textkenntnis erfordert, sondern auch deshalb, weil Büchner keine eindeutigen Ursachen benennt und lediglich multikausale Andeutungen liefert. Damit setzt er sich bewusst von Oberlins moralisierenden Erklärungsversuchen ab, die aus christlichem Blickwinkel eine Hauptschuld in Lenz' unbürgerlichem Lebensstil ausmachten (vgl. Baustein 4.3).

Da Büchner sich mit verstreuten Andeutungen begnügt, ist auch eine gute Kenntnis von Lenz' Biografie notwendig, die in Baustein 2.2 erarbeitet wurde und gegebenenfalls durch Lehrer-Informationen ergänzt werden müsste. Auf individualpsychologischer Ebene sind Minderwertigkeitsgefühle gegenüber Oberlin und Kaufmann, vor allem aber gegenüber seinem Vater, sowie Schuldgefühle gegenüber seiner Mutter und Friederike Katalysatoren seiner Ich-Schwäche. Hinzu kommen traumatische Erlebnisse wie eben die Trennung von Friederike, die seine Liebe wohl nicht erwidert hat (auch wenn Lenz dies anders wahrnimmt), sowie das – im Text nicht thematisierte – Zerwürfnis mit Goethe. Es fehlt Lenz außerdem ein verständnisvolles soziales Umfeld, weshalb er bezeichnenderweise bei fremden Menschen in der Abgeschiedenheit des Steintals Hilfe sucht. Auch die materielle Armut und finanzielle Unsicherheit eines mäßig erfolgreichen Schriftstellers tragen zu seiner existenziellen Not bei, ist er dadurch doch ständig auf Unterstützung durch andere angewiesen. Schlimmer wiegt aber möglicherweise die fehlende Anerkennung seines künstlerischen Schaffens, auch wenn er bei seiner Ankunft in Waldersbach nicht nach seiner schriftstellerischen Arbeit beurteilt werden möchte (vgl. 7, 8). Über eine genetische Disposition könnte nur spekuliert werden, ihre Untersuchung war zu Büchners Zeiten noch nicht bekannt.

Neben den individualpsychologischen Ursachen wären schließlich auch die gesellschaftlichen Verhältnisse und kulturell-ideologischen Umbrüche ins Visier zu nehmen, gegen die Lenz erfolglos rebelliert (vgl. hierzu ausführlicher Baustein 4.4). Bestärkt durch die säkularisierenden Tendenzen seiner Zeit stürzen ihn Zweifel an der christlichen Lehre und der Güte Gottes in eine fundamentale Sinnkrise, die in einer nihilistischen Weltsicht mündet (vgl. Baustein 4.3). Die Verweigerung praktischer Arbeiten und bürgerlicher Lebensentwürfe befördert außerdem eine quälende Langeweile, die – wie auch bei Danton und Leonce und Lena – letztlich Ausdruck eines tieferen Weltschmerzes mit melancholisch-depressiven Zügen ist. Verdichtet wird Lenz' Zustand in der Schlüsselmetapher des „Risses", der sowohl die Spaltung der Persönlichkeit als auch das Auseinanderfallen von individuellen Wünschen und gesellschaftlichen Ansprüchen umschreibt.

Für die Erschließung dieser Ursachen bietet sich als Sozialform eine Partnerarbeit an. So können sich die Schülerinnen und Schüler gegenseitig mit ihrem Textwissen unterstützen und über einzelne Aspekte diskutieren. Der entsprechende Arbeitsauftrag, der zunächst einen Schwerpunkt auf die individualpsychologischen Ursachen legt, lautet:

- *Notieren Sie Ursachen von Lenz' Krankheit, die in der Erzählung erwähnt oder angedeutet werden. Berücksichtigen Sie dabei u. a. das Verhältnis zu seiner Familie und seinen Freunden, seine soziale Situation und Erlebnisse in der Vergangenheit.*

- *„[…] die Welt, die er hatte nutzen wollen, hatte einen ungeheuren Riss" (26, 8 f.) – erläutern Sie diese Metapher.*

Die Ergebnisse können an der Tafel in Form einer Mindmap gesichert werden:

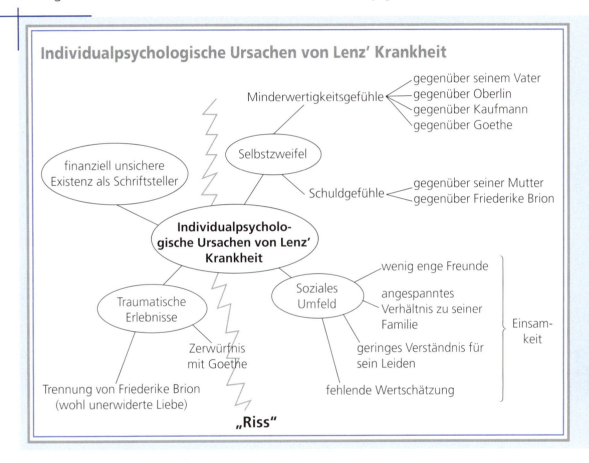

Alternativ könnte die Lehrkraft als Ausblick bereits auch die gesellschaftlichen und ideologischen Ursachen thematisieren und den Lernenden eine Gesamtübersicht als Kopie austeilen (vgl. **Arbeitsblatt 21**, S. 114).

## 4.2 Oberlin, der unerreichbare Vater

Johann Friedrich Oberlin (1740–1826) war 59 Jahre lang Pfarrer und Seelsorger in der Pfarrei Waldersbach (Waldbach). Neben seiner pastoralen Tätigkeit bemühte er sich unermüdlich um eine Verbesserung der Bildung und der sozial-ökonomischen Verhältnisse im strukturschwachen Steintal. So gründete er die ersten Strickschulen (Kindergärten) Europas, unterstützte Alphabetisierungskampagnen, förderte Industriebetriebe, ließ Wege, Brücken und Bewässerungsanlagen bauen und etablierte eine Genossenschaftssparkasse. Seine humanitäre Aufbau- und Bildungstätigkeit machte ihn weit über das Steintal und Elsass hinaus bekannt, wo er als „Papa Oberlin" bewundert und verehrt wurde (zu einer ausführlicheren Biografie vgl. Anhang Textausgabe, S. 60 f.).

In Büchners Erzählung wird das sozialreformerische Wirken Oberlins nur am Rande angedeutet (vgl. etwa 8, 34 f.). Sie konzentriert sich sonst ganz auf das Verhältnis zwischen dem Seelsorger und Lenz, der wohl auf Anraten seiner Freunde zu Oberlin gereist ist. Zunächst vermag dieser tatsächlich Lenz in den ersten Tagen zu beruhigen, ihn zu trösten und zu inspirieren. Seine Anfälle ereilen Lenz zu dieser Zeit nur nachts, wenn er alleine ist. Tagsüber begleitet er Oberlin bei seinen Hausbesuchen und praktischen Arbeiten im Steintal, er liest die Bibel und bereitet sich für eine Predigt vor. Nach Oberlins Abreise zu Lavater verschlechtert sich Lenz' Zustand aber rapide, seine Wahnvorstellungen verstärken sich und kulminieren in einem religiösen Wahn, in dem er ein totes Kind aufzuerwecken versucht. Nach seiner Rückkehr kann Oberlin Lenz nur noch eingeschränkt helfen. Mit seiner Aufforderung, zu seinem Vater zurückzukehren und Hilfe bei Gott zu suchen, zerstört Oberlin schließlich gänzlich das Vertrauensverhältnis zu Lenz, der in ihm einen Ersatzvater gefunden zu haben glaubte und Hoffnung hatte, mit Oberlins Hilfe geheilt werden zu können. Schließlich weiß Oberlin keinen anderen Ausweg, als den suizidgefährdeten Kranken nach Straßburg abtransportieren zu lassen.

Um sich der zentralen Figur Oberlins anzunähern, müssen sich die Schülerinnen und Schüler zunächst einmal mit seiner Biografie vertraut machen. Die Lernenden erhalten hierfür folgenden Auftrag:

■ *Stellen Sie die wichtigsten Lebensdaten aus Oberlins Biografie (vgl. Anhang der Textausgabe, 60 f.) in einem tabellarischen Lebenslauf dar.*

Bei mehr Zeit kann diese Aufgabe auch eine ergänzende Internetrecherche einschließen. Eine noch intensivere Auseinandersetzung mit Oberlin wäre durch eine produktionsorientierte Aufgabe zu erreichen:

■ *Informieren Sie sich im Anhang der Textausgabe (60 f.) und im Internet über das Leben Johann Friedrich Oberlins. Schreiben Sie aus der Sicht des Bürgermeisters von Waldersbach im Jahr 1826 einen Nachruf auf „Papa Oberlin", wie er auf seinem Grabkreuz in Fouday genannt wird. Berücksichtigen Sie dabei sein Wirken als Pfarrer, Seelsorger, Pädagoge, Sozialarbeiter und Entwicklungshelfer, das ihn weit über das Elsass hinaus zu einer hoch angesehenen Persönlichkeit gemacht hat.*

In einem nächsten Schritt sollen sich die Schülerinnen und Schüler die Entwicklung des Verhältnisses zwischen Oberlin und Lenz erschließen. Hierfür bietet sich eine szenische Erarbeitung in Form von Standbildern an. Es werden vier Gruppen gebildet (bei großen Kursen acht Gruppen, pro Gruppe 3–5 Lernende), die unterschiedliche Textstellen bearbeiten (vgl. **Arbeitsblatt 22**, S. 115; bei acht Gruppen gibt es für jeden Textauszug zwei Gruppen). Nachdem die Gruppen ihre szenische Interpretation in der Vorbereitungsphase entwickelt haben, bauen sie nacheinander ihr Standbild im Plenum auf. Die Lehrkraft moderiert die Auswertung jedes Standbildes mit folgenden Impulsen:

■ *Beschreiben Sie, was Sie sehen.*

■ *Welche Szene wird dargestellt?*

■ *Wie ist das Verhältnis zwischen den beiden Figuren? Wer erscheint mächtiger?*

■ *Welche Charakterzüge und Stimmungen sind bei Oberlin und Lenz erkennbar?*

- *Was denken die beiden in der Situation voneinander? Was sind ihre Ziele oder Wünsche?*
- *Welche Gesten dienen welchem Zweck?*
- *Was hat sich im Vergleich zum vorherigen Standbild/zu den vorherigen Standbildern geändert?*
- *Was könnte man an diesem Standbild verändern?*

Die Ergebnissicherung sollte besonderen Wert auf die Entwicklung des Verhältnisses zwischen den beiden Hauptfiguren legen. Mit folgendem Auftrag werden die Schülerinnen und Schüler dazu angeregt, die Standbilder und ihre Auswertung grafisch zu bündeln:

- *Fassen Sie die Standbilder-Auswertung in einer Grafik zusammen und kennzeichnen Sie durch eine Kurve die Entwicklung der Beziehung zwischen Oberlin und Lenz.*

Ein entsprechendes Tafelbild könnte folgendermaßen aussehen:

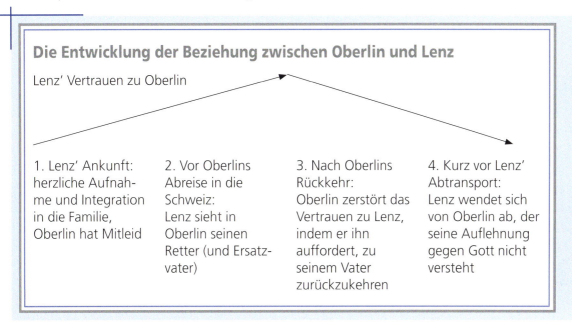

Statt über Standbilder kann das sich wandelnde Verhältnis zwischen Oberlin und Lenz mit folgendem Auftrag auch rein textanalytisch erschlossen werden:

- *Untersuchen Sie das Verhältnis zwischen Oberlin und Lenz und stellen Sie es in einer schematischen Grafik dar. Berücksichtigen Sie dabei insbesondere folgende Textpassagen: 6, 28 – 7, 20;  16, 28 – 17, 12; 22, 13 – 22, 29; 27, 26 – 28, 10.*

Bei schwächeren Kursen empfiehlt es sich, zunächst die erste Passage gemeinsam zu lesen und im Plenum auszuwerten. Folgende Impulse können die Standbild- bzw. Textanalyse-Auswertung am Ende in eine tiefergehende Diskussion überführen:

- *Trägt Oberlin eine Mitschuld an der Verschlechterung von Lenz' psychischer Verfassung?*
- *Finden Sie Oberlins Entscheidung richtig, Lenz nach Straßburg transportieren zu lassen?*

## Baustein 4: Lenz' Leiden und Geisteskrankheit

> *Auf seinem Grabkreuz wird Oberlin als „Papa" verehrt. Es ist aber überliefert, dass er von manchen Leuten auch der „Narr im Steintal" genannt wurde. Was könnte der Grund für diese Bezeichnung sein?*

Man könnte Oberlin vorwerfen, die eigentliche Ursache von Lenz' Krankheit verkannt zu haben und durch seine moralischen Ermahnungen und seine Aufforderung, zu seinem Vater zurückzukehren, das Vertrauensverhältnis zerstört und damit Lenz' Krise verstärkt zu haben. Man könnte aber auch anerkennen, dass es ihm letztlich vor allem darum ging, sicherzustellen, dass sich Lenz nicht umbringt, wozu er in Waldersbach nicht in der Lage war. Der letzte Impuls zum „Narren im Steintal" zielt auf Oberlins mystisch-irrationale Seite ab, von der sich auch Lenz inspiriert fühlt. In Büchners Erzählung berichtet ihm Oberlin von seinen Träumen und Halluzinationen, zudem beschäftigt er sich mit Farbensymbolik und Farbenmystik (vgl. 13, 6–13, 9). Die Schülerbeiträge können stichpunktartig an der Tafel gesammelt werden:

---

**Mögliche Gründe, weshalb Oberlin Lenz abtransportieren lässt**

- Verhinderung der Selbstmordversuche
- Schutz der eigenen Familie
- Überforderung, Hilflosigkeit
- Mangelhafte Einsicht in das eigentlichen Leiden von Lenz

---

Die Beschäftigung mit Oberlins Verhalten und seiner Mitschuld an der Verschlechterung von Lenz' psychischer Verfassung soll nun in einer produktionsorientierten Aufgabe weiter vertieft werden. In Baustein 2.3 haben sich die Schülerinnen und Schüler bereits mit Oberlins Bericht als Hauptquelle für Büchners Erzählung und ihrem Fragmentcharakter auseinandergesetzt, nun sollen sie selbst einen Teil des Berichts in eine fiktive Erzählung transformieren. Büchners Erzählung bricht vor dem letzten Absatz ziemlich abrupt ab, wodurch mehrere Seiten des Berichts vernachlässigt werden. Es ist in der Literaturwissenschaft umstritten, ob Büchner in einer vollständigen Endfassung diese Teile noch eingearbeitet hätte oder ob er bewusst auf diese Passagen verzichtet hat. Auf jeden Fall dürfte es für die Schülerinnen und Schüler eine reizvolle Aufgabe darstellen, in die Rolle Büchners zu schlüpfen und die entsprechenden Textstellen des Berichts selbst in eine literarische Erzählung umzuarbeiten. Der Arbeitsauftrag zu dieser etwas umfangreicheren Aufgabe lautet:

> *Wie Sie bereits wissen, orientierte sich Büchner in seiner Erzählung sehr stark an Oberlins Bericht. Die letzten Seiten dieser Vorlage sind von Büchner jedoch nur lückenhaft umgearbeitet worden. Übernehmen Sie diese Aufgabe und schreiben Sie die Erzählung nach dem Satz „Die Kindsmagd kam todblass und ganz zitternd" (29, 10f.) im Stile Büchners fort. Die entsprechende Stelle beginnt in Oberlins Bericht auf Seite 75, Zeile 32 (Anhang der Textausgabe).*

Die Auswertung der Aufgabe kann durch folgende Impulse gesteuert werden:

> *Was erfährt man in der Erzählfortführung über Lenz' und Oberlins Gefühle, Gedanken und Absichten?*

> *Wie ist dort das Verhältnis zwischen Oberlin und Lenz gestaltet?*

- *Gibt es eine Entwicklung in der Beziehung zwischen Oberlin und Lenz, die in Büchners Erzählung und/oder Oberlins Bericht fehlt?*
- *Wird deutlich, weshalb Oberlin Lenz abtransportieren lässt?*
- *Passt die Fortführung stimmig in Büchners Erzählung?*
- *Wie gut ist die Nachahmung von Büchners Schreibstil gelungen?*

## 4.3 Religiöse Hoffnungen und Enttäuschungen

Lenz' Leiden ist untrennbar mit seinem Glauben und religiösen Empfindungen verknüpft. Als Sohn eines angesehenen Pastors lernte er schon früh das strebsame Arbeitsethos und die frommen Ideale des Pietismus kennen. Schließlich begann er mit 17 Jahren selbst ein Studium der Theologie, das er zur großen Enttäuschung seines Vaters jedoch nach fünf Semestern ohne Abschluss abbrach. Angeregt durch das Vorbild Oberlin öffnet er sich in Waldersbach nun wieder seinen religiösen Wurzeln, liest viel in der Bibel und entwickelt gar den Wunsch, vor der Gemeinde zu predigen. Die stille Zwiesprache mit Gott und die Lektüre des Neuen Testaments schaffen es in den ersten Tagen tatsächlich, ihn zu beruhigen, und versprechen eine Aussicht auf Linderung. Doch bereits nach der Predigt sinkt seine Hoffnung wieder, in der Ausrichtung an der christlichen Heilslehre Trost und Stabilität zu finden, führt ihm doch der Gemeindechor mit einem pietistisch gefärbten Kirchenlied erneut die Sinnlosigkeit des Leidens und die Ohnmacht der menschlichen Existenz vor Augen. Statt gegen das irdische Elend anzukämpfen, ergeben sich die Gemeindemitglieder in ihr Schicksal und akzeptieren das Leid als gottgewollte Prüfung, ja verklären es gar zu ihrem „Gewinst" und „Gottesdienst" (11, 21 f.).

In den nächsten Tagen verschärft sich Lenz' Sinn- und Glaubenskrise zusehends, bis er in seinen „religiösen Quälereien" (20, 29) ein totes Kind aufzuerwecken versucht. Das Scheitern dieses Versuchs, in dem er ein göttliches Zeichen erfahren wollte, verstärkt seine Zweifel an der Güte, ja an der Existenz Gottes. An seine nächtliche Gotteslästerei erinnert er sich am nächsten Tag zwar mit starken Schuldgefühlen, doch sein Glaube an Gottes Allmacht und Barmherzigkeit bleibt zerrüttet: „Aber ich, wär ich allmächtig, sehen Sie, wenn ich so wäre, ich könnte das Leiden nicht ertragen, ich würde retten, retten [...]." (28, 6–28, 8) So kann Büchners Erzählung auch als eine verdeckte Religionskritik gelesen werden, die die praktische Wirkungslosigkeit der Religionen im Allgemeinen und der pietistischen Frömmigkeit im Besonderen anprangert.

Als Erstes sollen sich die Lernenden mit Hilfe eines Artikels (vgl. **Arbeitsblatt 23**, S. 116) die Grundelemente des Pietismus aneignen und Oberlin als Vertreter dieser Glaubensrichtung erkennen. Die entsprechenden Arbeitsaufträge lauten wie folgt:

- *Arbeiten Sie aus dem Artikel in Stichworten die zentralen Elemente des Pietismus heraus.*

- *Welche Handlungen und Einstellungen deuten darauf hin, dass auch Oberlin ein Anhänger des Pietismus ist? Untersuchen Sie insbesondere folgende Textstellen und notieren Sie exemplarische Belege: 8, 29–10, 5; 12, 5–12, 20; 22, 13–23, 21.*

Die Auswertung der Erarbeitung kann stichpunktartig an der Tafel zusammengefasst werden:

## Pietismus

**Merkmale des Pietismus:**

- protestantische Bewegung seit Ende des 17. Jahrhunderts
- individuelle Glaubenserfahrung steht im Mittelpunkt
- gesteigerte Selbstbeobachtung
- Betonung des Gefühls, irrationale Schwärmerei
- Seelen- und Freundschaftskult
- neues diszipliniertes Arbeitsethos
- Ziel: Verwandlung der Welt durch den gläubigen Menschen

**Oberlin als Pietist:**

- bibeltreue Frömmigkeit (vgl. z. B. 22, 25 – 22, 27)
- gefühlsbetonte Herzlichkeit (Gastfreundschaft, Küsse, 23, 17)
- praktischer Eifer („Wege angelegt, Kanäle gegraben, die Schule besucht", 8, 34 f.)
- irrationale, mystische Interessen (vgl. z. B. 9, 30 – 10, 5; 12, 11 – 12, 20)
- Hang zur Selbstanalyse und Rechtfertigung (vgl. Oberlins Originalbericht über Lenz)

Im Anschluss an die Auswertung lenkt die Lehrkraft die Aufmerksamkeit auf die Leidthematik der Erzählung und lässt eine Schülerin/einen Schüler die Predigt-Episode laut vorlesen (11, 3 – 11, 30). Anschließend regt sie mit folgendem Impuls ein Interpretationsgespräch an, das Lenz' ambivalente Gefühle deutlich machen soll:

- *Fassen Sie den Inhalt der Kirchenszene kurz in eigenen Worten zusammen.*
- *Welche Gefühle empfindet Lenz in dieser Situation?*

In einem anschließenden Unterrichtsgespräch sollte die Bedeutung des Kirchenlieds geklärt werden. Nachdem die Schülerinnen und Schüler bereits zentrale Merkmale des Pietismus herausgearbeitet haben, werden sie vermutlich von selbst den pietistischen Hintergrund des Lieds erkennen, in dem das Leiden geheilt und als grundlegende Gotteserfahrung verherrlicht wird. Folgende Impulse können die gemeinsame Analyse leiten:

- *Was für eine Einstellung zum Leiden und Leben kommt in dem Kirchenlied zum Ausdruck?*
- *Weshalb werden die Schmerzen als heilig und das Leiden als Gewinn bzw. als Gottesdienst bezeichnet?*
- *Was halten Sie von dieser Überzeugung?*

Um die für die Lernenden wahrscheinlich recht befremdlichen Praktiken und Glaubensinhalte des Pietismus zu erfassen, sollen sie in einem nächsten Schritt das Lied mit einem neueren Song vergleichen, der vermutlich eher ihr Lebensgefühl anzusprechen vermag. In dem 2006 veröffentlichten Lied „Pain" der kanadischen Alternative-Rock- bzw. Post-Grunge-Band Three Days Grace wird dem Leiden ebenfalls eine elementare Lebensbedeutung zugeschrieben. Im Unterschied zum Kirchenlied aus Büchners „Lenz", das an ein pietistisches Lied von Christian Friedrich Richter (1667–1711) angelehnt ist, wird das Leiden jedoch nicht als Gotteserfahrung bzw. als Weg zur Erlösung in der Einheit mit Gott verstanden, sondern als einzige Möglichkeit, sich in einer Welt voller Elend überhaupt noch selbst zu spüren. Der Text mit dem provokanten Refrain „Pain, without love/Pain, I can't get enough/Pain, I like it rough" ist vieldeutig und lässt offen, ob er sadomasochistische Fantasien, einen Drogenentzug – der Lead-Sänger Adam Gontier schrieb ihn in einer Entzugsklinik – oder andere Leid- und Gewalterfahrungen thematisiert, in jedem Fall ist er gut dafür geeignet, die Schülerinnen und Schüler für das Thema zu sensibilisieren. Die Aufmerksamkeit sollte zuerst ganz auf dem Text liegen, den die Lernenden auf dem **Arbeitsblatt 24** (S. 117) erhalten, und noch nicht als Musik vorgespielt werden:

■ *Vergleichen Sie das Kirchenlied (11, 19–11, 22) mit dem Song „Pain" (2006) der Gruppe Three Days Grace im Hinblick auf die Bedeutung des Leidens.*

Der Vergleich kann in einem Tafelbild wie dem folgenden zusammengefasst werden:

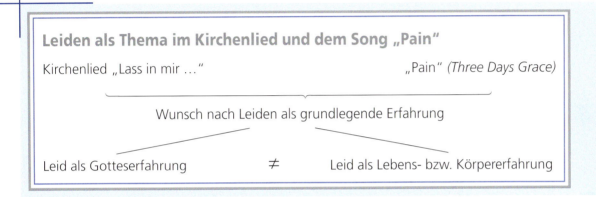

Anschließend sollte die Lehrkraft die Schülerinnen und Schüler zu einem Resümee auffordern:

■ *Welche unterschiedlichen Hoffnungen und Perspektiven kommen in den beiden Liedern zum Ausdruck?*

Die Ergebnisse dieses Gesprächs können zu folgender Ergänzung des Tafelbilds führen:

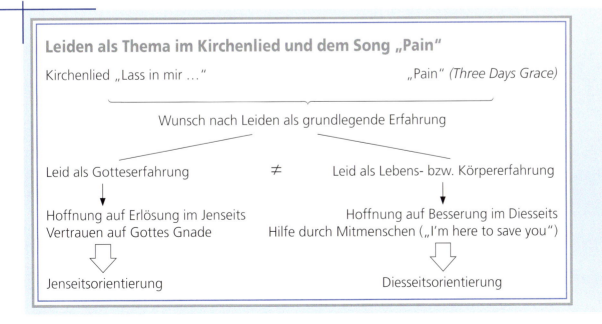

Als weiteren Transfer könnte folgende Frage erörtert werden:

- *Inwiefern spiegelt der Songtext Lenz' Verfassung wider?*

Auch Lenz fügt sich mehrfach physische Schmerzen zu, die ihm helfen sollen, das noch größere Leid seiner psychischen Krankheit zu überwinden (vgl. etwa 28, 13–28, 16). Eine weiterführende Beschäftigung mit dem Song scheint nicht unbedingt notwendig. Die Analyse des entsprechenden Musikvideos könnte aber über den auditiven und visuellen Sinn noch einen anderen emotionalen Zugang eröffnen. Mit folgenden Fragen könnte die Fantasie der Lernenden angeregt und eine Erwartungshaltung vor dem Abspielen des Videos aufgebaut werden:

- *Was für eine Musik (Musikstil, Tempo, Lautstärke, Orchestrierung etc.) erwarten Sie zu diesem Songtext?*
- *Wenn Sie den Auftrag bekämen, zu diesem Text ein Musikvideo zu drehen, was würden Sie wie filmen?*

Nach dem Abspielen des Videos, das im Internet beispielsweise auf der Internetseite http://www.tape.tv/musikvideos/Three-Days-Grace/Pain (letzter Aufruf 27.11.2012) angeschaut werden kann, könnten folgende Fragen besprochen werden:

- *Welche Ihrer Erwartungen an das Video und die Musik haben sich erfüllt, welche nicht?*
- *Woran könnten die Personen des Videos leiden?*
- *Welche Bedeutung hat das kleine Mädchen?*

Im weiteren Verlauf gilt es, die Frage zu klären, weshalb sich Lenz vom christlichen Glauben und dem pietistischen Vorbild Oberlin abwendet. Eine wesentliche Ursache ist Lenz' vergeblicher Kampf gegen das Leiden und Sterben, die er – anders als der Seelsorger und der vermeintlich allmächtige und allgütige Gott – nicht mit seiner Vorstellung einer vollkommenen Welt vereinbaren kann. Für die Erschließung dieses Zusammenhangs ist eine nochmalige Lektüre und Analyse des gescheiterten Auferweckungsversuchs notwendig, die die Lernenden am besten in Einzelarbeit vornehmen:

- *Lesen Sie noch einmal die Auferweckungs-Episode (20, 29–22, 12) sowie das Gespräch zwischen Oberlin und Lenz kurz vor seinem Abtransport (27, 18–28, 21).*

- *Woran scheitert Lenz' Kampf gegen sein eigenes Leiden, das Leiden der Gemeindemitglieder und den Tod?*
- *Weshalb rebelliert Lenz gegen Gott und warum wendet er sich von Oberlin ab?*

Die Auswertung dieser Aufgabe kann in ein Tafelbild wie das folgende münden:

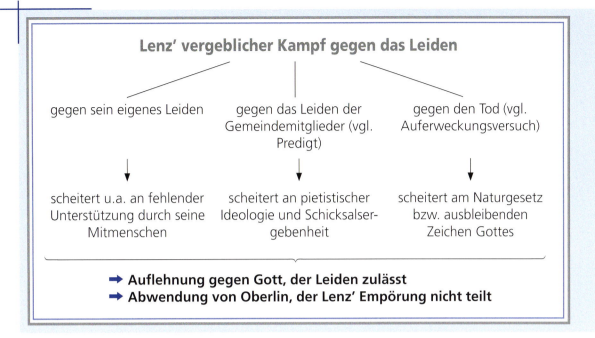

Für eine Vertiefung der Atheismus- bzw. Theodizee-Problematik und Überleitung zur Frage nach den gesellschaftlichen Verhältnissen bietet sich an dieser Stelle eine Auseinandersetzung mit Martin Walsers Dankrede zur Verleihung des Büchner-Preises im Jahr 1981 an (vgl. Anhang Textausgabe, 115–121). In ihr widmet sich der Autor der Frage, weshalb Büchners Figuren, insbesondere Lenz, gegen Gott und die Welt aufbegehren, während sich die heutigen Intellektuellen und Künstler in ihrer Bequemlichkeit, Anspruchslosigkeit und Teilnahmslosigkeit mit den herrschenden Verhältnissen arrangieren. Für sie – und Walser schließt sich ein – sei ein Gott, der Leiden zulässt, kein Grund mehr zur Rebellion und atheistischen Auslieferung an den „Leere-Horror" (119, 25), da sie inzwischen anderen Göttern huldigten: dem Kapitalismus oder Kommunismus und in ihrem Schlepptau dem Szientismus, dem Narzissmus, dem Leistungsprinzip und der Unterhaltungsindustrie. In ironischen Tönen bedauert Walser schließlich Büchner als „Empfindungsgenie" (121, 15), das zu früh geboren sei, um einen Gott zu erleben, der Leidende nicht ignoriere, sondern einschüchtere, und um „eingebettet zu sein in eine Gesellschaft, in der Zeitungsherren auffallen durch Frömmigkeit" und „Bankherren durch Kunstversessenheit" (121, 14–121,17).

Für die Analyse des Textes können den Lernenden folgende Orientierungsfragen und Aufgaben gegeben werden:

- *Was versteht Walser unter dem typischen „Büchner-Horror"?*
- *Vergleichen Sie Büchners bzw. Lenz' Gottesvorstellungen mit den heutigen „Göttern", die Walser beschreibt.*
- *Wie verhalten sich Büchner bzw. Lenz gegenüber ihrem Gott und die Intellektuellen und Künstler gegenüber den heutigen „Göttern"?*
- *„Armer Büchner" (121, 13; 121, 28) – warum bedauert Walser Büchner? Ist das Bedauern ernst gemeint? Begründen Sie.*
- *Stimmen Sie Walsers Ansicht zu? Nehmen Sie begründet Stellung zu seinen zentralen Aussagen.*

Das Auswertungsgespräch könnte folgendes Tafelbild ergeben:

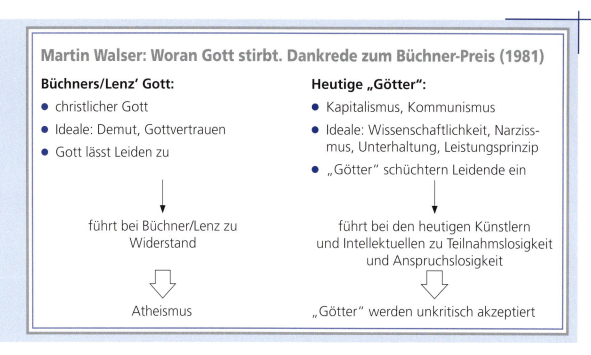

## 4.4 Das Spannungsverhältnis zwischen Individuum und Gesellschaft

Bereits die Auseinandersetzung mit Lenz' religiösen Vorstellungen hat deutlich gemacht, dass seine Krankheit nicht allein privater Natur ist und Büchners Erzählung keine rein individualpsychologische Fallstudie darstellt. Vielmehr ist dessen Geistesverwirrung auch Ausdruck und Resultat eines geistesgeschichtlichen Umbruchs, der im 18. Jahrhundert den Übergang zur industrialisierten, kapitalistischen Moderne markiert. In dieser Perspektive erscheint Lenz als Person, die an dem mit der Säkularisierung einhergehenden Verlust kollektiver Sinngebung leidet und nicht willens oder in der Lage ist, diesen durch einen bürgerlichen Lebensentwurf mit entsprechenden Berufsambitionen zu kompensieren. Waldersbach, das zunächst als heimelige Idylle gezeichnet wird, offenbart sich zuletzt als eine erstarrte Gemeinde der Vorzeit, die in ihrer Frömmigkeit und ihrem Aberglauben Lenz' existenzielle Sinnsuche nicht zu befriedigen bzw. beruhigen vermag. Unverstanden bleibt dieser mit seinen Ängsten am Ende allein am Abgrund der widersprüchlichen, zerrissenen Welt.

Die politischen, ökonomischen, sozialen und kulturellen Verhältnisse dieser Zeit wurden bereits in Baustein 2 ausführlicher behandelt. Sollte die Lehrkraft diesen Teil übersprungen haben, ist zu empfehlen, ihn an dieser Stelle nachzuholen, sodass die Schülerinnen und Schüler mit einem breiten Hintergrundwissen erörtern können, inwiefern Büchners Erzählung auch eine gesellschaftskritische Studie darstellt. Insbesondere ist wichtig, dass die Lernenden Büchners revolutionäre Gesinnung kennen, die er am deutlichsten im „Hessischen Landboten" formuliert (vgl. Baustein 2.1).

Eine Vertiefung des Themas soll nun in erster Linie über Sekundärtexte erfolgen, die den Schülerinnen und Schülern die Möglichkeit geben, die bisherigen Untersuchungsergebnisse unter einem weiteren Fragehorizont zu reflektieren. Vor dem Beginn der Textarbeit soll ein visueller Impuls zu der im Raum stehenden Frage nach den gesellschaftlich-historischen Ursachen von Lenz' Krankheit führen. Francisco de Goyas berühmte Radierung „El sueño de la razón produce monstruos" aus der 1799 veröffentlichten Sammlung „Caprichos" (dt. „Launen", „Einfälle") zeigt einen dem Anschein nach schlafenden Mann, der seinen Kopf und Oberkörper auf einen Tisch gelegt hat und von diversen Ungeheuern umgeben ist (vgl. **Arbeitsblatt 25**, S. 118, oder Anhang Textausgabe, S. 90). Eine doppeldeutige Inschrift macht das Bild noch rätselhafter: „Sueño" kann im Spanischen sowohl Schlaf als auch Traum bedeuten, sodass der Titel also entweder „Der Schlaf der Vernunft gebiert Monster" oder „Der Traum der Vernunft gebiert Monster" lautet. Mit „Schlaf" übersetzt, könnte der Titel eine Kritik an Unverstand, Ignoranz oder Aberglaube zum Ausdruck bringen – wenn die Vernunft aussetzt, entstehen Wahnvorstellungen. Übersetzt man „sueño" jedoch mit „Traum", erhält man eine entgegengesetzte Bedeutung: Gerade die realitätsfernen Ideale der Ratio können sich als gefährlich erweisen und den Traum der Vernunft zum gewissenlosen Alptraum werden lassen. In dieser Lesart enthielte die Radierung eine Kritik an den Werten der Aufklärung und ihres Rationalismus. Die Kunstwissenschaftler sind sich bis heute nicht einig, welche Bedeutung Goya beabsichtigt hat, doch gerade diese Offenheit bietet eine gute Diskussionsgrundlage. Für Lenz' Zustand sind beide Übersetzungen zutreffend: Einerseits entstehen seine Wahnvorstellungen auch deshalb, weil er sein Leben nicht nach rationalen Normen führt, andererseits sind es gerade die Forderungen der zweckrationalen, ökonomischen Vernunft, die sein Leiden mit verursachen.

Folgende Impulse sollen die Analyse des Bildes lenken, bei der die Inschrift zunächst abgedeckt wird:

- *Welche Wirkung hat das Bild auf Sie?*
- *Beschreiben Sie, was Sie sehen.*
- *Geben Sie dem Bild einen Titel (mündlich oder auf Moderationskarten, die an der Tafel gesammelt werden).*
- *(Nach dem Aufdecken und Erklären der Inschrift:) Wenn man „sueño" mit „Traum" übersetzt: Wofür könnten die Ungeheuer stehen, die von der träumenden Vernunft erzeugt werden?*
- *Welche der beiden Übersetzungen passt besser zu Lenz' Zustand?*

Anschließend sollen sich die Schülerinnen und Schüler mit einem literaturwissenschaftlichen Sekundärtext auseinandersetzen (vgl. **Arbeitsblatt 26**, S. 119). Götz Großklaus entwickelt in seinem Aufsatz „Haus und Natur" (1982) eine „sozial-symbolische Lesart", der zufolge Lenz' private Krankheit auf einen pathologischen Zustand der Gesellschaft verweist. Die entsprechenden Analyseaufgaben lauten wie folgt:

- *Formulieren Sie mit eigenen Worten die zentrale These des Textes von Götz Großklaus.*
- *Lenz dient Großklaus als exemplarische Illustration seiner These. Auf welche Aspekte stützt er sich?*
- *Auf welche gesellschaftlichen Entwicklungen verweisen diese Aspekte nach Großklaus?*
- *Beurteilen Sie aus Großklaus' Perspektive die gesellschaftlichen Verhältnisse in Waldersbach.*

An der Tafel oder auf Folie kann der Text folgendermaßen ausgewertet werden:

## Lenz als exemplarische Figur eines sozialen Epochenumbruchs (nach Götz Großklaus)

These: Wahnsinn ist Folge einer gescheiterten Sozialisierung und Ausdruck eines allgemeinen Sinnverlusts

↓

private Krankheit = soziale Krankheit (→ „kranke" Gesellschaft)

— Beispiel Lenz —

| Verweigerung traditioneller Berufsrollenbilder | Verlust traditioneller Sinngebung (Religion) | unausgefüllte private Integration (Ehe) |

*private* Isolation

*Beispiel für*
↓

*kollektiven* gesellschaftlichen Umbruch (Verlust der religiösen Sinnstiftung, Zusammenbruch des sozialen Herrschaftssystems)

↓

Lenz' Versuche, Einsamkeit und Fremdheit zu überwinden und eine verlorene Harmonie wiederherzustellen, scheitern an der gesellschaftlichen Realität

⇩

Waldersbach = erstarrter Ort der Vergangenheit, trügerische Idylle

---

Vertreter der sogenannten Anti-Psychiatrie (u. a. David Cooper, Ronald D. Laing und Thomas Szasz) haben die Einrichtung psychiatrischer Kliniken und die Klassifizierung psychischer Krankheiten, insbesondere auch der Schizophrenie, generell in Frage gestellt. „Normalität" ist für sie ein künstliches Konstrukt, durch das Menschen, die sensibler auf ihre Umwelt reagieren als andere, ausgegrenzt würden. Aus dieser Perspektive lohnt es sich, das Verhalten der „normalen" Menschen in der Erzählung zu diskutieren, die Lenz wie einen Geist fürchten, ihn als verrückt abstempeln und festbinden, wenn sie mit seinem Verhalten nicht zurechtkommen. Diskussionsgrundlage sollen dabei eine Rezension zu Manfred Lütz' Bestseller „Irre! Wir behandeln die Falschen. Unser Problem sind die Normalen" (2009) sowie zwei Auszüge aus diesem Buch mit aktuellen Fällen von angeblich „Normalen" (Esoterikern und Dieter Bohlen) sein (vgl. **Arbeitsblatt 27**, S. 121). Die Lernenden bekommen hierzu folgende Arbeitsaufträge:

- *Fassen Sie die zentralen Inhalte des Textauszugs aus Manfred Lütz' Bestseller „Irre! Wir behandeln die Falschen. Unser Problem sind die Normalen" in einer schematischen Grafik zusammen.*

- *Schreiben Sie einen Leserbrief zu Matthias Matusseks Rezension und das darin besprochene Buch von Manfred Lütz. Beziehen Sie bei Ihrer Stellungnahme auch Lenz und seine Mitmenschen mit ein.*

Die Ergebnisse zum ersten Arbeitsauftrag lassen sich grafisch an der Tafel folgendermaßen skizzieren:

---

**Manfred Lütz: Irre! Wir behandeln die Falschen**

Das eigentliche Problem sind die „Normalen"

Beispiele

- Dieter Bohlen
- Esoteriker

Dieter Bohlen:
- schwere Beziehungsunfähigkeit
- ausgeprägter Narzissmus
- menschenverachtende Einstellung

Esoteriker:
- irrationales Weltbild
- Beschäftigung mit Unsinn

Dieter Bohlen und Esoteriker gelten im psychiatrischen Sinne als „normal"

⇩

Der „ganz normale Blödsinn" ist für die Gesellschaft aber oft schädlicher als das Verhalten psychisch Kranker

---

Notizen

# Lenz' Schizophrenie

Schizophrene Psychosen gehören zu den schwersten psychiatrischen Erkrankungen. Beschreibungen schizophrener Störungen sind unter zahlreichen Begriffen („Geisteskrankheit, Irresein, Wahnsinn, Besessenheit, Tollwut") seit dem Altertum bekannt. Der deutsche Psychiater Emil Kraepelin führte 1896 als gemeinsames Merkmal vielgestaltiger Krankheitsbilder die „Dementia praecox" (frühzeitige Verblödung") ein, von der er das „manisch-depressive Irresein" (mit günstiger Prognose) abgrenzte. Er wird damit zu den Begründern des modernen Schizophrenie-Konzeptes gezählt. Auf Grund seiner klinischen Beobachtungen kam der Schweizer Psychiater Eugen Bleuler zu dem Schluss, dass nicht alle unter dem Kraepelin'schen Konzept zusammengefassten Störungen in demenzielle[1] Entwicklungen münden. Nachdem ihm „die elementarsten Störungen in einer mangelhaften Einheit, in einer Zersplitterung und Aufspaltung des Denkens, Fühlens und Wollens und des subjektiven Gefühls der Persönlichkeit" zu liegen schienen, schlug er 1911 vor, diese Störungen als „Gruppe der Schizophrenien" („Spaltungsirresein" von schizo- „Spalt, gespalten"; phren – eigentlich „Zwerchfell", im weiteren Sinn „Geist…Seele") zu bezeichnen. […]

Die Schizophrenie weist hinsichtlich ihres klinischen Erscheinungsbildes und des Verlaufs eine immense Vielfalt auf, stets ist jedoch die Gesamtpersönlichkeit der Patienten betroffen. Zu den charakteristischen Symptomen der floriden (Akut-)Phase zählen:

*Formale Denkstörungen.* Häufig ist die Lockerung der Assoziationen, wobei die Gedanken von einem Gegenstand zum anderen wechseln, der damit überhaupt nicht oder nur locker zusammenhängt, ohne dass der Sprecher dies zu bemerken scheint. Aussagen ohne sinnvolle Beziehungen können nebeneinander stehen. Wenn die Lockerung der Assoziationen sehr stark ausgeprägt ist, kann sich dieses in Zerfahrenheit, in unverständlichen Sprachäußerungen ausdrücken. Weiterhin kann eine Verarmung im Inhalt der Sprache auftreten, d.h. sie ist vage, übermäßig abstrakt oder konkret, so dass trotz langer Rede kaum Informationen übermittelt werden.

*Inhaltliche Denkstörungen.* Unter diesem Begriff werden verschiedene Wahnphänomene zusammengefasst. Besonders häufig ist der Verfolgungswahn, bei dem der Patient glaubt, dass andere ihm nachspionieren, falsche Gerüchte über ihn verbreiten oder ihm Schaden zufügen wollen. Ebenfalls häufig ist der Beziehungswahn, bei dem Ereignisse, Gegenstände oder Personen eine besondere und ungewöhnliche, meist negative oder bedrohliche Bedeutung erhalten. Zum Beispiel kann die Person davon überzeugt sein, dass die Nachrichten im Fernsehen speziell auf sie gemünzt sind. Weitere spezifische Wahnphänomene sind z.B. der Glaube, dass sich die eigenen Gedanken nach außen ausbreiten, sodass andere Personen sie hören können (Gedankenausbreitung); dass die eigenen Gedanken entzogen werden (Gedankenentzug); oder dass Gefühle, Impulse, Gedanken oder Handlungen nicht die eigenen sind, sondern durch eine äußere Macht eingegeben werden (Wahn, kontrolliert oder beeinflusst zu werden). Seltener werden Größenwahn oder religiöser Wahn beobachtet. Gedankenentzug, Gedankenausbreitung oder Gedankeneingebung werden auch als Ich-Störungen bezeichnet.

*Wahrnehmungsstörungen/Halluzinationen.* Am häufigsten sind akustische Halluzinationen, insbesondere das Stimmenhören: eine oder mehrere Stimmen, die die Person als von außen kommend wahrnimmt. Die Stimmen können vertraut sein und oft verletzende Äußerungen machen. Besonders charakteristisch sind Stimmen, welche die Person direkt ansprechen oder ihr gegenwärtiges Verhalten kommentieren. Die Stimmen können Befehle erteilen, die, falls sie befolgt werden, manchmal zur Gefahr für die Person oder andere werden. Taktile Halluzinationen äußern sich typischerweise als elektrisierende, kribbelnde oder brennende Empfindungen. Halluzinationen können auch in anderen Sinnesgebieten auftreten (Geruch, Geschmack).

*Affektstörungen.* Bei flachem Affekt gibt es nahezu keine Anzeichen eines affektiven Ausdrucks; die Stimme klingt ungewöhnlich monoton, und das Gesicht ist unbewegt. Die Person kann darüber klagen, dass sie nicht mehr mit normaler Gefühlsintensität reagiert oder in extremen Fällen gar keine Gefühle mehr besitzt (Anhedonie). Bei inadäquatem Affekt stehen die Gefühlsäußerungen einer Person deutlich im Widerspruch zum Inhalt ihrer Worte oder Vorstellungen (z.B.: Lachen bei traurigem Inhalt).

*Selbstgefühlsstörungen* (Ich-Bewusstsein). Das Selbstgefühl ist häufig gestört, die Person ist unsicher hinsichtlich der eigenen Identität oder der Bedeutung der eigenen Existenz. […]

---

[1] Demenz: erworbene, auf organische Hirnschädigung beruhende geistige Behinderung

*Antriebsstörungen.* Die charakteristischen Störungen des Willens werden meistens erst in der Residualphase (nach Abklingen der Akutsymptomatik) beobachtet. Es bestehen aber fast immer Störungen der selbstinitiierten zielgerichteten Aktivität, wodurch die Ausübung der Berufstätigkeit oder der Erfüllung anderer Rollen erheblich beeinträchtigt werden können.

*Zwischenmenschliche Beziehungen.* Es bestehen fast immer Schwierigkeiten, zwischenmenschliche Beziehungen aufrechtzuerhalten. Oft nimmt dies die Form sozialen Rückzugs und emotionaler Isolierung an.

*Nebenmerkmale.* Fast jedes andere Symptom kann vorkommen: Vernachlässigung der äußeren Erscheinung; exzentrische Aufmachung; psychomotorische Besonderheiten: Auf- und Abgehen, Schaukeln; Sprachverarmung, d.h. nur kurzes Antworten auf Fragen; dysphorische Verstimmungen[1], Depression; hypochondrische Befürchtungen. Es besteht typischerweise keine Bewusstseinsstörung.

Aus: Kurt Hahlweg/Matthias Dose: Schizophrenie. Göttingen/Bern/Toronto/Seattle: Hogrefe 1998, S. 1–3

[1] dysphorisch: ängstlich-bedrückt, freudlos, leicht reizbar; Gegensatz von „euphorisch"

- *Fassen Sie in Stichpunkten die auf dem Arbeitsblatt genannten Hauptsymptome der Schizophrenie zusammen.*
- *Untersuchen Sie in Vierergruppen, welche Empfindungen und Verhaltensweisen auf eine schizophrene Erkrankung von Lenz hinweisen. Tragen Sie diese stichwortartig mit Seiten- und Zeilenangabe in die Tabelle ein.*

## Textauszüge aus Büchners „Lenz"

Gruppe 1: 5, 1–9, 26
Gruppe 2: 16, 28–20, 28
Gruppe 3: 20, 29–26, 5
Gruppe 4: 26, 6–29, 34

| Symptom | Erläuterung der Symptome | Textbelege in Stichworten (mit Seiten- und Zeilenangabe) |
|---|---|---|
| Formale Denkstörung | | |
| Inhaltliche Denkstörung | | |
| Wahrnehmungsstörung/ Halluzinationen | | |
| Affektstörungen | | |
| Selbstgefühlsstörungen | | |
| Antriebsstörungen | | |
| Zwischenmenschliche Beziehungen | | |
| Weitere Nebenmerkmale | | |

## Lösung zur Gruppenarbeit

| Symptom | Erläuterung der Symptome | Textbelege in Stichworten (mit Seiten- und Zeilenangabe) |
|---|---|---|
| Formale Denkstörung | Lockerung der Assoziationen; unverständliche Sprachäußerungen; Sprachverarmung | stockende Rede, abgebrochene Sätze (20, 26 f.; 26, 15 – 26, 19; 26, 25 f.) |
| Inhaltliche Denkstörung | Verfolgungswahn, Beziehungswahn; Ich-Störungen: Gedankenausbreitung, Gedankenentzug, Gedankeneingebung | Beziehungswahn (19, 7 – 19, 9); religiöser Wahn (20, 29 – 22, 3); Größenwahn (21, 29 – 21, 33); Persönlichkeitsspaltung (27, 14 – 27, 16) |
| Wahrnehmungsstörung/ Halluzinationen | v.a. akustische Halluzinationen (Stimmenhören) | visuelle Halluzinationen/Wahrnehmungsstörungen (6, 25 – 6, 28; 9, 13 – 9, 15; 25, 34 – 26, 2); akustische Halluzinationen/Stimmen (18, 2 – 18, 5; 26, 14 – 26, 15; 28, 32 – 29, 5) |
| Affektstörungen | flacher Affekt: Unfähigkeit, Gefühle zu erleben oder auszudrücken; inadäquater Affekt: Widerspruch zwischen den Gefühlsäußerungen und dem Inhalt der Rede oder Vorstellungen | flacher Affekt (Leere, Gleichgültigkeit) (20, 29 – 20, 35; 29, 12 – 29, 15; 29, 32 – 29, 35); inadäquater Affekt (lachen) (19, 18 f.) |
| Selbstgefühlsstörungen | Unsicherheit hinsichtlich der eigenen Identität oder Bedeutung der eigenen Existenz | Furcht vor sich selbst (19, 9 f.) |
| Antriebsstörungen | gehemmte Ausführung von Handlungen | Antriebslosigkeit (24, 1 – 24, 21; 28, 22 – 28, 26) |
| Zwischenmenschliche Beziehungen | Schwierigkeit, Beziehungen aufrechtzuerhalten; sozialer Rückzug | Flucht ins Steintal zu Fremden |
| Weitere Nebenmerkmale | Vernachlässigung der äußeren Erscheinung; exzentrische Aufmachung; psychomotorische Besonderheiten; Sprachverarmung; Verstimmungen; Depressionen; Hypochondrie | exzentrische Aufmachung (Büßerkleidung) (21, 4 – 21, 7); psychomotorische Besonderheiten (Auf- und Ab-Gehen) (20, 4); Sprachverarmung (27, 22 – 27, 25) |

# Ursachen von Lenz' Krankheit

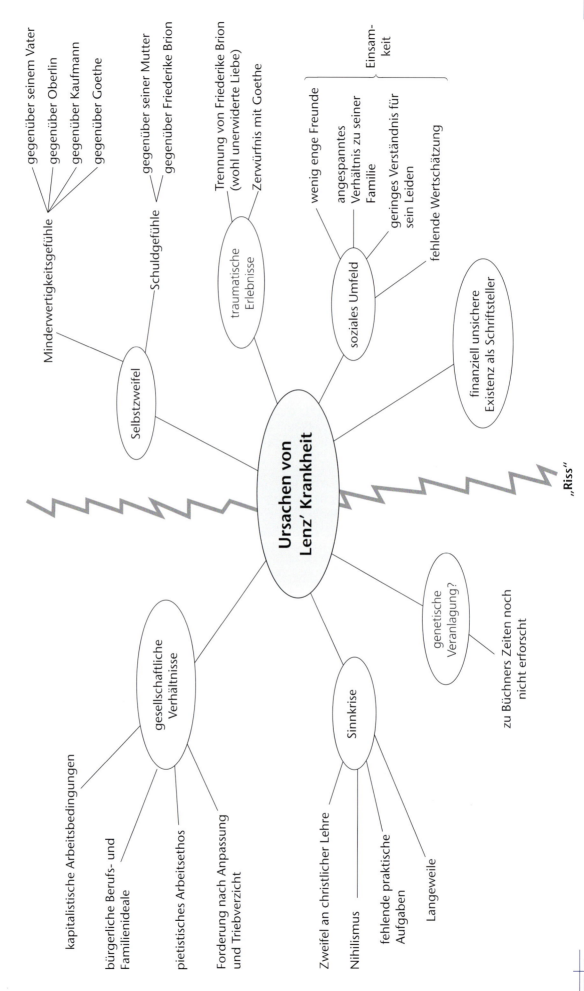

# Das Verhältnis zwischen Lenz und Oberlin – Standbilder bauen

■ *Lesen Sie den Ihrer Gruppe zugewiesenen Textauszug aus Büchners „Lenz". Klären Sie in Ihrer Gruppe den Inhalt des Textauszugs und seine Bedeutung im Verlauf der Erzählung. Beraten Sie, mit welchen Mitteln der Mimik, Gestik, Körperhaltung und Stellung der Figuren zueinander die Szene wirkungsvoll dargestellt werden könnte.*

■ *Legen Sie anschließend fest, wer von Ihnen Oberlin und Lenz darstellt. Die anderen Gruppenmitglieder sind die Regisseure und formen mit ihren Händen, durch Anweisungen oder Vorspielen das Standbild (bei Dreiergruppen gibt es nur einen Regisseur). Die Figuren verhalten sich wie bewegliche Puppen bzw. Knetmasse und folgen stumm den Anweisungen der Baumeister, ohne selbst aktiv in den Gestaltungsprozess einzugreifen.*

■ *Wenn die Regisseure mit dem Standbild zufrieden sind, wird es „eingefroren". Die Darsteller prägen sich ihre Stellung, Gestik und Mimik ein, sodass sie das Standbild später wieder wie geplant aufbauen können.*

Johann Friedrich Oberlin (1740–1826), Lithografie

### Textauszüge aus Büchners „Lenz"

- Gruppe 1: 6, 28 – 7, 20
- Gruppe 2: 16, 28 – 17, 12
- Gruppe 3: 22, 13 – 22, 29
- Gruppe 4: 27, 26 – 28, 10

| | Oberlin | Lenz |
|---|---|---|
| Mimik | | |
| Gestik | | |
| Körperhaltung | | |
| Stellung der Figuren zueinander | | |
| | | |

# Pietismus

Gegen Ende des 17. Jahrhunderts entstand in Deutschland die protestantische Bewegung des *Pietismus*, die sich als neue Reformation begriff, da die Luthers in orthodoxem Dogmatismus und verkrustetem Beamtentum erstarrt schien. Ähnlich wie die Mystik stellte der Pietismus die individuelle Glaubenserfahrung in den Mittelpunkt seiner Lehre. Der hierdurch zu lebendigem Glauben wiedergeborene Mensch wandelt sich in der Buße zu einem gottseligen Leben; dazu muss seine Seele von Gott erfüllt sein. Um auf die Zeichen göttlicher Gnade vorbereitet zu sein, horcht der pietistische Christ genau auf seine Seelenregungen und lotet alle Tiefen seiner persönlichen Glaubensempfindungen aus. Dieser individualistische Zug des Pietismus führte von dem kollektiven Gemeindegottesdienst weg zu kleinen Andachtszirkeln, den Konventikeln, bei denen im engsten Freundeskreis ein gemeinsames Glaubensgefühl intensiv erlebt werden konnte. Der Pietismus leitete damit jenen Seelen- und Freundschaftskult des 18. Jahrhunderts ein, dessen literarische Hinterlassenschaft uns heute zuweilen übertrieben sentimental erscheint, dessen Reichtum an fein differenzierten Gefühlsregungen jedoch unsere größte Bewunderung verdient. Liest man in den unzähligen Briefwechseln dieses Jahrhunderts, so bekommt man den Eindruck, als hätten sich die Menschen damals erst in der Mitteilung, im Spiegel gleichgesinnter und gleichgestimmter Freunde selbst erlebt. Im 18. Jahrhundert ist denn auch der Höhepunkt der deutschen Briefkultur anzusetzen. [...]
Als praktisches Herzenschristentum verstanden, forderte der Pietismus die Bewährung des Glaubens in der Pflicht des Alltags und schuf damit ein neues Arbeitsethos, das von Fleiß, Pflichtbewusstsein, Gehorsam und Disziplin geprägt war. Das pietistische Ziel war die Verwandlung der Welt durch den als Gotteskind wiedergeborenen gläubigen Menschen. Im protestantischen Norden Deutschlands war somit eine Bewegung entstanden, deren Träger sich aus ihrem verinnerlichten Glaubenserlebnis heraus aktiv im täglichen Leben zu verwirklichen suchten. Das bürgerliche Arbeitsethos, das im Merkantilismus[1] entwickelt worden war, fand hier seine christliche Rechtfertigung.

Im Ganzen aber widersprach der Pietismus in seiner Gefühlsbetontheit der rein vernunftbestimmten Weltsicht der Frühaufklärung. Er mündete in die ab der Jahrhundertmitte sich immer stärker artikulierende gesamteuropäische Bewegung der *Empfindsamkeit*, die gegen den Primat des Intellekts die Intuition, das Gefühl setzte und die Sprache des Herzens entdeckte. Die Empfindsamkeit ist in Deutschland daher auch als säkularisierte Form des Pietismus anzusehen, dessen Seelen- und Freundschaftskult sie fortsetzte und gelegentlich bis zu sentimentaler Schwärmerei und Rührseligkeit steigerte. [...]

Im Zusammenwirken von Aufklärung, Empfindsamkeit und Pietismus entstand jene ausgeprägte, spezifisch deutsche Qualität der „Innerlichkeit", die als Rückzug auf das private Ich auch Kompensation der eigenen Bedeutungslosigkeit in der politischen und gesellschaftlichen Realität war.

Aus: Ernst und Erika von Borries: Deutsche Literaturgeschichte Bd. 2, Aufklärung und Empfindsamkeit; Sturm und Drang © 1991 Deutscher Taschenbuch Verlag, München

---

[1] Merkantilismus: wirtschaftspolitisches Konzept, das besonders den Außenhandel und die Industrie fördert

---

- *Arbeiten Sie aus dem Artikel in Stichworten die zentralen Elemente des Pietismus heraus.*

- *Welche Handlungen und Einstellungen deuten darauf hin, dass auch Oberlin ein Anhänger des Pietismus ist? Untersuchen Sie insbesondere folgende Textstellen und notieren Sie exemplarische Belege: 8, 29–10; 12, 5–20; 22, 13–23, 21.*

# Das Kirchenlied im Vergleich mit einem heutigen Song

**Three Days Grace – „Pain"**

Pain, without love
Pain, I can't get enough
Pain, I like it rough
'Cause I'd rather feel pain than nothing at all
5 You're sick of feeling numb[1]
You're not the only one
I'll take you by the hand
And I'll show you a world that you can understand
This life is filled with hurt
10 When happiness doesn't work
Trust me and take my hand
When the lights go out you will understand

Pain, without love
Pain, I can't get enough
15 Pain, I like it rough
'Cause I'd rather feel pain than nothing at all
Pain, without love
Pain, I can't get enough
Pain, I like it rough
20 'Cause I'd rather feel pain than nothing at all

Anger and agony[2]
Are better than misery[3]
Trust me I've got a plan
When the lights go off you will understand

25 Pain, without love
Pain, I can't get enough
Pain, I like it rough
'Cause I'd rather feel pain than nothing at all
Pain, without love
30 Pain, I can't get enough
Pain, I like it rough
'Cause I'd rather feel pain than nothing
Rather feel pain

I know (I know I know I know I know)
35 That you're wounded
You know (You know you know you know)
That I'm here to save you
You know (You know you know you know)
I'm always here for you
40 I know (I know I know I know)
That you'll thank me later

Pain, without love […]

Musik und Text: Adam Gontier/Neil Sanderson/Brad Walst/Gavin Brown/Barry Stock © 2006 by Blast The Scene Publishing/EMI Blackwood Music Inc
Rechte für Deutschland, Österreich, Schweiz: EMI Music Publishing Germany GmbH

[1] numb: gefühllos, betäubt
[2] agony: Todeskampf, hier: Qualen, heftige Schmerzen
[3] misery: Elend, Not, Leid

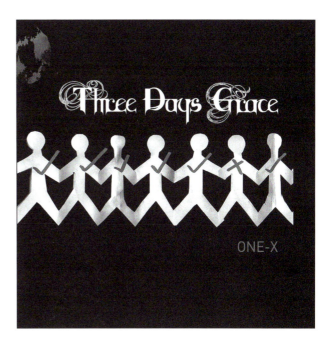

**Kirchenlied aus Büchners „Lenz"**
**(11, 19 – 22)**

Lass in mir die heil'gen Schmerzen,
Tiefe Bronnen ganz aufbrechen;
Leiden sei all mein Gewinst,
Leiden sei mein Gottesdienst.

■ *Vergleichen Sie das Kirchenlied (11, 19–11, 22) mit dem Song „Pain" (2006) der Gruppe Three Days Grace im Hinblick auf die Bedeutung des Leidens.*

# Radierung von Goya

Francisco Goya: El sueño de la razón (Capricho 43, 1797/98), Aquatintaradierung, 12,6 x 15,2 cm, Paris, Bibliothèque Nationale de France

# Götz Großklaus: Zum Verlust des sozialen Ortes

Götz Großklaus (geb. 1933) ist emeritierter Professor für Literaturwissenschaft und Mediengeschichte. In seinem Aufsatz „Haus und Natur. Georg Büchners ‚Lenz'. Zum Verlust des sozialen Ortes", aus dem der folgende Textauszug stammt, deutet er Lenz' Geisteskrankheit als Ausdruck eines gesellschaftlichen Umbruchs.

Gewissermaßen sich anstauender privater Wahnsinn verweist auf den allgemeinen pathologischen Zustand der Gesellschaft. Soziale Krankheit entsteht, wenn die von der Gesellschaft normalerweise parat gehaltenen Sozialisationsmuster, der Sinnrahmen an allgemeiner Verbindlichkeit so eingebüßt haben, dass Orientierung und Sozialisierung des Einzelnen nicht mehr sicher und automatisch gewährleistet ist. Die Lenz-Figur könnte unter diesem Blickwinkel gesehen werden. Die soziale Integration misslingt auch dem historischen Lenz auf verschiedenen Ebenen: Identität können ihm die traditionellen Berufsrollenbilder für den kritischen Intellektuellen in der frühbürgerlichen Gesellschaft (Hofmeister, Theologe/Pfarrer) nicht mehr verbürgen. Die traditionellen Sinn-Orientierungsmuster (Religion) verlieren für ihn ihre Verbindlichkeit und Gültigkeit. Private Integrationsmuster wie etwa das bürgerliche Institut der Ehe bleiben unausgefüllt (seine unglückliche Liebe zu Friederike Brion) etc. Die kollektiven Anteile misslingender privater Integration sind unübersehbar: die Krise des alten Herrschaftssystems des Sinns (der im Wesentlichen religiös-christlichen Interpretation der Welt) – Krise und Zusammenbruch des sozialen Herrschaftssystems in Frankreich nach der Revolution – Verdeutlichung der Stände- und Klassendifferenzen etc.
In Anlehnung an den authentischen Oberlin-Bericht schildert Büchner das Endstadium einer sozialen Krankheit. Das soziale Krankheitsbild der Schizophrenie bestände in der wahnhaft sich steigernden Erfahrung der absoluten Isolation, des Getrenntseins, des ungeheuren Risses, den die Welt hat – eben des Gespaltenseins bis hin zu dem Punkt, die Spaltung auch als durch den eigenen Kopf verlaufend zu erleben.
Dieser gesteigerten Wahnerfahrung der existenziell-sozialen Trennung, des Getrenntseins (von Eltern, der Geliebten, von Gott, von den angebotenen Berufs- und Arbeitsrollen, von allem zur Verfügung stehenden Sinn etc.) stehen in der von Büchner beschriebenen Phase verzweifelte Versuche gegenüber, Trennung, Fremdheit und Angst vor der absoluten Einsamkeit zu überwinden. Lenz macht den privat-vereinzelt untauglichen Versuch, die Einheit des Lebenszusammenhangs für sich wiederherzustellen, die kollektiv-historisch aufbrechende Widersprüchlichkeit am Wendepunkt zur sog. Moderne noch einmal zu harmonisieren. Diese selbsttherapeutischen Versuche sind gerichtet auf den gegen-gesellschaftlichen Raum der *Natur*: Sie sind bezogen noch einmal auf den Sinnbereich der Religion, auf die göttliche Gnade, auf die Allmacht Gottes, der ein Zeichen an ihm tun soll: Sie sind bezogen in diesem Zusammenhang auch auf die erlernte Berufsrolle des Pfarrers, Seelsorgers einer Gemeinde – und sind schließlich bezogen auf die kleinen intakten Solidargemeinschaften der Familie Oberlins, aber auch der des seltsamen Heiligen in den Bergen. Von der Sicherheit und Geborgenheit und Ordnung des Lebens in diesen Kleingemeinschaften möchte er – der von außen kommende Fremdling – etwas abborgen für sich. In all diesen letzten Versuchen möchte Lenz seine Selbst- und Gesellschaftsentfremdung rückgängig machen. Er möchte als Mitglied in die Kleingemeinschaft der Familie aufgenommen werden. Was die Ständegesellschaft ihm entsagt, verspricht er sich von der solidarischen Kleingruppe. Als predigender Pfarrer möchte er noch einmal auf gleiche Weise Mitglied der Solidargemeinschaft aller Armseligen und Bedrückten sein: zu ihnen gehören im Gefühl des Leids […]. Doch so wie Gott kein Zeichen an ihm tut, ‚spricht' auch die ‚Natur' nicht zu ihm: Er bleibt ein Fremder in der Familie, ein Ausgewiesener, als Oberlin sich zum Abbruch seines Heilversuchs entschließt und Lenz in einer Kutsche nach Straßburg bringen lässt. Alle Anstrengungen von Lenz, verlorene Lebenseinheit als verlorene gesellschaftliche Heimat, als verlorene soziale Identität wiederzugewinnen, sind zum Scheitern verurteilt. Von diesem schrittweisen Scheitern handelt die Erzählung Büchners.
Der kritische Realismus der Büchner'schen Erzählung zeigt sich darin, dass Büchner diese Heimatsuche nicht idyllisch ausgehen lässt, sondern katastrophal. Oder anders gesagt: Die von Büchner aufgenommene Privatgeschichte des historischen Lenz erhält in der Büchner'schen Version ihren epochengeschichtlich realistischen Sinn im Nachweis, dass auch kollektiv die Rückkehr in die alte Heimat in den gesellschaftlich-sozialen Raum der vorrevolutionären, vorindustriellen, vormodernen Gesellschaft des frühen 18. Jahrhunderts nicht mehr möglich ist. Nicht nur der Dichter Lenz als historische Figur und Privatmann hat seinen sozialen Ort verloren und scheitert mit seinem Versuch, ungleichzeitig in der alten Ordnung des gesellschaftlichen Raums

Fuß zu fassen – sondern auch der epochengeschichtliche Zeitgenosse, der sich wie nie zuvor einem beschleunigten und sich ständig überholenden sozialen, ökonomischen und technischen Wandel ausgesetzt sah. Die Rückkehrwünsche Lenzens bekommen eine exemplarisch-stellvertretende Bedeutung. Der Wunsch, noch einmal zurückzukehren zur vertrauten, Geborgenheit versprechenden Ordnung überschaubarer sozialer Räume – wie sie dem gesellschaftlichen Zustand vor den Revolutionen, vor den Industrialisierungsschüben und der sprunghaften Bevölkerungszunahme seit den Achtzigerjahren des 18. Jahrhunderts etc. entsprach – begleitet kollektiv den bürgerlich rationalen Fortschritt. In dieser epochengeschichtlichen Perspektive kommt der kollektive Charakter der Lenz'schen Heimatlosigkeit, seiner Trennungsangst zum Vorschein. Büchners Erzählung ist zu verstehen als ein Dokument der Bewusstmachung: Die Lenz-Geschichte wird zum Paradigma der schockhaft erfahrenen und wahrgenommenen Umbrüche und Umwälzungen zwischen 1780 und 1830 – zum Paradigma der Angst und vereitelter ungleichzeitiger Rückkehrwünsche.

Wenn Lenz am Ende der Büchner'schen Erzählung Waldbach, das Steintal verlässt und gegen Abend das Rheintal erreicht und in die anbrechende Nacht hineinfährt, in wachsender Angst vor der Finsternis – dann könnte man diese Schlusspassage sozial-symbolisch überhaupt als Ausdruck eines *Epochen-Abschiedes* verstehen. Der Kutschenfahrt aus dem Gebirge entspräche die unaufhaltsame und notwendige, unumkehrbare Bewegung der Geschichte. Rückkehr ist nicht möglich, nur Rückblicke.

Aus: Götz Großklaus: „Haus und Natur. Georg Büchners ‚Lenz'. Zum Verlust des sozialen Ortes". In: *Recheches germaniques* 12 (1982), S. 68–77, hier: S. 69f., 75f.

- *Formulieren Sie mit eigenen Worten die zentrale These des Textes von Götz Großklaus.*
- *Lenz dient Großklaus als exemplarische Illustration seiner These. Auf welche Aspekte stützt er sich?*
- *Auf welche gesellschaftlichen Entwicklungen verweisen diese Aspekte nach Großklaus?*
- *Beurteilen Sie aus Großklaus' Perspektive die gesellschaftlichen Verhältnisse in Waldersbach.*

# Was ist „Normalität"?

**Matthias Matussek:
Hurra! Wir sind irre!**

*Der Psychiater Manfred Lütz hat einen erstaunlichen Bestseller über Geisteskrankheiten geschrieben, in dem nicht die Verrückten das Problem sind, sondern die Normalen.*

[...] Ist es normal, sich vor einem Millionenpublikum Regenwürmer in den Mund zu stecken? Ist es normal, aus der Erniedrigung Gute-Laune-Kapital zu schlagen? „Keiner meiner Patienten ist so abgedreht wie Dieter Bohlen und keine meiner Patientinnen so naiv wie seine Gespielinnen", schreibt der Arzt. „So sehr Sie sich dagegen sträuben, lieber Leser: Dieter Bohlen ist normal."

Doch Lütz geht weiter. Er sieht als Privatmann in den Abendnachrichten Kriegshetzer, Wirtschaftskriminelle, schamlose Egomanen, die als normal gelten. Und als Psychiater in seiner Klinik rührende Demenzkranke, dünnhäutige Süchtige, mitreißende Maniker. Und ihn beschleicht tatsächlich das Gefühl, die Falschen zu behandeln.

Wo ist die Grenze? War Stalin, sicher größenwahnsinnig und misstrauisch, krank? Lütz' Antwort: Nein. Er war böse, aber durchaus rational. Unter den vielen Hingerichteten seiner Schreckensherrschaft waren sicher einige, die ihm ans Leben wollten, und die anderen überlegten es sich gut, ob sie es riskieren wollten. Stalin war ein Verbrecher, aber gesund.

Dagegen wird der Mann, der sich eines Tages auf die Kreuzung in Wanne-Eickel stellt und behauptet, der Größte zu sein, nach einer Behandlung in der örtlichen Psychiatrie wieder in der Lage sein, seiner Beschäftigung in der Verwaltung oder sonstwo nachzukommen.

Sicher, ohne die Normalen funktioniert keine Gesellschaft. Sie sind der Kitt. Straßenverkehrsordnungen funktionieren nicht ohne sie. Doch auch die Normalen zeigen Risse, wenn etwa ein Kleingärtner über einem Streit eine dreiköpfige Nachbarsfamilie erschlägt. Die Grenzen können schlagartig fallen.

Mehr als ein Drittel der Menschen in unserer Gesellschaft sind einmal in ihrem Leben vorübergehend psychisch krank. Lütz geht es darum, der Krankheit die soziale Stigmatisierung zu nehmen. Und die Angst. Wer die Tausenden von Kerzenträgern nach dem Freitod des depressiven Robert Enke gesehen hat, wird das Gefühl nicht los, dass hier einer für alle zerbrochen ist und dass alle zusammenrückten, um eine Art Kältetod zu überwinden.

Lütz, der Kulturkritiker, spricht von den „wahnsinnig Normalen", den Mitläufern aus Überzeugung, den Humorlosen, den Farblosen, die alles diffamieren möchten, was herausfällt aus ihrem Rahmen. Er bricht eine Lanze für die anderen, die von einer Krankheit oder einem Lebensdrama Erschütterten, die unsere Zuwendung und unser fantasievolles Interesse verdienen. [...]

Das Wichtigste aber ist Lütz' Botschaft: Es kann eine Demenz sein, die aus eitlen Erfolgsmenschen überraschend anrührende Wesen macht. Es sind die empfindsamen Süchtigen, die sich nach Menschen sehnen, die sie nicht verletzen, es sind die weisen Schizophrenen, die aus der Eindimensionalität in die fantastischen Welten aufbrechen.

Es sind die sprudelnden Maniker, die den Alltag bunt machen. Und es sind die erschütternd Depressiven, die angstvoll in das Urdrama des Menschseins starren. „Über sie hinweg tanzt eine Gesellschaft am Rande des Abgrunds, die blind ist für die wirklich wichtigen Fragen – und diese Blindheit komischerweise für normal hält."

Total ist diese Blindheit offenbar noch nicht geworden. Lütz, der sein Buch nicht nur von einer Reihe namhafter Kollegen, sondern auch von seinem Metzger gegenlesen ließ, ist es tatsächlich gelungen, mit seinem lächelnden Ratgeberbuch zum Irresein die Spitze der Bestsellerliste zu erobern.

aus: SPIEGEL 49/2009, S. 162–164

**Manfred Lütz: Irre! Wir behandeln die Falschen. Unser Problem sind die Normalen**

Esoterik, das war früher ein amüsantes Thema für gelangweilte Ladys, die zu viel Zeit hatten. Mit Horoskopen befasste man sich augenzwinkernd zur allgemeinen Gaudi. Doch natürlich nahm den ganzen Unsinn niemand wirklich ernst. Als die Gefahr bestand, dass schlichte Gemüter das alles tatsächlich glauben könnten, haben Wissenschaftler wie Hans Jürgen Eysenck und andere in den Achtzigerjahren des vergangenen Jahrhunderts die Unhaltbarkeit von Astrologie und anderem Blödsinn zweifelsfrei nachgewiesen. Doch da war es schon zu spät, da rollte die Welle der Irrationalität bereits unaufhaltsam. Und so haben auch dieses Thema die Normalen für sich entdeckt. Mit Akribie versenkt man sich in die dunklen, aber possierlicherweise definitiv lösbaren Geheimnisse dieser Welt. In ganz normalen Steinen vermuten, ja wissen diese ganz Normalen die ungeahnten Energien, die ihnen selbst immer fehlten. Mit Wünschelruten rennen sie über unwegsames Gelände, um Wasseradern zu finden. Und sie glauben felsenfest an unbekannte Flugobjekte, bemannt mit Wesen von so überlegener Intelligenz – dass man sich eigentlich fragen müsste, was die an einer so Blödsinn-begeisterten Menschheit interessant finden sollten. Viel hat das ganze geheimnisvolle esoterische Geraune mit dem wahnsinnig tollen Gefühl zu tun, nun endlich mehr zu wissen als die schlichte Nachbarin. Und außerdem will man ja in diesem kurzen Leben nichts verpassen. Ein Mangel an Bildung und dafür eine gehörige Halbbildung begünstigen die abwegige Vorstellung, über irgendwelches geheimes Wissen könne man holterdiepolter zum Kern der Dinge gelangen. Angesichts dieses allgemein herrschenden real existierenden ganz normalen Blödsinns würde Sokrates ironisch lächeln, Buddha milde und Luther würde es die Zornesröte ins Gesicht treiben. [...]

Wie in den absurden antiken Mysterienkulten geht es heute in esoterischen Zirkeln zu. Gegen den unglaublichen Unsinn, der da geglaubt wird, ist mancher Schizophrene im akuten Schub ein Hort reinster Rationalität. Denn das alles ist schließlich erheblich mühsamer, als wenn einer ab und zu schizophrenerweise denkt, die Nachbarin belästige ihn mit Laserstrahlen. Doch die Esoterikfans Frau Müller und Herrn Meier ficht all das nicht an. Sie sind sich sicher, dass sie nun endlich alles irgendwie ein Stück weit tiefer und eigentlicher sehen. Je komplizierter und schwerer verständlich das Ganze ist, desto gläubiger staunen Frau Müller und Herr Meier. Doch leider ist auch komplizierter Unsinn Unsinn. So befassen sich Esoteriker ausdauernd und mit hohem Zeitaufwand mit ganz viel betörendem, rätselhaftem und wortreichem – Quatsch. Man möchte das Ganze am liebsten für kompletten Schwachsinn erklären. Doch psychiatrisch liegt kein Schwachsinn vor. Psychiatrisch liegt die Intelligenz von Esoterik-Freaks satt im Normbereich. Der ganze esoterische Blödsinn ist kein Schwachsinn, er ist vielmehr ganz normaler Blödsinn. Über den man freilich nicht lachen darf. Denn Esoterik ist eine komplett humorfreie Zone. [...]

Dieter Bohlen ist ein mäßig begabter Musiker, der sich gern Pop-Titan nennen lässt. Wie kaum ein anderer hat er die Medien für sich eingespannt. Seine Autobiografie, in der er vor allem von Aktivitäten seiner unteren Körperhälfte berichtet, wurde vor Jahren ein Bestseller. In sogenannten Casting-Shows glänzt er vor dem Publikum mit, darauf legt er Wert, von ihm selbst erfundenen Unflätigkeiten. Die gießt er über schlicht begabte Gemüter aus, die es für den Höhepunkt ihres irdischen Daseins halten, einmal im Leben im Fernsehen zu sein – und sich dann bis auf die Knochen blamieren zu können. Gnadenlos zieht Dieter Bohlen mit menschenverachtenden Sprüchen über seine Opfer her – und verdient sich dabei dumm und dämlich. Immerhin ist Dieter dadurch von der Straße und langweilt sich nicht in einer Welt zu Tode, in der es so ein Prachtexemplar wie ihn nur einmal gibt. Schließlich ist er der einzige Mensch, für den er sich wirklich interessiert. Was ist das Geheimnis des Dieter Bohlen? Dieter Bohlen vermarktet sich selbst als Produkt. So hat er aus dem, was man eine Beziehungsbehinderung nennen könnte, einen durchschlagenden Werbegag gemacht. Dieter Bohlen hätte jedenfalls eigentlich das Zeug für einen richtig tragischen Fall. Er hält Frauenbeziehungen nur wenige Jahre durch. Dann ist der Titan entweder bei seinen Partnerinnen so sehr auf Normalmaß geschrumpft, dass sie nicht mehr die Bewunderung für ihn aufbringen, die der Titan für einzig angemessen hält, oder der Hautbefund seiner Lebensabschnittspartnerinnen hat sich bedenklich verändert oder irgendeine andere Katstrophe ist eingetreten. Jedenfalls muss Dieter dann dringend wechseln. Er meldet das dramatische Ende regelmäßig in der Boulevard-Presse. Und wenig später wird dann „die Neue" vorgestellt. Auch in der Presse. Die Neue sieht meistens ziemlich genauso aus wie die Alte und wenn das nicht so ist, muss sie sich vermutlich bald umarbeiten lassen. Dieter Bohlen ist dann glücklich, was er auch ausführlich berichtet – bis es wieder so weit ist. Um die Dramatik dieser Live-soaps etwas zu erhöhen, wird schon mal die Reihenfolge verändert. Er lässt, wie es aussieht, zuerst die Neue in der Klatsch-Presse melden und macht dann erst mit der Alten Schluss. Das ist zwar für die Alte misslich, aber sie ist dann wenigstens vollständig im Bilde, wenn Dieter Bohlen ihr eröffnet, dass sie nun die Alte ist. Mitleid kommt da kaum auf, denn nichtentmündigte Frauen wissen schließlich, worauf sie sich beim Titan einlassen.

Keiner meiner Patienten ist so abgedreht wie Dieter Bohlen und keine meiner Patientinnen so naiv wie seine Gespielinnen. Dennoch, so verrückt das Ganze auch ist, weder Dieter Bohlen selbst noch seine Alten/Neuen hätten die Chance, in der Psychiatrie behandelt zu werden. Dieter Bohlen erfreut sich nach Lage der Dinge praller körperlicher und seelischer Gesundheit. So sehr Sie sich dagegen sträuben, lieber Leser: Dieter Bohlen ist normal. Wer wird da noch meine These bestreiten, dass unser Problem nicht die psychisch Kranken sind. An diesem Beispiel von ganz normalem Blödsinn zeigt sich nur umso drastischer: Unser Problem sind die Normalen.

Aus: Manfred Lütz, Irre – Wir behandeln die Falschen © 2009, Gütersloher Verlagshaus, Gütersloh, in der Verlagsgruppe Random House GmbH

- *Fassen Sie die zentralen Inhalte des Textauszugs aus Manfred Lütz' Bestseller „Irre! Wir behandeln die Falschen. Unser Problem sind die Normalen" in einer schematischen Grafik zusammen.*

- *Schreiben Sie einen Leserbrief zu Matthias Matusseks Rezension und das darin besprochene Buch von Manfred Lütz. Beziehen Sie bei Ihrer Stellungnahme auch Lenz und seine Mitmenschen mit ein.*

**Baustein 5**

# Das Kunstgespräch

In diesem Baustein beschäftigen sich die Schülerinnen und Schüler mit dem sogenannten Kunstgespräch, das etwa in der Mitte der Erzählung steht. In Oberlins Bericht ist hiervon keine Rede, was die Bedeutung unterstreicht, die Büchner ihm beigemessen hat. Er unterlegt darin Lenz zu weiten Teilen seine eigene Kunstauffassung, die einer idealistischen Verklärung der Wirklichkeit eine Ästhetik des Mitgefühls, der Lebendigkeit und der Hässlichkeit entgegensetzt. Damit redet Büchner schon im frühen 19. Jahrhundert einer Position das Wort, die später im Realismus und Naturalismus die herrschende Auffassung wird. Die Schülerinnen und Schüler lernen in diesem Baustein, konträre ästhetische Ansichten zu differenzieren und eine eigene Haltung auszubilden. Im Einzelnen geht es um

- den Streit zwischen Idealismus und Realismus,
- die Funktion der Kunst.

## 5.1 Der Streit zwischen Idealismus und Realismus

Lenz' Antagonist ist in dem Kunstgespräch der Schweizer Christoph Kaufmann (1753–95), der Friedrich Maximilian Klingers Drama *Wirrwarr* (1776) den Titel „Sturm und Drang" und damit einer literarischen Bewegung ihren Namen gegeben hat, ohne selbst literarische Werke zu verfassen (zu einer ausführlicheren Biografie vgl. Anhang der Textausgabe, 62–65). Kaufmann bewunderte diese Richtung und war in Wirklichkeit also überhaupt kein Anhänger der „idealistischen Periode" (13, 24), die laut Büchners Erzähler „damals" begann. Da mit dieser Periode wohl die Weimarer Klassik nach Goethes erster Italienreise 1786 gemeint ist, entspricht auch diese Angabe nicht der tatsächlichen literarischen Entwicklung. Entscheidender als dieser Anachronismus sind aber die Inhalte der gegensätzlichen Positionen. Der Idealismus orientierte sich an geistigen Ideen, wie sie die Antike mustergültig ausgeprägt hatte, und huldigte einer zeitlosen Schönheit und Harmonie. Ein exemplarischer Vertreter dieser Richtung war der späte Schiller, gegen den Büchner auch in seinen Briefen polemisierte. Für Büchners Lenz (wie auch für den historischen Lenz und Büchner selbst) ist nicht Schönheit das entscheidende Kriterium, sondern es sind das Leben und die menschliche Natur. Nicht verklärende Idealdarstellungen, sondern die realistische Wiedergabe der Wirklichkeit in all ihrer Hässlichkeit und Not solle der Künstler anstreben, wie es in der Literatur Shakespeare und teilweise Goethe, in der bildenden Kunst die niederländischen Maler vorgemacht hätten. Der Künstler benötige hierfür aber eine andere Haltung: Man müsse die Menschheit lieben, „um in das eigentümliche Wesen jedes einzudringen, es darf keiner zu gering, keiner zu hässlich sein, erst dann kann man sie verstehen; das unbedeutendste Gesicht macht einen tiefern Eindruck als die bloße Empfindung des Schönen" (15, 1–15, 4). Was Lenz bereits mit seinen Dramen „Der Hofmeister" (1774) und „Die Soldaten" (1776) in Ansätzen umgesetzt hat, ist in Büchners Werken nun zentrales Programm, sowohl in seiner Lenz-Erzählung wie auch in seinen Dramen, vor allem im „Woyzeck".

Bevor sich die Schülerinnen und Schüler die ästhetischen Bestimmungen des Textes erschließen, sollen sie in einem Bildvergleich selbstständig zentrale Unterschiede zwischen

Idealismus und Realismus feststellen: Raffaels Ölgemälde „Madonna im Grünen" (1506), in dem Maria mit dem Christuskind und Johannes dem Täufer dargestellt ist, ist ein typisches Beispiel für die idealistische Kunst der italienischen Renaissance, die Lenz kritisiert: schöne, makellose, würdevolle, verklärte Figuren mit Heiligenschein in einer idyllischen Landschaft, symbolische Farben und eine streng-geometrische Komposition, in der die Menschengruppe ein gleichseitiges Dreieck bzw. eine Pyramide bilden (vgl. **Arbeitsblatt 28**, S. 131). Dagegen zeigt Frans Hals' Ölgemälde „Der Rommelpotspieler" (ca. 1618–1622) ungeschönte Menschen aus einfachen Verhältnissen in einer häuslichen Alltagssituation (Genremalerei). Das gutmütige Lächeln des ärmlichen Straßenmusikanten, das ein lückenhaftes Gebiss erkennen lässt, und die ausgelassene Fröhlichkeit der Kinder, die sich an den Tönen des volkstümlichen Brummtopfs erfreuen, wirken lebendig und realistisch.

In Büchners Erzählung beschreibt Lenz das Bild „Christus in Emmaus" des niederländischen Malers Carel van Savoy (um 1650, vgl. Anhang Textausgabe, S. 65). Für die meisten – in der Regel kunstgeschichtlich wenig bewanderten – Schülerinnen und Schüler dürfte jedoch Frans Hals' Gemälde einfacher der realistischen Position zuzuordnen sein. Zudem ist es im Internet leichter in einer guten Qualität als Farbabbildung oder Posterdruck zu besorgen als van Savoys Gemälde.[1]

Um eine genaue Beobachtung und Beschreibung anzuregen, sollen jeweils zwei Lernende zusammenarbeiten, wobei der eine sich von der Projektionswand abwendet und der andere ihm das nun an die Wand projizierte erste Gemälde beschreibt:

> ■ *Beschreibe deinem Partner möglichst genau das Gemälde. Achte dabei sowohl auf die dargestellten Personen und Gegenstände als auch die künstlerischen Mittel.*

Nach einer festgesetzten Zeit wechseln die Rollen: Der eben das Bild beschrieben hat, dreht sich nun um, und sein Partner beschreibt ihm das zweite Bild. Nach der zweiten Bildbeschreibung schauen alle zur Projektionswand, auf die die Lehrkraft nun beide Bilder nebeneinander projiziert. Anschließend sollen die jeweiligen Partner die Gemälde nach vorgebebenen Gesichtspunkten vergleichen (vgl. **Arbeitsblatt 29**, S. 132).

> ■ *Vergleichen Sie Raffaels „Madonna im Grünen" und Frans Hals' „Der Rommelpotspieler" im Hinblick auf ihre Wirkung, Komposition, Farbgebung, Figurengestaltung, ihren Hintergrund und das dargestellte Milieu.*
>
> ■ *Fassen Sie die Darstellung der beiden Bilder in einem Resümee zusammen.*

Die Ergebnisse der Partnerarbeit können stichpunktartig an der Tafel oder auf Folie gesammelt werden:

---

[1] Franz Hals' und Raffaels Gemälde können in guter Qualität etwa unter folgender Internetadresse betrachtet werden: http://www.zeno.org/ (letzter Aufruf: 27.11.2012).

## Bildvergleich

| | Raffaels „Madonna im Grünen" (1506) | Frans Hals' „Der Rommelpotspieler" (ca. 1618–22) |
|---|---|---|
| Wirkung | harmonisch, andächtig | lebendig, fröhlich, realistisch |
| Komposition | strenge geometrische Anordnung (Menschenpyramide) | scheinbar ungeordnete Menschenmenge |
| Farben | überwiegend helle Farben, symbolische Farben von Marias Kleidung (blau, rot) | realistische, dunkle Farben (überwiegend grau und braun) |
| Figurengestaltung | idealisierte, anmutige Figuren mit Heiligenschein | realistische, ungeschönte Figuren in schlichter Kleidung |
| Hintergrund/ Umgebung | idyllische Landschaft | dunkler Raum |
| Milieu | heilige Familie | einfaches Volk |
| | ⬇ | ⬇ |
| **Resümee:** | idealisierte, verklärte Darstellung | realistische Darstellung |

Als Nächstes erhalten die Lernenden den Auftrag, in Partnerarbeit die zentralen Unterschiede zwischen der idealistischen Position Kaufmanns und der realistischen Position von Lenz herauszuarbeiten und in die vorstrukturierte Tabelle einzutragen (vgl. **Arbeitsblatt 30**, S. 133):

- *Lesen Sie den Abschnitt, in dem Lenz und Kaufmann über Kunst diskutieren (vgl. 13, 22–16, 8).*

- *Arbeiten Sie die Positionen der beiden im Hinblick auf die in der Tabelle vorgegebenen Kriterien heraus.*

Anschließend wird die Tabelle an der Tafel oder auf Folie im Plenum ausgewertet:

## Das Kunstgespräch in Büchners „Lenz"

|  | Idealismus (Kaufmann) | Realismus (Lenz) |
|---|---|---|
| Verhältnis zur Wirklichkeit | Verklärung, Verbesserung (etwas „Besseres klecksen", 13, 30) | möglichst genaue Nachahmung |
| höchstes ästhetisches Kriterium | Schönheit | Lebendigkeit, ohne Rücksicht auf Schönheit oder Hässlichkeit |
| bevorzugte Darstellungsgegenstände/Themen | idealistische Gestalten (religiöse, mythologische Themen) | einfache Menschen im Alltag |
| Haltung zu den Menschen bzw. zur menschlichen Natur | Gleichgültigkeit bzw. Geringschätzung („Verachtung", 14, 9) | Liebe, Mitgefühl, Achtung vor dem „Geringsten" (14, 10) |
| Quelle der Bildthemen | Ideen, Phantasie, Motive aus der Bibel/antiken Literatur | Wirkliche Menschen und Gegenstände |
| Beispiele | Apoll von Belvedere, Madonna von Raffael, italienische Malerei | Christus und die Jünger von Emmaus (Carel van Savoy), holländische Malerei, Shakespeare, Goethe, Volkslieder, Lenz' „Der Hofmeister" und „Die Soldaten" |

Als Vertiefung können die Schülerinnen und Schüler die Einzelheiten des Kunstgesprächs in einer szenischen Interpretation darstellen. Sie sollen dabei keinen kompletten Dialog ausformulieren und auswendig lernen, sondern nur die Hauptpunkte auf Stichwortkarten festhalten und dann nach mehrmaliger Übung ein Gespräch improvisieren (vgl. **Arbeitsblatt 30**, S. 133). Man könnte auch festlegen, dass nach der Übungsrunde zwei Lernende, die zuvor nicht miteinander geübt haben, das Gespräch im Plenum inszenieren.

Die verschiedenen Inszenierungen des Gesprächs können mit folgenden Impulsen ausgewertet werden:

- *Wie wirkten die Figuren auf Sie?*
- *Haben die Schauspieler bzw. Schauspielerinnen die gegensätzlichen Positionen korrekt wiedergegeben?*
- *Fehlte ein wichtiger inhaltlicher Aspekt?*
- *Wie waren ihre Mimik und Gestik?*
- *Entsprach das vorgeführte Verhalten den Beschreibungen in Büchners Text?*

Bei den letzten Fragen ist wichtig festzuhalten, dass Lenz in diesem Gespräch – anders als sonst – sehr selbstsicher und eloquent auftritt.

Lenz macht im Kunstgespräch keinen klaren Unterschied zwischen Realismus bzw. Idealismus in der bildenden Kunst und in der Literatur. Als vertiefende Aufgabe sollen sich die Schülerinnen und Schüler nun die speziellen Fach- bzw. Epochenbegriffe der Literatur aneignen. Zunächst erarbeiten sie sich mithilfe zweier Artikel die idealistische Position (vgl. **Arbeitsblatt 31**, S. 134):

**Baustein 5: Das Kunstgespräch**

- *Fassen Sie in Stichworten die Merkmale des Idealismus in allgemeiner und philosophischer Hinsicht zusammen.*

- *Im engeren Sinne wird unter „literarischem Idealismus" die Weimarer Klassik verstanden. Arbeiten Sie die Ideale dieser Epoche heraus.*

Als Alternative bietet sich an, den literarischen Idealismus in einem Schüler-Referat präsentieren zu lassen oder in einem Lehrervortrag vorzustellen. Auf jeden Fall sollte die Lehrkraft darauf hinweisen, dass Büchner sich nicht an die historische Chronologie hält und den Idealismus schon vor der Weimarer Klassik beginnen lässt („die idealistische Periode fing damals an", 13, 24). An der Tafel könnten die zentralen Merkmale folgendermaßen zusammengefasst werden:

---

**Der literarische Idealismus der Weimarer Klassik (ca. 1786–1805)**

| | |
|---|---|
| **Idealismus im Allgemeinen:** | Streben nach Verwirklichung von ethischen oder ästhetischen Idealen |
| **philosophischer Idealismus:** | Erfahrungswelt ist nur eine Scheinwelt, hinter der geistige Ideen stehen; Hauptvertreter: Kant und Hegel |
| **Ideale der Weimarer Klassik:** | ästhetische Normen der klassischen Antike, Selbstvervollkommnung, Humanität, Bemühen um Ausgleich, Harmonie von Sein und Sollen, von Natur und Kunst, von Sinnlichkeit und Verstand |

---

Der Schwerpunkt sollte auf dem literarischen Realismus und der Untersuchung liegen, inwiefern Büchner in seinen Werken selbst jene ästhetischen Forderungen umsetzt, die er Lenz in den Mund legt. Für die Erarbeitung der realistischen Position erhalten die Lernenden ein Arbeitsblatt mit einem einschlägigen Lexikonartikel, den Teilabdruck eines Briefes von Büchner an seine Familie und einen Auszug aus Büchners „Woyzeck" (vgl. **Arbeitsblatt 32**, S. 136). Die entsprechenden Erschließungsaufgaben lauten wie folgt:

- *Fassen Sie stichpunktartig die im Lexikonartikel erläuterten Merkmale des literarischen Realismus zusammen.*

- *Beschreiben Sie das soziale Milieu sowie die Sprache des Dramas „Woyzeck".*

- *Charakterisieren Sie Woyzeck und den Hauptmann.*

- *Überprüfen Sie anschließend, inwiefern Büchner als realistischer Schriftsteller bezeichnet werden kann. Berücksichtigen Sie dabei die Lenz-Erzählung, den abgedruckten Brief an seine Eltern sowie den „Woyzeck"-Textauszug.*

In einem auswertenden Unterrichtsgespräch sollten die wichtigsten Punkte an der Tafel gesichert werden:

## Büchner als (Früh-)Realist?

**Merkmale des literarischen Realismus (ca. 1830–1880) und seine Umsetzung bei Büchner**

- aktuelle Themen (→ realer Mordfall Woyzeck)
- Reflexion über soziale, ökonomische, politische und ideologische Zeiterscheinungen (→ „Lenz" und „Woyzeck")
- Aufzeigen des Verhältnisses zwischen Individuum und Gesellschaft (→ „Lenz" und „Woyzeck")
- Figuren aus der unteren Schicht (→ Woyzeck ist ein armer Soldat)
- Mitleid mit den Armen und Unterdrückten (→ Woyzeck wird vielfach ausgebeutet)
- psychologisch differenzierte Figuren (→ Figuren Lenz und Woyzeck)
- glaubhafte, realistische Darstellung der Wirklichkeit (→ „Lenz" und „Woyzeck")
- realistische Sprache (→ unterschiedliche Jargons im „Woyzeck")

Büchner (1813–1837) setzt bereits zahlreiche Merkmale des Realismus um

## 5.2 Die Funktion der Kunst

Zum Abschluss der Unterrichtseinheit sollen die Schülerinnen und Schüler über Büchners Erzählung und die Bestimmungen des Realismus und Idealismus hinaus ihre eigenen Ansichten über die Funktion und Bedeutung der Kunst reflektieren. Eingeleitet werden könnte diese Diskussion mit einem Schüler-Referat über die Geschichte der Kunst und ihre sich wandelnde gesellschaftliche Funktion.[1] Die weitere Auseinandersetzung soll über ein stummes Schreibgespräch erfolgen, in dem die Lernenden sich in Vierergruppen zu verschiedenen Zitaten über die Bedeutung und Funktion der Kunst positionieren (vgl. **Arbeitsblatt 33**, S. 138). Gegenüber einem gewöhnlichen Unterrichtsgespräch hat diese Methode den Vorteil, dass alle Schülerinnen und Schüler aktiviert werden und sie Zeit zur Formulierung ihrer Gedanken haben.

Im anschließenden Plenumsgespräch stellen die Gruppen ihre Zusammenfassungen vor. Abschließend sammelt die Lehrkraft an der Tafel Funktionen der Kunst. Folgende Impulse können das Gespräch steuern:

■ *Was für eine Funktion hat die Kunst in Ihren Augen?*

■ *Was ist ihre gesellschaftliche Aufgabe?*

■ *Weshalb gehen viele Menschen ins Museum? Weshalb lesen sie Bücher?*

■ *Weshalb schreiben Schriftsteller Bücher?*

Die Nennungen könnten zu folgender Übersicht führen:

---

[1] Als erste Orientierung bietet sich der Kunst-Artikel auf Wikipedia an (http://de.wikipedia.org/wiki/Kunst, letzter Aufruf 05.12.2012). Empfehlenswert sind außerdem die folgenden Bücher: Wolfgang Ullrich: Was war Kunst? Biographien eines Begriffs, 2. Aufl., Frankfurt a. M.: Fischer Taschenbuch Verlag 2005; Norbert Meuter: Geschichte der Ästhetik von der Aufklärung bis zur Postmoderne. Eine paradigmatische Einführung, Stuttgart: Reclam 2002.

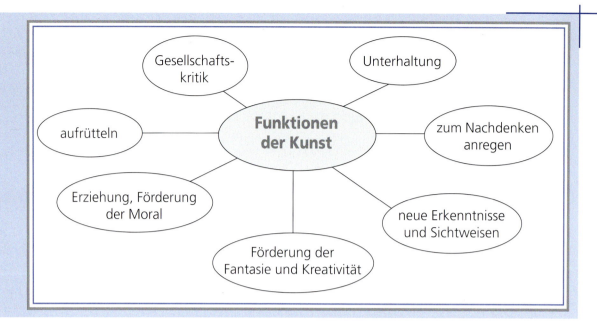

Notizen

## Zwei Gemälde

Frans Hals: Der Rommelpotspieler (ca. 1618–1622), 106 × 80,3 cm, Öl auf Leinwand, Kimbell Art Museum

Raffael: Madonna im Grünen (1506), 113 × 88 cm, Öl auf Holz, Wiener Kunsthistorisches Museum

# Bildvergleich

|  | Raffaels „Madonna im Grünen" (1506) | Frans Hals' „Der Rommelpotspieler" (ca. 1618–22) |
|---|---|---|
| Wirkung | | |
| Komposition | | |
| Farben | | |
| Figurengestaltung | | |
| Hintergrund/ Umgebung | | |
| Milieu | | |
| Resümee: | ⇩ | ⇩ |

- Vergleichen Sie Raffaels „Madonna im Grünen" und Frans Hals' „Der Rommelpotspieler" im Hinblick auf ihre Wirkung, Komposition, Farbgebung, Figurengestaltung, ihren Hintergrund und das dargestellte Milieu.
- Fassen Sie die Darstellung der beiden Bilder in einem Resümee zusammen.

# Das Kunstgespräch

|  | Idealismus (Kaufmann) | Realismus (Lenz) |
|---|---|---|
| Verhältnis zur Wirklichkeit | | |
| Höchstes ästhetisches Kriterium | | |
| Bevorzugte Themen/Gegenstände | | |
| Haltung zu den Menschen bzw. zur menschlichen Natur | | |
| Quelle der Bildthemen | | |
| Beispiele | | |

- *Lesen Sie den Abschnitt, in dem Lenz und Kaufmann über Kunst diskutieren (vgl. 13, 22–16, 8).*
- *Arbeiten Sie die Positionen der beiden im Hinblick auf die in der Tabelle vorgegebenen Kriterien heraus.*

- *Bereiten Sie anschließend zu zweit eine kurze Inszenierung des Kunstgesprächs vor. Sie sollen dabei kein komplettes Gespräch aufschreiben und auswendig lernen, sondern sich nur die wichtigsten Positionen und Inhalte aneignen, sodass Sie sie in einer improvisierten Vorführung frei wiedergeben können.*

Hinweise für die Inszenierung des Gesprächs:
- Legen Sie fest, wer von Ihnen beiden Kaufmann und wer Lenz spielt.
- Notieren Sie sich auf Stichwortkarten wichtige Inhalte oder Zitate des Gesprächs. Diese können Sie bei der Vorführung verwenden.
- Proben Sie das Gespräch mehrmals, ohne den genauen Ablauf und Text auswendig zu lernen. Achten Sie aber darauf, dass Sie alle wesentlichen Aspekte berücksichtigen.
- Achten Sie auch auf Ihre Mimik und Gestik.

# Idealismus

### Der literarische Idealismus

**Idealismus**: *allgemein* das Streben nach Verwirklichung von (ethischen oder ästhetischen) Idealen; auch die Neigung, die Wirklichkeit nicht so zu betrachten, wie sie (nach Meinung der Realisten) ist, sondern wie sie sein sollte.

In der *Philosophie* wird unter I. die auf PLATON zurückgehende Vorstellung verstanden, wonach die Welt unserer Erfahrung nur eine Scheinwelt (Erscheinung) ist, hinter der eine geistige Wirklichkeit (Ideen) steht. Im Gegensatz zum Materialismus nimmt der I. an, dass die materiellen Dinge durch Nichtmaterielles (Ideen, Geist, Vernunft) bestimmt werden: Ein ideelles Prinzip (absoluter Geist, absolutes Ich, Gott) steht hinter aller Wirklichkeit, und alles Materielle hat an ihm teil.

Seine Blütezeit erlebte der philosophische I. in Deutschland im 18. Jh. mit IMMANUEL KANT und GEORG WILHELM FRIEDRICH HEGEL. Für sie war es die Vernunft, die die Vorherrschaft über das Wirkliche hatte. Dabei betonte KANT die Rolle des erkennenden Subjektes: Wirklichkeit kann nur vermittelt wahrgenommen werden, und zwar mithilfe der Kategorien, die das Subjekt sich schafft. HEGEL dagegen beschäftigte sich mit der Vorstellung eines Weltgeistes, der hinter aller Kulturentwicklung steht.

Der I. wirkte auf die deutsche *Literatur* vom Sturm und Drang bis zur Romantik. Das Menschenbild des I. bestimmt z.B. GOETHES Dramen „Iphigenie auf Tauris" (1787) und „Faust" (1808–32).

Aus: Schülerduden Literatur © 2008 Bibliographisches Institut/Sauerländer, Mannheim

### Die Weimarer Klassik

Obwohl kulturgeschichtliche Prozesse nie genau einzugrenzen sind, lässt sich doch ab der Mitte der Achtzigerjahre des 18. Jahrhunderts eine Veränderung in der deutschen Dichtungsauffassung feststellen. Rückbesinnung auf die ästhetischen Normen der klassischen Antike, von Winckelmann in den Sechzigerjahren bereits vorbereitet, folgte dem ungezügelten Individualismus des Sturm und Drang, der sich mit dem Älterwerden der „Kraftgenies" zudem von selbst erschöpft hatte. Der jugendlich-stürmische Protest wurde abgelöst vom Bemühen um Ausgleich, um Objektivität und Selbstvervollkommnung innerhalb frei anerkannter Grenzen. [...]

Unter „Klassik" im engeren Sinne verstehen wir heute die Vollendung einer der Antike verpflichteten Nationalliteratur. Klar umrissener Höhepunkt der deutschen Klassik sind die Werke Goethes und Schillers aus der Zeit ihrer engen Zusammenarbeit in Weimar zwischen 1794 und 1805, d.h. bis zu Schillers Tod. Der Begriff „Weimarer Klassik" schließt alle anderen verwandten dichterischen Kräfte außerhalb des Weimarer Hofs aus – etwa Jean Paul, Hölderlin, Kleist –, wie es auch die beiden Dichterfürsten im Schutze ihres gemeinsamen Bundes bewusst handhaben; das „absolut und unter allen Umständen so subjektivisch Überspannte und Einseitige" der drei Autoren, deren Genialität sie allerdings anerkennen mussten, war ihnen aufrichtig zuwider.

Als „klassisch" galt im Deutschland des 18. Jahrhunderts zunächst die Dichtkunst der griechisch-römischen Antike: Seit der Renaissance wurde sie, vor allem durch französische Vermittlung, als Vorbild und Muster der abendländischen Kultur angesehen; ihre Regeln hatte Gottsched 1748 in seiner „Grundlegung der Deutschen Sprachkunst" zum normativen „Geschmack" auch der neueren Poesie erhoben. Neben dem ursprünglich historischen Begriff wurde als „klassisch" bald auch die Vorbildlichkeit neuzeitlicher Werke, ja normsetzende Qualität allgemein bezeichnet. [...]

Die Tendenz zum „Klassischen", die etwa ab der Mitte der Achtzigerjahre einsetzte, meint neben der Neuorientierung an den literarischen Vorbildern der Antike eine allgemeine Neubestimmung des Menschen und der Aufgabe der Kunst: Ausgleich der Gegensätze, Ganzheit, Humanität, Streben nach Vollkommenheit hießen die neuen Ideale, die als in der griechischen Antike gelebte Wirklichkeit heraufbeschworen wurden. Die Idealität der griechischen Plastik, die Winckelmann als „edle Einfalt" und „stille Größe" charakterisiert hatte, übertrug man ganz selbstverständlich auf den antiken griechischen Menschen. So wurde die Antike zu einem verklärten Gegenbild, in dessen Glanz die Entstellungen und Korruptionen der Gegenwart nur umso deutlicher sichtbar wurden. Alles, was man von der Antike vorgelebt glaubte: die Harmonie von Sein und Sollen, von Natur und Kunst, von Sinnlichkeit und Verstandeskräften, schien der Gegenwart verloren. Die Kultur musste diese Harmonie wiederherstellen. Dem Künstler kam die Aufgabe zu, an die antiken „natürlichen" Ideale erinnernd, Möglichkeiten eines harmonisch ausgebildeten Individuums und Gemeinschaftswesens aufzuzeigen und damit der bewusst gewordenen Entfremdung des Menschen von sich selbst entgegenzuwirken.

Aus: Erika und Ernst von Borries: Deutsche Literaturgeschichte Bd. 3, Die Weimarer Klassik; Goethes Spätwerk © 1991 Deutscher Taschenbuch Verlag, München

■ *Fassen Sie in Stichworten die Merkmale des Idealismus in allgemeiner und philosophischer Hinsicht zusammen.*

■ *Im engeren Sinne wird unter „literarischem Idealismus" die Weimarer Klassik verstanden. Arbeiten Sie die Ideale dieser Epoche heraus.*

# Büchner als Realist?

### Realismus (Lexikonartikel)

Realismus [von lat. res = Sache, Wirklichkeit]. 1. Bezeichnung für gesamteuropäische Stilepoche zwischen 1830 und 1880; z.T. von den Künstlern […] als Bezeichnung selbst gebraucht für eine Kunst, deren
5 Realismus vor allem darin gesehen wird, dass sie sich auf die aktuelle Zeit bezieht, über soziale, ökonomische, politische und ideologische Zeiterscheinungen reflektiert, die Kausalzusammenhänge von gesellschaftlichen und individuellen Daseinsformen
10 aufzeigt, Zeit und Raum exakt und detailgenau darstellt, Personen psychologisch differenziert und Wirklichkeit als eine dynamische, durch sinnliche Erfahrungen, bestimmte Perspektiven usw. gebildete Kategorie und nicht als statische Gegebenheit be-
15 greift. […] 2. Bezeichnung für eine künstlerische Darstellungsweise, die sich – im Gegensatz zu einer idealisierenden Darstellung – am Vorbild der (historischen) Wirklichkeit orientiert und diese „naturgetreu" und glaubhaft wiederzugeben versucht. Als Be-
20 griff problematisch, weil nicht eindeutig entschieden werden kann, was „Wirklichkeit" ist: Konstruktionsformen, Wahrnehmungen und Definitionen von Wirklichkeit sind einem ständigen Wandel unterworfen. […] Daher als Prädikat für ganz verschiedene
25 Werke und aus ganz verschiedenen Gründen verwendet, z.B. für die Novellen Boccaccios (u.a. aufgrund der obszönen Thematik und dem Bezug auf die damals in Florenz grassierende Pest), für Grimmelshausens *Simplicissimus* (u.a. aufgrund des Verzichts auf
30 das Genus grande[1] und der vermeintlich detailgetreuen Beschreibung des Lebens in den mittleren und niederen Ständen), für die Literatur des Sturm und Drang (u.a. aufgrund ihrer Gegenüberstellung von individueller Empfindsamkeit und gesellschaftlicher
35 Wirklichkeit), für die Werke Döblins, H. Manns und Hemingways (u.a. aufgrund ihrer Nichtzugehörigkeit zu Expressionismus, Surrealismus, Neue Sachlichkeit).

Aus: Heike Gfrereis (Hrsg.): Literatur, S. 133 © 2005 J.B. Metzlersche Verlagsbuchhandlung und Carl Ernst Poeschel Verlag in Stuttgart

### Brief von Georg Büchner an seine Familie
(28. Juli 1835):

„[…] Was noch die sogenannten Idealdichter anbetrifft, so finde ich, dass sie fast nichts als Marionetten mit himmelblauen Nasen und affektiertem[2] Pathos[3], aber nicht Menschen von Fleisch und Blut gegeben haben, deren Leid und Freude mich mitempfinden
5 macht, und deren Tun und Handeln mir Abscheu oder Bewunderung einflößt. […]"

Aus: Georg Büchner: *Werke und Briefe.* Nach der historisch-kritischen Ausgabe von Werner R. Lehmann. Kommentiert von Karl Pörnbacher [u.a.]. München/Wien 1980, S. 272

### Georg Büchner: „Woyzeck"

Büchners letzte literarische Arbeit ist das Tragödienfragment „Woyzeck" (1836/37). Die Hauptfigur ist ein einfacher, armer Soldat, der sich einem Arzt für Versuchszwecke zur Verfügung stellt, um seine Ge-
5 liebte Marie und ihr gemeinsames Kind ernähren zu können. Auch sein Hauptmann nutzt ihn vielfach aus und demütigt ihn in aller Öffentlichkeit. Als Woyzeck schließlich herausfindet, dass Marie eine Affäre mit einem Tambourmajor hat, gerät er in ei-
10 nen Eifersuchtswahn, in dem er seine Geliebte ersticht. Die Handlung beruht auf einem wahren Mordfall und Gerichtsprozess, der mit der Hinrichtung des historischen Johann Christian Woyzeck im Jahr 1824 endet.

### Der Hauptmann. Woyzeck.

*Hauptmann auf einem Stuhl,*
*Woyzeck rasiert ihn.*
[…]
HAUPTMANN. Woyzeck, er sieht immer so verhetzt aus, Ein guter Mensch tut das nicht, ein guter Mensch, der sein gutes Gewissen hat. – Red' er doch was Woyzeck. Was ist heut für Wetter?
WOYZECK. Schlimm, Herr Hauptmann, schlimm;
5 Wind.
HAUPTMANN. Ich spür's schon, s'ist so was Geschwindes draußen; so ein Wind macht mir den Effect wie eine Maus. *(pfiffig)* Ich glaub' wir haben so was aus Süd-Nord.
10
WOYZECK. Jawohl, Herr Hauptmann.
HAUPTMANN. Ha! ha! ha! Süd-Nord! Ha! ha! ha! O er ist dumm, ganz abscheulich dumm. *(gerührt)* Woyzeck, er ist ein guter Mensch, ein guter Mensch – aber *(mit Würde)* Woyzeck, er hat keine Moral! Mo-
15 ral das ist wenn man moralisch ist, versteht er. Es ist ein gutes Wort. Er hat ein Kind, ohne den Segen der Kirche, wie unser hochehrwürdiger Herr Garnisonsprediger sagt, ohne den Segen der Kirche, es ist nicht von mir.
20
WOYZECK. Herr Hauptmann, der liebe Gott wird den armen Wurm nicht drum ansehen, ob das Amen

---
1 Genus grande: hohes Stilniveau
2 affektiert: gekünstelt, geziert
3 Pathos, das: feierliches Ergriffensein, leidenschaftlich-bewegter Gefühlsausbruch

drüber gesagt ist, eh' er gemacht wurde. Der Herr sprach: Lasset die Kindlein zu mir kommen.

HAUPTMANN. Was sagt er da? Was ist das für 'ne kuriose Antwort? Er macht mich ganz confus mit seiner Antwort. Wenn ich sag: er, so mein ich ihn, ihn.

WOYZECK. Wir arme Leut. Sehn sie, Herr Hauptmann, Geld, Geld. Wer kein Geld hat. Da setz einmal einer Mein'sgleichen auf die Moral in der Welt. Man hat auch sein Fleisch und Blut. Unsereins ist doch einmal unselig in der und der andern Welt, ich glaub' wenn wir in Himmel kämen, so müssten wir donnern helfen.

HAUPTMANN. Woyzeck er hat keine Tugend, er ist kein tugendhafter Mensch. Fleisch und Blut? Wenn ich am Fenster lieg, wenn es geregnet hat und den weißen Strümpfen so nachsehe, wie sie über die Gassen springen, – verdammt Woyzeck, – da kommt mir die Liebe. Ich hab auch Fleisch und Blut. Aber Woyzeck, die Tugend, die Tugend! Wie sollte ich dann die Zeit herumbringen? Ich sag' mir immer du bist ein tugendhafter Mensch, *(gerührt)* ein guter Mensch, ein guter Mensch.

WOYZECK. Ja. Herr Hauptmann, die Tugend! Ich hab's noch nicht so aus. Sehn Sie wir gemeinen Leut, das hat keine Tugend, es kommt einem nur so die Natur, aber wenn ich ein Herr wär und hätt ein Hut und eine Uhr und eine anglaise[1] und könnt vornehm reden, ich wollt schon tugendhaft sein. Es muss was Schöns sein um die Tugend, Herr Hauptmann. Aber ich bin ein armer Kerl.

HAUPTMANN. Gut Woyzeck. Du bist ein guter Mensch, ein guter Mensch. Aber du denkst zu viel, das zehrt, du siehst immer so verhetzt aus. Der Diskurs hat mich ganz angegriffen. Geh' jetzt und renn nicht so; langsam hübsch langsam die Straße hinunter.

Aus: Georg Büchner: *Woyzeck*. Studienausgabe. Nach der Edition von Thomas Michael Mayer. Hg. von Burghard Dedner. Stuttgart: Reclam 1999, S. 16–19

---

[1] Anglaise: ein alter Gesellschaftstanz

- ■ *Fassen Sie stichpunktartig die im Lexikonartikel erläuterten Merkmale des literarischen Realismus zusammen.*
- ■ *Beschreiben Sie das soziale Milieu sowie die Sprache des Dramas „Woyzeck".*
- ■ *Charakterisieren Sie Woyzeck und den Hauptmann.*
- ■ *Überprüfen Sie anschließend, inwiefern Büchner als realistischer Schriftsteller bezeichnet werden kann. Berücksichtigen Sie dabei die Lenz-Erzählung, den abgedruckten Brief an seine Eltern sowie den „Woyzeck"-Textauszug.*

# Funktionen der Kunst – ein Schreibgespräch

„Kunst ist die einzig sinnvolle Art von Verschwendung."
*(Jürgen Harten)*

„Kunst hat die größtmögliche Zahl von Menschen anzurühren, indem sie ihnen ein beispielhaftes Bild der gemeinsamen Leiden und Freuden vorhält."
*(Albert Camus)*

„Selbstverständlich ist die Kunst ihrem Wesen nach verwerflich! Und überflüssig! Und asozial, subversiv, gefährlich."
*(Jean Dubuffet)*

„Kunst ist wie ein Spiegel, der ‚vorausgeht' wie eine Uhr – manchmal."
*(Franz Kafka)*

„Jede wirkliche Kunst ist Opposition, Rebellion oder Revolution."
*(Egon Erwin Kisch)*

„Die Kunst ist fast immer harmlos und wohltätig, sie will nichts anderes sein als Illusion."
*(Sigmund Freud)*

„Wir wissen alle, dass Kunst nicht Wahrheit ist. Kunst ist eine Lüge, die uns die Wahrheit begreifen lehrt."
*(Pablo Picasso)*

„Natürlich kann man ein Kunstwerk genießen, wie man ein Rinderfilet genießt. […] Die Kunst ist aber nicht als Genussmittel erfunden worden, sondern als Lebensmittel. Wir bedürfen ihrer, um existieren zu können."
*(Rainer Zimmermann)*

- *Setzen Sie sich in Gruppen zu je vier oder fünf Schülern/Schülerinnen zusammen.*
- *Wählen Sie aus der Liste ein Zitat, das Sie besonders interessant finden, und schreiben Sie es auf ein DIN-A4-Blatt (pro Blatt ein Zitat, sodass jede Vierergruppe vier Blätter mit vier Zitaten hat, es ist nicht schlimm, wenn Zitate doppelt gewählt werden).*
- *Schreiben Sie unter das gewählte Zitat eine kurze Stellungnahme (Zustimmung, Kritik, Beispiele etc.). Wichtig ist dabei, dass das Gespräch ausschließlich über das Papier erfolgt – es darf also nicht gesprochen werden.*
- *Anschließend geben Sie das Blatt an Ihren rechten Nachbarn bzw. Ihre rechte Nachbarin weiter, der bzw. die wiederum eine kurze Stellungnahme zum Zitat oder den vorhergehenden Kommentaren schreibt. So verfahren Sie weiter, bis jeder wieder sein eigenes Blatt vor sich liegen hat.*
- *Lesen Sie die Kommentare der anderen durch.*
- *Fassen Sie das Geschriebene in der Gruppe nach folgenden Gesichtspunkten zusammen:*
  - *Welche Themen wurden in Ihren Schreibgesprächen angesprochen?*
  - *Welches Zitat wurde am meisten kommentiert?*
  - *Fassen Sie die Aussage jedes Schreibgesprächs in einem Satz zusammen.*

# Ronald D. Laing: Über die soziale Konstruktion der Schizophrenie

Es gibt keinen solchen Zustand wie Schizophrenie: doch das Etikett ist ein soziales Faktum und das soziale Faktum ein Politikum. Das Politikum besteht in der bürgerlichen Gesellschaftsordnung darin, dass die etikettierte Person mit Definitionen und Konsequenzen belastet wird. Eine soziale Vorschrift rationalisiert eine Reihe von sozialen Handlungen, durch welche der Etikettierte von anderen annektiert wird, die rechtlich sanktioniert, medizinisch befähigt und moralisch verpflichtet sind, für den Etikettierten die Verantwortung zu übernehmen. Der Etikettierte wird nicht nur in eine Rolle, sondern in eine Karriere als Patient inauguriert[1] durch die gemeinsame Aktion einer Koalition (einer ‚Verschwörung') von Familie, Arzt, Beamten des Gesundheitsamtes, Psychiatern, Krankenschwestern, Sozialhelfern und oft auch Mitpatienten. Der ‚Eingelieferte', etikettiert als Patient und ‚Schizophrener', wird von seinem existenziellen und legalen Vollstatus als verantwortlich handelnder Mensch degradiert. Er kann sich nicht länger selbst definieren, darf seinen Besitz nicht behalten und hat seine Entscheidungsfreiheit darüber abzugeben, wen er trifft und was er tut. Seine Zeit gehört nicht mehr ihm, und der Raum, den er einnimmt, ist nicht mehr der seiner Wahl. Nachdem er einem Degradierungszeremoniell unterworfen worden ist (bekannt als psychiatrische Untersuchung), wird er seiner bürgerlichen Freiheiten dadurch beraubt, dass man ihn in einer totalen Institution (bekannt als ‚Heilanstalt') einsperrt. Vollständiger und radikaler als sonstwem in unserer Gesellschaft wird ihm das Menschsein aberkannt. In der Heilanstalt muss er bleiben, bis das Etikett ab ist oder modifiziert wird durch Zusätze wie ‚gebessert' oder ‚wiederangepasst'. Einmal ‚schizophren', immer ‚schizophren' – das ist die Tendenz der Ansichten.

Aus: Ronald D. Laing, Phänomenologie der Erfahrung. Aus dem Englischen von Klaus Figge und Waltraud Stein, S. 110. © Suhrkamp Verlag Frankfurt am Main 1969

---

[1] inauguriert: eingeführt

## Klausurvorschläge und Facharbeiten

**Klausuren**

**Thema 1:**
Beschreiben und deuten Sie die Erweckungsszene und Lenz' anschließende Flucht auf die Gebirgshöhe (20, 29 – 22, 7).
Erläutern Sie, inwiefern dieser Abschnitt verdeutlicht, dass auch religiöse Hoffnungen und Enttäuschungen für Lenz' Krankheitsverlauf eine wichtige Rolle spielen.
Beziehen Sie in Ihre Textanalyse auch die Funktion der Naturbeschreibungen dieser Textpassage mit ein.

**Thema 2:**
Vergleichen Sie die Begrüßungsszene in Oberlins Haus (3, 34 – 7, 20) mit Lenz' späterem Aufenthalt in der Familie des kranken Mädchens (17, 23 – 19, 10).
Beschreiben Sie die grundsätzlichen Gemeinsamkeiten und Unterschiede und stellen Sie beide Szenen in den Kontext der Gesamthandlung.
Achten Sie dabei auch auf den jeweils beschriebenen Gemütszustand von Lenz.

**Thema 3:**
Beschreiben und deuten Sie den Dialog zwischen Lenz und Oberlin über Erscheinungen und andere übernatürliche Dinge (12, 5 – 13, 6).
Charakterisieren Sie anschließend anhand dieses Dialogs Lenz und Oberlin und erarbeiten Sie deren grundsätzliche Charakterunterschiede, insbesondere auch deren unterschiedliche Einstellung zur Religion. Beziehen Sie sich dabei auf die Biografien der beiden Personen. Verfassen Sie in einem dritten Erarbeitungsschritt zwei kurze innere Monologe, die die Gedanken der beiden Figuren nach der Beendigung ihres Gesprächs widerspiegeln. Achten Sie darauf, dass in diesen Monologen die herausgearbeiteten Charakterzüge deutlich werden.

**Thema 4:**
Analysieren Sie das Gedicht „An den Geist" von Jakob Michael Reinhold Lenz.
Erläutern Sie anschließend, inwiefern dieses Gedicht Fragen und Probleme anspricht, die auch in Büchners „Lenz"-Erzählung thematisiert werden.

Beschreiben Sie in einem dritten Schritt, inwiefern das Gedicht einen der zentralen Konflikte von Lenz' gesamtem Leben widerspiegelt.

*Jakob Michael Reinhold Lenz*
*An den Geist (1777)*

O Geist Geist der du in mir tobst
Woher kamst du, dass du so eilst?
O verzeuch noch himmlischer Gast
Deine Hütte vermag's nicht
5 Alle ihre Bande zittern
Kann nicht weiter empor.

Sei nur getrost, bald bist du frei
Bald wird dir's gelungen sein, grausamer
Teurer grausamer Gast!
10 Bald hast du dein steinern nordisch
Treues Haus übern Kopf dir zertrümmert
Ach da stehst du wie Simson und wirfst
Wirfst – strebst – wirfst's übern Haufen
Weh uns allen, schone noch, schone
15 Dieser treuen Hütte Trümmer
Möchten dich sonst unter sich begraben.

Sieh noch hält sie mit schmeichlenden Banden
Dich zurück, verspricht dir reine
Tausend reine Lebensfreuden
20 Zur Belohnung für deine Müh.
Schone noch Grausamer, Undankbarer
Kehre zurück, heft' ihre Gelenke
Wieder mit zarter Selbstlieb zusammen
Denn Gott selber baute sie dir,
25 Klein und gebrechlich wie sie da ist.

Wenn sie ausgedauret dann breche sie
Erst wenn der Baum gesaftet geblüht
Früchte mehrjährig getragen, verdorr' er,
Gehe sein Keim ins ewige Leben
30 Aber jetzt, heilige himmlische Flamme
Jetzt – Erbarmen! – verzehr ihn noch nicht.

Aus: Jakob Michael Reinhold Lenz: Gedichte. Hrsg. von Sigrid Damm. Frankfurt a. M.: Insel 1992, S. 226f.

**Thema 5:**
Beschreiben und deuten Sie die vier Szenen, in denen Lenz auf einer Gebirgshöhe ist:
1. Abschnitt: 6, 13–6, 30
2. Abschnitt: 17, 9–19, 10
3. Abschnitt: 21, 24–22, 7
4. Abschnitt: 29, 12–29, 29

Achten Sie dabei auf die jeweiligen Naturbeschreibungen und erläutern Sie, inwiefern sie die geistige Verfassung der Hauptfigur jeweils widerspiegeln.
Beschreiben Sie in einem abschließenden Schritt, inwiefern diese vier Gebirgsszenen auch Zäsuren im Gesamtaufbau der Erzählung darstellen.

**Thema 6:**
Geben Sie die Grundgedanken des Textes von Ronald D. Laing (Zusatzmaterial 1) wieder. Erläutern Sie in einem zweiten Erarbeitungsschritt, inwiefern Oberlins Behandlung von Lenz, angefangen von dessen Begrüßung im Steintal bis hin zum Abtransport am Ende, im Kontext der Argumentation Laings beschrieben und bewertet werden kann.
Nehmen Sie abschließend kritisch Stellung zur Auffassung der Antipsychiatrie, wie sie in Laings Text vertreten wird.

**Facharbeiten**

**Thema 1:**
„… als jage der Wahnsinn auf Rossen hinter ihm her". Georg Büchners „Lenz"-Erzählung als frühe Schizophrenie-Studie

**Thema 2:**
„Der Riss in der Schöpfung". Religion und Atheismus in Büchners „Lenz"

**Thema 3:**
„Man versuche es einmal und senke sich in das Leben des Geringsten und gebe es wieder". Das Kunstgespräch in der „Lenz"-Erzählung vor dem Hintergrund der Poetologie Georg Büchners

**Thema 4:**
Moralische Rechtfertigung versus moderne Literatur. Ein Vergleich zwischen Oberlins Bericht „Herr L…" und Büchners Erzählung „Lenz"

**Thema 5:**
„… was will mein Vater? Kann er mehr geben? Unmöglich!" Der Vater-Konflikt in Büchners „Lenz"-Erzählung vor dem Hintergrund der Biografie Jakob Michael Reinhold Lenz'

**Thema 6:**
„… o gute Mutter, auch die liebte mich. Ich bin ein Mörder." Georg Büchners „Lenz"-Erzählung aus psychoanalytischer Sicht

**Thema 7:**
Von Georg Büchner bis Gert Hofmann – Die Bearbeitung des Lenz-Stoffes im Verlauf der Literaturgeschichte

# EinFach Deutsch
## Unterrichtsmodelle

Herausgegeben von Johannes Diekhans

**Ausgewählte Titel der Reihe:**

### Unterrichtsmodelle – Klassen 5–7

**Germanische und deutsche Sagen**
91 S., DIN A4, kart.   Best.-Nr. 022337

**Otfried Preußler: Krabat**
131 S., DIN A4, kart.   Best.-Nr. 022331

### Unterrichtsmodelle – Klassen 8–10

**Gottfried Keller: Kleider machen Leute**
64 S., DIN A4, geh.   Best.-Nr. 022326

**Das Tagebuch der Anne Frank**
112 S., DIN A4, kart.   Best.-Nr. 022272

**Friedrich Schiller: Wilhelm Tell**
90 S., DIN A4, geh.   Best.-Nr. 022301

### Unterrichtsmodelle – Gymnasiale Oberstufe

**Das Nibelungenlied**
178 S., DIN A4, kart.   Best.-Nr. 022437

**Mittelalter**
122 S., DIN A4, kart.   Best.-Nr. 022377

**Barock**
152 S., DIN A4, kart.   Best.-Nr. 022418

**Zeitalter der Aufklärung**
198 S., DIN A4, kart.   Best.-Nr. 022330

**Romantik**
155 S., DIN A4, kart.   Best.-Nr. 022382

**Literatur vom Vormärz bis zur Jahrhundertwende**
202 S., DIN A4, kart.   Best.-Nr. 022435

**Expressionismus**
141 S., DIN A4, kart.   Best.-Nr. 022384

**Liebeslyrik**
244 S., DIN A4, kart.   Best.-Nr. 022381

**Lyrik nach 1945**
191 S., DIN A4, kart.   Best.-Nr. 022379

**Literatur seit 1945**
197 S., DIN A4, kart.   Best.-Nr. 022386

**Klassische Kurzgeschichten**
170 S., DIN A4, kart.   Best.-Nr. 022402

**Die Kurzgeschichte auf dem Weg ins 21. Jahrhundert**
132 S., DIN A4, kart.   Best.-Nr. 022396

**Die Stadt**
190 S., DIN A4, kart.   Best.-Nr. 022390

**Kommunikation**
109 S., DIN A4, kart.   Best.-Nr. 022371

**Rhetorik**
131 S., DIN A4, kart.   Best.-Nr. 022411

**Sprache – Denken – (Medien-)Wirklichkeit**
262 S., DIN A4, kart.   Best.-Nr. 022412

**Sprachursprung – Sprachskepsis – Sprachwandel**
274 S., DIN A4, kart.   Best.-Nr. 022455

**Dramentheorie**
186 S., DIN A4, kart.   Best.-Nr. 022433

**Georg Büchner: Woyzeck**
115 S., DIN A4, kart.   Best.-Nr. 022313

**Theodor Fontane: Effi Briest**
140 S., DIN A4, kart.   Best.-Nr. 022409

**Johann Wolfgang von Goethe: Faust I**
145 S., DIN A4, kart.   Best.-Nr. 022277

**Johann Wolfgang von Goethe: Iphigenie auf Tauris**
104 S., DIN A4, kart.   Best.-Nr. 022307

---

Schöningh Verlag
Postfach 2540
33055 Paderborn

**Schöningh**

Fordern Sie unseren Prospekt zur kompletten Reihe an:
Informationen  0800 / 18 18 787 (freecall)
info@schoeningh.de / www.schoeningh-schulbuch.de